UNE HISTOIRE DES AVOCATS EN FRANCE

[*DE LA PREMIÈRE ÉDITION*]

L'auteur remercie vivement
Monsieur le bâtonnier [1996-1997] Bernard Vatier
de lui avoir ouvert les archives de l'Ordre
et de lui donner l'autorisation
de reproduire de précieuses estampes.

Couverture
aquarelle de Noëlle Herrenschmidt.

Bernard SUR

Pierre-Olivier SUR
Bâtonnier de l'ordre des avocats de Paris

UNE HISTOIRE DES AVOCATS EN FRANCE

DEUXIÈME ÉDITION
2014

Préface de la première édition
André DAMIEN
Membre de l'Institut

Avant-propos de la première édition
Marie-Anne FRISON-ROCHE
Professeur des facultés de droit

DALLOZ

ISBN 978-2-247-12960-7
31-35 rue Froidevaux
75685 PARIS CEDEX 14

SERVICE CLIENTÈLE
tél. 0 820 800 017
fax 33 (0)1 41 48 47 92

Préface

de la première édition

*L'HISTOIRE a toujours été légendaire, c'est-à-dire qu'elle est à la réalité ce que l'*Énéide *est aux origines de Rome. Le motif profond de cet « aménagement » de la réalité historique n'est pas un dessein trompeur mais la volonté d'écrire une histoire telle qu'elle aurait dû exister. L'histoire du barreau n'échappe pas à ce penchant et a toujours été écrite comme si l'Ordre des avocats avait toujours été fidèle à ses idéaux, comme si les circonstances ou les malheurs des temps ne l'avaient pas desservi en de multiples moments du déroulement de son existence.*

En d'autres termes, ayant une idée très nette de l'Ordre des avocats, de sa grandeur et de son rôle dans la société, les avocats historiens ont retracé une histoire qui avait pour objet de lui assigner sa mission, d'où la difficulté de retrouver la réalité mais également la possibilité de tracer une historiographie des avocats qui manifeste clairement une certaine conception de la mission de défense qui permettait aux auteurs de tracer l'historique d'un Ordre idéal bien différent de celui qui existait dans les faits.

La vie quotidienne des avocats au cours des âges ne fut pas simple. Dès qu'ils apparurent à l'aube de la société moderne, ayant découvert le rôle irremplaçable qu'ils doivent jouer dans la société, ils furent en butte aux attaques du pouvoir, de tous les pouvoirs. L'avocat dérange parce qu'il soutient les faibles contre les forts, les vaincus contre les vainqueurs puissants épris de vengeance.

Des origines médiévales aux procès politiques modernes, voire même contemporains, la tâche de l'avocat est malaisée et difficile. Il fut nécessaire à l'Ordre des avocats, ou plus exactement à la série des avocats qui existaient au cours des âges, de trouver à chaque évolution de la société, la structure protectrice qui leur permettrait d'exercer leur mission plus encore que de pratiquer un métier. Ce fut à l'époque de la société de chrétienté, le statut clérical de l'avocat qui le protégea et l'Ordre fut un ordre de clercs, car c'est dans le statut particulier du premier Ordre dans la société que les avocats puisaient les fondements de leur liberté, notamment par le privilège du for et celui du canon qui menaçait d'excommunication ceux qui porteraient la main sur un avocat. Plus tard, c'est à l'ombre du parlement qui luttait efficacement pour devenir le troisième pouvoir, à côté de l'exécutif et du législatif rassemblés dans la main du roi, que l'Ordre trouva les techniques de sa liberté. Le tout-puissant parlement auquel les avocats s'intégraient leur apporta une protection utile et nécessaire et leur permit d'exercer librement leur droit de défense.

Disparus à la Révolution les avocats se coulèrent dans la société libérale apparue avec le XIXe siècle et la société bourgeoise qui l'engendra, et notamment dans la structure qu'est la profession libérale, cette inconnue des siècles précédents qui, par l'indépendance de la fortune apportait à ceux qui l'exerçaient les libertés indispensables.

Mais en même temps qu'il découvrait les structures de liberté qui lui permettaient la libre défense dans un monde autocratique, le barreau, pour mieux sauvegarder son indépendance, se voulut irresponsable et impeccable devant ses juges éventuels qui auraient pu apprécier sa conduite, voire même la censurer.

D'où le rejet de toute possibilité d'entraîner une responsabilité pour l'avocat. La communication de pièces qui avait tant préoccupé Linguet au XVIIIe siècle, ne se fait plus par un acte judiciaire mais par un simple envoi au confrère, sans matérialisation d'aucune preuve et il est sans exemple, se réjouissent les auteurs de l'époque, qu'un avocat n'ait pas restitué les pièces confiées par son confrère et qui émanaient de la partie adverse.

On aurait pu discuter ses honoraires ; ils s'interdisent de les rechercher en justice et l'honoraire devient, dans la légende tout au moins – mais elle a un sens par rapport à la finalité poursuivie par les avocats –, le « don spontané de la reconnaissance du client ». Les mandats pourraient être une mise en cause de la responsabilité de l'avocat, ils sont interdits désormais et l'avocat ne reçoit aucun mandat, ni devant le tribunal civil ou la cour d'appel, ce sont les avoués qui s'en chargent, ni devant les juridictions secondaires où il s'interdit de représenter les clients, voire même de comparaître.

Au terme d'un règlement du barreau de Bordeaux sous la monarchie de Juillet, l'avocat n'a pas le droit de préparer des contrats pour un de ses clients, ni d'effectuer des démarches chez un huissier, ni de manier des fonds même pour les transmettre à l'huissier, ni d'effectuer des démarches chez un notaire ou au greffe, ni d'employer un papier avec des têtes de lettres; il ne peut non plus assister aux mesures d'instruction qui s'accomplissent en dehors de l'audience, ni aux expertises, ni aux constats et enquêtes, il ne peut non plus se présenter au délibéré d'un juge consulaire et même sur l'invitation du tribunal, il ne peut se rendre en chambre du conseil pour y fournir des explications. Il ne peut pas non plus se rendre sur les lieux pendant la visite des jurés en matière d'expropriation, ni plaider devant le conseil de préfecture car il faudrait un mandat.

Boucher d'Argis spécifiait, sous l'Ancien Régime, qu'un avocat ne peut pas se mêler d'une affaire étrangère à sa profession et, au début du XIXe siècle, Mollot le grand déontologue du temps rappelle l'interdiction des mandats et des maniements de fonds, et définit les incompatibilités prononcées par les règlements des barreaux à toute fonction qui porterait atteinte à l'indépendance et à la dignité de la profession, telle que le négoce, l'agence d'affaires, l'acceptation d'un mandat de salarié et même d'un mandat verbal ou gratuit. Mollot cite toutefois deux barreaux importants, celui de Marseille et celui de Nantes, qui tolèrent l'acceptation de ce type de mandat mais il ajoute que cette exception est contraire à la juste sévérité de la règle et qu'on ne peut pas en tirer conséquence.

L'avocat renonce donc à ce qui était une part de sa gloire au XVIIIe siècle, la consultation ou le conseil juridique. Autant Camus, déontologue de l'Ancien Régime, exigeait que l'avocat connaisse la vie des affaires et puisse conseiller ses clients, autant le XIXe siècle se montre réticent à ce genre d'exercice et l'interdit. L'avocat ne peut être un conseil juridique, c'est-à-dire un courtier ou un entremetteur d'affaires, ni un agent d'affaires et cette catégorie d'intermédiaire entre les clients et le droit est qualifiée du nom méprisant mais étymologiquement exact de « proxénète ».

Enfin la vie privée de l'avocat, loin de rester du domaine réservé de l'intimité, est sévèrement appréciée par le conseil de l'Ordre car elle risquerait de rejaillir sur l'honneur de la profession; ainsi l'avocat qui a une maîtresse ou qui entretient une femme sur laquelle on a de mauvais renseignements, est invité à quitter le barreau.

L'histoire des avocats a donc adopté une tactique de réticence à la vie du monde en se fondant sur une tradition qu'ils avaient fabriquée au moment où la société libérale commençait à naître. De même les historiens du barreau avaient volontairement falsifié son histoire en se déclarant issus du barreau d'Ancien Régime et en prenant comme ancêtres les avocats du Marais. Certes, cette phalange vaillante avait existé et avait fait partie du premier barreau reconstitué mais elle était minoritaire et l'essentiel des nouveaux avocats provenait soit des professions juridiques de l'Ancien Régime disparues avec la Révolution, soit des « défenseurs officieux » créés libéralement sous la Révolution et qui sont qualifiés par les historiens du barreau de « tourbe informe et vorace » alors qu'en réalité, la plupart d'entre eux qui étaient des gens parfaitement honorables, bien que non avocats et non gradués en droit, aient constitué l'essentiel du barreau reconstitué.

Ainsi donc, en se retranchant du monde de la responsabilité, l'avocat s'est retranché de la vie réelle et du monde des affaires et les historiens du barreau, aidés par les déontologues, ont fait de cette situation nouvelle et transitoire une sorte de règle absolue justifiée par la tradition.

Vers la fin du XIXe *siècle les avocats se sont néanmoins aperçus qu'à force de se réfugier au prétoire, ils étaient en train de perdre la réalité de leur rôle et Mollot, le sévère Mollot, reconnaît que l'industrie et le commerce ont pris un essor immense, que l'industrie commerciale s'applique à tout, aux capitaux, aux marchandises, aux fruits de la terre, à la terre elle-même, aux entreprises de tout genre, aux canaux, aux chemins de fer, qu'elle s'établit et s'agite sous mille formes, que ses intérêts individuels et le plus souvent collectifs amènent des discussions multipliées, judiciaires, administratives et politiques. Il conclut : « Resterons-nous en arrière de ce mouvement universel ? Comment refuser à l'avocat, à celui-là surtout qui s'est créé une spécialité nouvelle par l'étude de l'économie politique, le droit de prêter à l'industrie et au commerce ses conseils, son patronage et son appui. Et, parce qu'il ne plaidera pas au Palais ou ne signera pas dans son cabinet des consultations pour remplir la mission qu'il a reçue, on prétendait qu'il sort de la profession d'avocat et qu'il fait l'office d'un proxénète ou d'un agent d'affaires ! »*

Le bâtonnier Pouillet, à l'ouverture de la Conférence du stage du barreau de Paris, le 23 novembre 1895, décrit la place qu'a pris désormais l'industrie dans le monde civilisé : « l'industrie, précise-t-il, fille de la science, a transfiguré le monde [...] l'avocat ne peut rester indifférent à un mouvement qui entraîne tous les peuples, il est assuré de trouver là un aliment de plus en plus considérable pour son activité. Le nombre de procès industriels va toujours en augmentant car la concurrence l'exaspérant de jour en jour force l'industrie à faire des prodiges et de ces efforts tournés dans le même moment vers les mêmes sujets, naissent des intérêts et les débats judiciaires qui prennent de jour en jour des proportions plus grandes. Vous serez, Messieurs, dit-il aux stagiaires, prêts à y figurer ; l'heure est venue où ces affaires devenues au moins aussi fréquentes que celles qui ont trait à la propriété matérielle, doivent cesser d'être le privilège de quelques-uns pour aller indifféremment à tous ».

Ainsi se retrouvait la tradition de l'Ancien Régime et de l'avocat consultant, le véritable « conseil juridique ».

Mais n'était-il pas trop tard et le barreau, malgré les exhortations du bâtonnier Pouillet, ne s'était-il pas endormi dans sa gloire en se consacrant uniquement au judiciaire, à la plaidoirie politique où il excella sous le Second Empire, aux affaires d'assises qui passionnaient les foules et les chroniqueurs. L'époque que l'on a qualifiée de « l'avocat-roi » n'était-elle pas celle où il perdait sa couronne en s'étant retranché de la vie ordinaire ?

En effet, à la fin du XIXe *siècle et au début du* XXe, *l'avocat se consacre exclusivement ou presque au contentieux du divorce, né depuis 1884, au contentieux de loyers, né après la guerre de 1914 en raison de la crise du logement et qui va apporter une source d'affaires importantes et, plus tard, au contentieux des accidents de la route lié à l'essor de l'automobile. Pendant qu'il se consacrait à ces matières, certes importantes mais qui ne constituaient pas l'essentiel de la fonction traditionnellement remplie par l'avocat, le vide ainsi créé donnait place à des juristes capables de conseiller, notamment aux conseils juridiques souvent spécialisés, bénéficiant d'une formation juridique égale, parfois supérieure, à celle de l'avocat et dignes d'estime et de confiance. Il était trop facile de mélanger à ces conseils juridiques et fiscaux, aux conseils en droit des affaires qui commençaient à apparaître, les anciens conseils juridiques nés au début du siècle, les « défenseurs officieux en justice de paix », personnes dénuées d'instruction et de compétence que les ordres d'avocats, avec un certain mépris, confondaient avec les conseils juridiques modernes ce qui justifiait ainsi réticence à leur égard.*

Ce fut l'intuition pénétrante de l'Association nationale des avocats que d'avoir découvert ce vide qu'avait laissé subsister dans sa tâche le barreau français et d'avoir tenté de le combler par des réformes hardies qui furent difficiles à faire adopter d'abord par les membres du barreau et ensuite par les pouvoirs publics effrayés à l'idée de mécontenter ceux qui tenaient, dans l'arène politique, une place aussi importante naguère.

Il faut rendre un hommage tout particulier au bâtonnier Pierre Chaplet de Rennes qui fut l'inspirateur audacieux d'une telle réforme et à Alain Tinayre qui sut la réaliser, la mettre en forme et la faire adopter avec son ardeur prophétique. Le Livre Bleu *sur la profession d'avocat, sorte de mise au point de l'évolution du barreau, a eu une influence considérable notamment par les congrès qu'il a suscités et qui ont mis en valeur les idées nova-*

trices de l'Association nationale des avocats et de l'Union des jeunes avocats.

Ce fut alors la première fusion mais les réticences efficaces de nombre d'avocats avaient laissé de côté la profession de conseil juridique, on s'était borné à la fusion avec les avoués et les agréés. C'est alors qu'intervient la deuxième fusion, celle qui a intégré dans le nouvel Ordre des avocats, les avocats eux-mêmes et les conseils juridiques.

Est-ce une réussite? Cela n'est pas aussi certain qu'on aurait pu le souhaiter en raison de la timidité même de cette réforme. Elle n'a pas osé aller jusqu'au bout de ses desseins en organisant le monopole du droit, c'est-à-dire l'interdiction pour toute personne étrangère au barreau de conseiller en matière juridique et judiciaire, de représenter et de plaider dans l'intérêt des parties. Des secteurs entiers sont restés en dehors de cette réforme et notamment tous ceux qui ont un rapport avec la comptabilité, l'expertise comptable et les chiffres. La création d'un monopole du droit, à la manière dont les médecins et les pharmaciens ont obtenu un monopole de l'exercice de leur art, aurait certainement marqué une nouveauté et un renouveau de la société française.

D'autre part, les structures de la profession d'avocat sont demeurées inadaptées à la réforme des institutions. Aucun organisme national n'existe plus ou du moins ils sont nombreux et par là même dispersés et parfois dépourvus d'autorité nationale. Le bâtonnier de Paris qui, pendant longtemps, était la personnalité représentative du barreau, n'a plus ce monopole quelles que soient l'importance de son rôle et l'autorité qui s'attache à sa fonction.

On a créé un Conseil national des barreaux qui aurait pu être un représentant national de la profession mais ses attributions étriquées et sa composition déséquilibrée au profit des barreaux de province l'empêchent de réaliser la tâche d'unification nécessaire qui lui était dévolue.

Enfin, la création des cabinets secondaires, des associations d'avocats appartenant à des barreaux différents, a abouti à donner à chacun une liberté nouvelle qui non seulement sur le plan de la déontologie pure est facteur de désordre mais qui a permis au magistrat et au greffier de devenir les véritables chefs d'orchestre de la procédure, s'appropriant parfois la représentation des parties, alors que la direction d'un procès appartient évidemment aux parties qui l'ont introduit ou qui y ont été appelées et à ceux qui les représentent légalement. De même, la dispersion des barreaux a amené une perte de l'autorité morale de celui-ci par rapport à la justice pénale. Les juges d'instruction, épris d'un rôle nouveau, se sont parfois transformés en limiers qui, grâce à la détention provisoire indéfinie, véritable torture entre les mains du juge et grâce à une porosité de l'instruction à l'égard des médias contraire aux termes mêmes de l'article 11 du Code de procédure pénale, sont parvenus à une régression du rôle du barreau dans la Défense.

Cet affaiblissement du barreau est très net. Hier notable local, l'avocat était indépendant, protégé par son Ordre et par les cours d'appels dont le contentieux disciplinaire reste mesuré et prudent mais on a permis aujourd'hui à de simples juges d'instruction, sans contrôle efficace, d'interdire à un avocat mis en examen et donc présumé innocent jusqu'à ce qu'il soit déclaré coupable, d'exercer sa profession après un simple avis du barreau auquel il appartient, avis qui ne lie nullement le magistrat instructeur. De même on a vu un bâtonnier poursuivi pour outrages à magistrat et condamné par le tribunal de renvoi et par la cour, parce qu'il avait signalé au président de la juridiction auprès de laquelle il était attaché, le dysfonctionnement d'une des chambres de cette dernière.

Mais pour que le barreau puisse se ressaisir et retrouver à la fois son unité et l'autorité qu'il doit avoir pour représenter la Défense, chacun de ses membres, et particulièrement les jeunes et les futurs avocats, doit connaître le passé de l'Ordre, ses principes fondamentaux, sa philosophie ; les avocats ne peuvent avoir une connaissance de leur rôle éminent dans la société que s'ils connaissent véritablement leur passé et son évolution et sachent distinguer les constantes nécessaires des « accidents » occasionnels qui sont liés à des civilisations qui disparaissent au fur et à mesure que nous entrons dans l'histoire.

Le barreau a toujours été en adaptation permanente avec, comme toute institution humaine, un léger décalage avec l'esprit de son temps ; il sait s'adapter à la société si tant est que les avocats sauront d'où ils viennent et pourront discerner où ils vont et dégager les constantes de leur profession.

Peu d'ouvrages sont consacrés à l'histoire des barreaux, ils sont souvent savants et tombent des mains des jeunes lecteurs non spécialisés. Certes, l'histoire du barreau dans ses dernières années a fait des progrès considérables et est devenue une histoire sérieuse, authentique, fondée sur des sources écrites ou manuscrites de qualité, que l'on sait critiquer et utiliser. Mais comment initier des jeunes avocats sans culture historique profonde, à connaître l'histoire de leur passé et donc de leur avenir ? Il fallait donc que la profession puisse disposer d'un ouvrage court, clair, concis, rappelant à chacun l'histoire du barreau à travers l'évolution de l'histoire de France et de nos institutions judiciaires et juridiques, et permettant de connaître également les grandes figures qui ont marqué le barreau et dont les noms doivent avoir une signification pour chaque avocat et pourquoi ils ont été jugés comme des grandes figures. Ce n'est pas seulement leur talent qui les a placés en exergue, c'est également, comme auraient dit les « Constituants », leur vertu. De Berryer à Paul Baudet il y a eu des constantes que nous devons retrouver mais nous ne pouvons les connaître que dans la mesure où les grands procès auxquels ils ont été mêlés, sont eux-mêmes connus et expliqués au lecteur.

Telle est la tâche qu'a voulu réaliser Bernard Sur par cet ouvrage consacré à l'Histoire des avocats en France des origines à nos jours.

Nul n'était plus qualifié pour le faire que lui. Fils d'avocat, avocat pendant un demi-siècle, père d'avocat, chargé de cours à l'université de Paris XII, membre du conseil de l'Ordre il a vécu tous les problèmes de l'intérieur et a participé directement aux réformes.

Aussi bien, décrit-il avec émotion la lente mais brillante fermentation de la profession au travers de l'Histoire de France jusqu'aux événements de 1970-1990.

Il a marqué ce livre d'un double sceau : d'abord l'exactitude dans la recherche, ensuite une parfaite connaissance du barreau classique au sein duquel il a été élevé. Il ressent très fortement cet amour d'une profession dont il a voulu conter la richesse de son passé et mesurer la gravité de son évolution présente. En quelque sorte, expliquer celle-ci par celle-là, pour mieux la dominer et la conduire. Tâche qui revient à la génération montante.

Je souhaite donc que ce livre soit connu de tous les avocats et notamment des jeunes qui, dans les centres de formation, cherchent à parfaire leurs connaissances juridiques, judiciaires et déontologiques par une initiation à l'histoire du barreau, histoire qui leur est peu enseignée et où les ouvrages de référence abordables font souvent défaut. Je pense que ce livre sera un instrument utile pour tous ceux qui cherchent à connaître l'histoire des avocats et surtout en discerner les fils directeurs car les leçons du passé sont la condition nécessaire de la construction de l'avenir.

Novembre 1997
André DAMIEN
Membre de l'Institut

Avant-propos
de la première édition

L'HISTOIRE est l'intime du Droit.

Le plus souvent parce que l'histoire se reflète dans le droit. Ainsi et pour ne prendre qu'un exemple, la structure féodale tout à la fois a engendré et a pris appui sur l'organisation de la propriété, en l'espèce cumulée par plusieurs sur un même sol. À travers l'étude du droit d'antan, on retrouve les parfums d'un autre temps. Mais il ne s'agit pas seulement de nostalgie. En effet, le droit est plus lourd que l'histoire, en ce sens qu'il conserve les formes juridiques correspondant à des organisations sociales depuis longtemps disparues. Le droit garde vivant le passé.

Ainsi, pour comprendre le droit présent, c'est une obligation de connaître son passé, car le droit passé est encore, en creux, le droit présent. Il n'est jamais révolu. Cela n'est donc pas pur délice d'érudition, mais exigence technique de maîtrise des organisations présentes que de connaître l'histoire des professions. Ainsi, l'ouvrage de Maître Bernard Sur procure les clés de celle d'avocat actuelle puisqu'il offre à ses membres la perspective de leur passé, c'est-à-dire de leur présent. Il rend ainsi les jeunes avocats plus familiers de la profession qui les accueille. C'est un premier grand mérite.

Mais se pose alors la question de la légitimité de ces organisations juridiques issues de la tradition. En effet, dans un monde mobile, qui revendique sa superficialité comme gage d'une adaptation perpétuelle, virevoltante, le fait pour une organisation d'être née depuis longtemps n'est plus une légitimité en soi.

Au contraire, dans ce droit volatile qui est désormais notre lot, les institutions qui se meuvent comme des vieilles dames sont, par là même, suspectées d'être décalées, d'être inadaptées, d'être inadéquates. Il n'est aujourd'hui de pire crime…

La profession d'avocat, parce qu'elle prit racine dans les premiers temps, encourt-elle le reproche ? Dans un monde marchand auquel semble aujourd'hui se réduire le monde, que devient l'organisation aristocratique d'une profession libérale qui se doit d'être désintéressée lorsque son office le requiert ? Maître Bernard Sur montre que le barreau de demain peut être au contraire la structure qui supplée les carences nouvellement constatées de régulation juridique, économique et sociale. L'internationalité de la profession peut ainsi pallier l'incapacité des structures étatiques à dépasser efficacement leur attache territoriale, dans un contexte mondialisé. Ainsi, c'est l'organisation des avocats autour de la discipline, de la déontologie et d'un ordre, leur autonomie par rapport à l'État, qui constitue la modernité de cette profession. L'ouvrage de Maître Bernard Sur doit rendre les avocats optimistes. C'est un deuxième grand mérite.

Mais le droit n'est pas seulement ancré dans l'histoire, en ce qu'il est lui-même une tradition, en ce que l'histoire l'accueille en son sein. Il peut arriver que le droit fasse l'histoire. Il le fait alors à travers les hommes, les grands hommes – et l'on songe par exemple au poids de Napoléon sur l'élaboration du Code civil –, ou les hommes réunis dans un groupe, dans une profession. Or, les avocats ont fait l'histoire, plus que n'importe quelle profession ; nous n'avons pas toujours vécu dans la République des professeurs. Ainsi, bien des hommes qui ont façonné l'Histoire de France étaient avocats et rendons au passage hommage à Désiré Dalloz qui était de la sorte.

L'ouvrage de Maître Bernard Sur démontre que l'histoire a souvent été conduite par cette profession, évoquant notamment les avocats « fondateurs », les conditions de la naissance de l'Ordre et des bâtonniers, le fil conducteur de l'histoire de France tenant en partie à la puissance affichée de la profession. L'auteur rend ainsi les avocats fiers d'eux-mêmes. C'est un troisième mérite. Il est sans doute le premier, car l'honneur d'une profession, indissociable de son caractère libéral, est lié à la fierté que ses membres ressentent de leur appartenance. Elle est le gage de la pérennité.

Novembre 1997
Marie-Anne Frison-Roche
Professeur des facultés de droit

Avant-propos
de la deuxième édition
[Une histoire des avocats]

REMODELER l'*Histoire des avocats* écrite par mon père, pour en publier une deuxième édition, consistait pour moi… à la lire véritablement pour la première fois, maintenant qu'il n'est plus là pour me la raconter.

Et tandis que je reprenais à voix haute les extraits de plaidoiries que j'avais tellement « récitées » avec mon patron Olivier Schnerb, pendant ma collaboration : celles de Romain de Sèze, du grand Berryer, de Labori ou de Tixier, j'avais l'impression que ce livre n'avait d'autre but que de réinventer par l'écrit ce que seule la tradition orale transmet vraiment. *Verba manent.*

Ce n'est donc pas un livre d'Histoire, c'est une œuvre de transmission, par un avocat d'une génération qui a traversé la Seconde Guerre mondiale et qui a tant aimé sa profession et son pays, qu'il ne pouvait délier l'une de l'autre, pour faire taire sa fierté à certaines pages, son émotion à d'autres et quelquefois aussi sa honte. Car si l'on accepte toujours que l'Histoire soit tragique – mon père en avait cette vision – on a du mal à en pardonner les causes et les effets, lorsqu'il s'agit de sa famille, or le barreau est une famille.

J'ai donc repris la première édition avec beaucoup d'émotions, puisque j'ai retrouvé l'inflexion de la voix de mon père, ses qualités d'amoureux de l'Histoire, sa façon de romancer l'événement pour le mettre à la portée du lecteur, ses tics de langage aussi. Mais retirer certains jugements de valeur qui n'appartenaient qu'à lui, insister sur les principaux textes qui depuis l'ordonnance de Philippe III le Hardi (1274) ont construit la profession d'avocat et, conserver l'oralité ou la fluidité d'un langage immédiat à l'adresse des jeunes qui faisait de mon père un extraordinaire professeur…

La question qui se posait était de savoir comment terminer.

Pour ma génération d'avocat – la génération Badinter – l'abolition de la peine de mort pendant nos études de Droit, a constitué le passage entre le Moyen Âge judiciaire et le grand avenir du métier. En 1982, Robert Badinter, garde des Sceaux, a réécrit notre serment qui, ne faisant plus allégeance aux pouvoirs publics, marque définitivement l'indépendance de la profession. En même temps il a supprimé le délit d'audience qui permettait au magistrat de juger l'avocat sur le siège et de le radier ou de le suspendre sur le champs. Enfin il a ouvert la profession au réflexe de la Convention européenne des droits de l'homme, donc de l'international, avec tant de nouvelles perspectives. Peut-être plus encore, Robert Badinter a-t-il fait aimer le métier d'avocat, de telle sorte que petit à petit toutes les professions voisines ont souhaité obtenir la possibilité de porter le titre et d'en pratiquer l'exercice.

Ce serait donc naturellement avec Robert Badinter qu'il faudrait terminer cette Histoire, laquelle irait de Philippe III le Hardi en 1274, jusqu'à lui en 1982 !

J'ai également ajouté quatre portraits *in memoriam* : celui du bâtonnier Mario Stasi qui a porté les valeurs d'avocat partout dans le monde, celui des pénalistes Olivier Metzner et Jacques Vergès dont la mort a eu un écho bien au-delà du barreau et celui de Nicole Dreyfus, parce qu'elle était une pionnière, qu'elle a fait œuvre de courage en affrontant seule une prise d'otage dans le milieu du grand banditisme et que l'Histoire des avocats, pour l'instant trop avare de nom d'avocates, doit retenir son nom.

Alors une fois terminé, comme dans toute histoire, il faut tenter de trouver une morale. Celle que Loisel, avocat contemporain de Louis XIV qui avait instauré l'Ordre, la Conférence et le Bâtonnier, avait léguée à son fils dans son *Dialogue* sur l'honneur d'être avocat. L'honneur, qu'on appelle aujourd'hui : la déontologie.

Janvier 2014
P. O. S.

Pour mon père.
Pour mes filles
Victoria et Olivia.

Janvier 2014
P. O. S.

DÉDICACE DE LA PREMIÈRE ÉDITION

À toi, mon jeune confrère,
pour que tu apprennes
l'honneur de ta profession,
comme je l'ai appris de mon père,
comme je l'ai transmis à mon fils.

Novembre 1997
B. S.

DÉDICACE DE LA PREMIÈRE ÉDITION

C'EST POUR TOI, en effet,
que j'ai rédigé ce livre.
Non pas comme aurait pu le faire
l'érudit historien que je ne suis pas.

Mais avec le seul souci
de t'aider à retrouver
les sources vives de cette profession
que tu as choisie,
les grandeurs et les souffrances
de sa gestation,
comment elle a su s'imposer,
la tragédie de l'effacement d'un moment
et le courage héroïque de ses représentants.
Comment nos anciens
ont été le principal ferment
de liberté, au point de l'identifier
à la France.
Car si tu es libre,
c'est grâce à leur effort d'un siècle.

Aussi tu revivras les grands procès,
tu écouteras plaider
suivant le mode du temps,
tu verras naître et évoluer cette déontologie
qui a donné à l'avocat sa distinction
et par là sa force.

Veux-tu venir avec moi
découvrir dans l'immense fonds
de nos souvenirs, ceux qui ont brillé
ou souffert parfois durement
pour l'« honneur » auquel ils croyaient.
Leur cohorte fabuleuse est là qui t'attend
et te prend par la main.

Car c'est dans le passé
que tu trouveras le sens du futur.

B. S.

PAR QUELLE opération magique Monsieur Viviani arrivait-il à captiver, à entraîner des auditeurs [...]. C'était, dès les premiers mots, une adhésion en quelque sorte physique de l'auditoire, qui se laissait bercer par la musique du discours.

À mesure que l'orateur s'animait et que ses gestes dessinaient plus fortement sa pensée et son émotion, les assistants, attirés à l'intérieur de ce mouvement, adoptaient le rythme de l'émotion, emboîtaient le pas à la pensée [...].

Mais bientôt, les mots [...] brillaient de loin en loin et propageaient alors leur luminosité [...] comme un soir de fête, dans ces rampes de gaz qui dessinent la forme d'un monument, l'allumage çà et là de quelques becs [...] on eût dit que la pensée de Monsieur Viviani se communiquait directement aux esprits, sans passer par un intermédiaire.

Henri Bergson, Préface de *La mission française en Amérique*,
par René Viviani,
Flammarion, 1917.

Sommaire

0
Prologue

01
Athènes et Rome

1 D'Athènes à Rome

01.11 **La loi de Solon et les orateurs en Grèce.** La loi de Solon impose à chaque citoyen d'Athènes de se défendre lui-même devant le tribunal du peuple. Mais l'éloquence naturelle propre aux Grecs est un gage de succès, aussi bien le plaideur préfère-t-il confier sa défense à un orateur politique, l'un de ceux qui, par leur talent, briguent et obtiennent la conduite de la Cité.

Aristote ne donne-t-il pas lui-même des conseils d'excellente plaidoirie. Ainsi, les grands orateurs politiques deviennent-ils naturellement avocats encore que la profession n'existe pas en Grèce. Démosthène[1], Thémistocle et Lysias auront été les premiers défenseurs de l'histoire.

Cependant l'éloquence n'était pas toujours nécessaire. Une courtisane accusée du crime d'impiété était défendue par Hypéride. Voyant qu'il allait perdre son procès, il fit avancer sa cliente, déchira son voile et se tut. Elle fut absoute. Elle s'appelait Phryné.

01.12 **Les orateurs et l'*advocatus*[2] à Rome.** La marque grecque s'insère tout naturellement dans Rome. Là aussi, l'orateur politique exploite son influence dans la Cité, au profit de sa clientèle au sens romain du terme[3] soit qu'il en prenne l'initiative, soit qu'on sollicite son aide. La défense verbale sur le forum ouvre la voie du succès et celle des carrières poli-

1. Sur Démosthène lire la harangue de Bonnet s[s] n° *31.43*.
2. *Advocatus*, au secours, et advocare, parler pour.
3. *Cliens* est l'esclave ou l'affranchi qui se trouve dans l'entourage du citoyen romain et qui est aussi le signe extérieur de sa richesse.

tiques. Service gratuit (la loi Cencia interdit l'honoraire et tout intéressement au résultat) mais ô combien efficace donné par le citoyen romain à sa clientèle.

Il existe aussi, au Iᵉʳ siècle avant J.-C., l'*advocatus* qui a pour profession de rédiger des mémoires écrits en faveur du plaideur. Le corps de Droit romain est déjà fort complexe que ce soit sur le fond ou sur les règles de procédure et ce professionnel n'en prend que plus vite son importance. Sous l'Empire, les deux rôles se confondent et l'*advocatus* prend une place de plus en plus importante dans Rome. Auguste confirme la gratuité absolue de la prestation et sanctionne toute transgression. Déjà, Cicéron avait donné ses lettres de noblesse à cette profession en plaidant soit pour ses familiers, soit dans des affaires qui mettent en scène de grands personnages de l'État (Verres, Catilina) et fait l'apologie de l'art oratoire (*de Oratore*). Caton, Crassus, Antoine, Quintilien, Pline le Jeune, les deux Gracques, César lui-même, Brutus… tous avocats.

Sous de tels auspices, la profession prend toute sa noblesse, en même temps qu'une extension prodigieuse.

UNE PÉRORAISON DE CICÉRON

On battait de verges sur la place publique de Messine un citoyen romain, mais malgré les coups on n'entendait sortir de la bouche de cet infortuné pas une parole, pas un cri, que ces mots : « Je suis citoyen romain. » Il croyait, armé de ce seul mot, arrêter les bourreaux et garantir sa personne du plus ignominieux supplice du monde. Non seulement il ne parvint pas à faire cesser les coups de verge, mais tandis qu'il réclamait, tandis qu'il répétait sa qualité de citoyen, une croix – oui, magistrats, une croix se dressait pour cet infortuné. C'est un crime de mettre aux fers un citoyen romain, c'est une atrocité de le frapper de verges, c'est, j'ose le dire, un parricide de lui ôter la vie. Que serait-ce de le mettre en croix ?

Le rythme des phrases à l'égal de la respiration, l'apostrophe qui étonne, le sens dramatique. Voilà déjà le style du XIXᵉ siècle. Et, s'il n'était pas destiné à une catégorie précise : « pour » le citoyen romain, ce pourrait être un plaidoyer « contre » la peine de mort.

2 D'Athènes à Constantinople

01.21 **Les quatre premiers siècles après J.-C.** Les quatre premiers siècles après J.-C. voient se construire une véritable classe sociale soudée autour d'une déontologie qui nous sera plus tard transmise.

Après cinq ans d'études de droit, le récipiendaire se présente sur le forum au Sénat, accompagné de son père et d'une suite de familiers. Il est alors admis à s'inscrire sur « la matricule » s'il rentre dans le *numerus clausus* et s'il ne présente pas de cas d'indignité. Il prête serment à l'Empereur. S'il réussit, c'est le commencement du cursus : il rentre dans la noblesse et si son éloquence entraîne la foule romaine, alors il arrivera censeur, proconsul et consul, voire… empereur.

Comme *advocatus* il bénéficie du monopole de la défense au sein d'un Ordre (créé au IVe siècle) dont le chef est le doyen. Le corps des avocats comporte trois catégories :

– le stagiaire ;
– le *causidicus* ou *patronus* : l'orateur ;
– le *prudens* ou consultant (il écrit des mémoires qui s'imposent au juge).

À leur côté, se trouve le *procurator* qui organise la défense.

01.22 **La codification de Justinien (530).** Au VIe siècle, arrive Justinien qui, pour la première fois semble-t-il depuis Hammourabi (roi de Babylone 2 000 ans avant J.-C.), fait codifier les lois, la jurisprudence et la doctrine, dans un ensemble cohérent autant que brillant (530). Comme si, au lendemain des grandes invasions qui pendant cinq siècles ont anéanti la civilisation de l'Empire romain d'Occident, il avait voulu conserver, sauver le grand monument du Droit qui allait au XIIe siècle réapparaître et permettre à la civilisation du Moyen Âge de se refonder sur les bases romaines.

Mais César avait déjà au Ier siècle avant J.-C. romanisé la Gaule qui, s'ajoutant à la « Province » (la Provence) depuis longtemps romaine, constitue un autre ferment de notre civilisation. Le droit romain et l'*advocatus* y sont parfaitement implantés au point que, celui-ci faisait autorité dans le monde romain par son art oratoire et l'importance des barreaux, ceux de Marseille et de Lyon. Le nom de l'avocat Flavius Nicetius (vers 472) est parvenu jusqu'à nous.

02

Le droit germanique

1 Le sommeil

02.11 **La défense personnelle et orale.** Lorsqu'il n'y a guère de route, de ville, de commerce, que le Gallo-Romain se replie sur lui-même ; que plus tard encore chacun demande au plus puissant de construire des châteaux pour le défendre contre les perpétuelles incursions des barbares, il n'y a plus guère de relations juridiques quelconques entre les gens, mais seulement des rapports de force.

Pendant cinq siècles, va s'instaurer par nécessité le système féodal qui seul va pouvoir répondre à la conjoncture. Les Germains, et parmi eux les Francs, introduisent un système judiciaire fondé sur la défense personnelle et orale (ce que l'on dit ne peut pas être rétracté) et sur une sanction pécuniaire ou l'emploi de la force (le duel). Le bénéfice de la preuve est donné au plus fort, celui qui montre le plus d'endurance dans l'épreuve physique. Il n'y a plus besoin d'*advocatus*.

Pourtant, le défenseur ne disparaît pas tout à fait : sa voix devenue faible et isolée ne laissera aucun grand nom, mais l'Église qui a installé un peu partout ses monastères, porteurs de paix et qui est seule détentrice de la culture romaine, a besoin de défendre ses biens contre les seigneurs.

02.12 **Les avant-parliers.** Il se trouve alors des *avant-parliers* qui assistent les plaideurs, en particulier tous ceux qui se sentent démunis devant une justice dure et sans nuance.

Ces *avant-parliers* ont plutôt été des conseillers, sûrement pas des orateurs. La justice franque n'apprécie pas ce genre d'intermédiaire et se montre à son égard aussi sévère qu'elle l'est pour le plaideur : si l'*avant-parlier* est désavoué par son client en ce qui concerne les moyens avancés pour le défendre, ou pour une parole de trop, il est alors taxé lui-même d'une amende. C'est le système adopté par les Mérovingiens depuis Clovis (496). Encore que celui-ci, dans son désir de fusion entre Francs et Gallo-Romains accepte la survivance du droit romain dans les provinces qui le pratiquent.

2 Les capitulaires

02.21 **Une justice en dehors et à côté de celle du Seigneur et de l'Église.** Pépin le Bref, Charlemagne, Louis Ier le Débonnaire, dit aussi le Pieux, vont tenter d'organiser une justice en dehors et à côté de la justice du Seigneur et de la justice de l'Église.

Fort de la victoire de son père, Charles Martel, sur les Sarrasins, Pépin le Bref confie à sa suite de seigneurs (comtes) et de moines une tâche double : celle de justice royale et celle de conseil du roi (737). Préfiguration du futur parlement, mais itinérant au gré des chevauchées.

02.22 **Les capitulaires de Charlemagne (742-814).** Charlemagne, avec sa stature de conquérant et de législateur, organise la justice dans ses *Capitulaires*.

La justice civile. Les comtes désignent les juges appelés « échevins ». Ils peuvent être révoqués. L'échevinage est une justice de terroir, toute proche du justiciable, qui s'est développée surtout dans le nord de la France.

L'organisation de l'appel. L'appel est formé devant l'empereur et sa suite.

L'organisation de la preuve en matière pénale. « Le jugement de Dieu », résulte de l'endurance du plaideur à certaines épreuves physiques qui peuvent aller jusqu'à la torture. Celui qui résiste à ces épreuves gagne son procès. Le sort du duel est un jugement de Dieu. C'est le système judiciaire germanique.

L'organisation de la défense. D'une part, apparaît le *procurator* qui rédige la requête, d'autre part, l'*advocatus* qui n'intervient aux côtés du plaideur que s'il est incapable de se défendre lui-même ou s'il y a problème de droit. L'*advocatus* ne doit pas prêter assistance à un procès « injuste ». Cette notion apparaîtra jusqu'à la Révolution comme un impératif. Dès l'époque de Charlemagne apparaissent donc des défenseurs niais qui restent les auxiliaires très exceptionnels des plaideurs.

En matière religieuse. L'*advocatus* (un clerc) non seulement défend l'Église mais aussi administre ses biens et en est le mandataire.

02.23 **La procédure des *Capitulaires*.** Le demandeur présente une requête en général verbalement devant le maire qui préside les débats à côté du juge échevin.

Demandeur, défendeur et échevin vont prendre conseil (prendre « leurs nuits et leurs jours »). En général, ils connaissent les usages de père en fils et les appliquent. S'il y a difficulté, ils prennent conseil auprès d'un « avant-parlier » ou *emparlier*. Ainsi, lorsque chacun aura donné ses arguments, l'échevin rendra son jugement, toujours en présence du maire et des villageois. Toute cette procédure porte sur l'échange verbal de moyens et de preuves. Une sorte de duel verbal où chaque mot porte, sans qu'aucune défaillance ou erreur ne soit admise. Justice simple à la portée de ces gens qui connaissent bien par eux-mêmes ce qui constitue leur propre coutume locale – base du « droit coutumier ».

Le règlement des affaires pénales se fait soit par voie pécuniaire, soit par voie corporelle (duel).

Ce système judiciaire rudimentaire, mais efficace et suffisant pour l'époque, s'est prolongé dans les campagnes jusqu'au XVIe siècle, longtemps après la réapparition du droit romain. Il s'agira du droit romano-germanique qui demeure à l'origine du système juridique français, en opposition au mécanisme anglo-saxon.

3 Les premiers légistes et l'organisation politique des deux premières dynasties

02.31 **Les *advocati* ou *emparliers*.** Chaque tribu germaine a ses coutumes institutionnelles à la source de son fonctionnement politique. Ce sont souvent les moines, peut-être parfois les *advocati* ou *emparliers*, qui vont rédiger ces règles car ils sont les seules personnes sachant lire et écrire et ayant le sens de la nécessité d'une légitimité et d'une continuité.

La principale de ces institutions écrites est la « loi salique » établie sous le régime de Clovis : sorte de constitution monarchique qui va permettre aux deux premières dynasties des rois de France de se donner une légitimité au-dessus de la mêlée féodale. La loi salique fut d'abord une règle de droit commun ensuite reprise par la monarchie.

02.32 **Les rudiments de justice de ces sept siècles.** Tels sont les rudiments de justice qui existent pendant ces sept siècles qui ne permettent pas à l'avocat de jouer son rôle, sinon tout au plus d'apporter son conseil et encore avec une prudence dictée par une procédure orale stricte et formaliste.

Louis le Pieux maintient cette organisation. Mais à sa mort ses trois fils décident, par le traité de Verdun (843), de partager l'Empire en trois parties et de donner à l'Europe une configuration pourvoyeuse en guerres fratricides. Pour commencer, la bande occidentale dessine une France étriquée qui va à nouveau s'enfoncer dans l'anarchie pendant plus de deux siècles. Premier grand échec de l'Europe. Et recul du droit.

03

La synthèse

1 La redécouverte du droit romain

03.11 **Hugues Capet (987-996).** Hugues Capet réussit à purger le pays des dernières grandes invasions, celles des Normands, et prend le pouvoir. En présence de la procédure coutumière orale sanctionnée par les jugements de Dieu et des justices féodales et canoniques, il tente d'organiser une « trêve de Dieu » pour limiter les peines corporelles.

Mais la paix revenue permet enfin le développement des voies de communication et du commerce et donc une nouvelle catégorie de relations, d'infractions, et de procédures. L'intérêt privé réapparaît et avec lui les affaires donc les procès.

En même temps, événement prodigieux, on redécouvre en 1137 à Amalfi, le Code Justinien. Comme si, au moment même où le monde occidental est en gestation, la culture juridique romaine apparaissait à point nommé pour civiliser la nouvelle Europe.

2 Le Code Justinien

03.21 **Accurse répand Le Code Justinien en Europe.** Une fois découvert c'est l'avocat François Accurse qui le répand en Europe. Il comporte quatre parties :

- les *Institutes* sont la codification des lois Romaines ;
- le *Digeste* est une compilation d'extraits de la doctrine des jurisconsultes romains ;
- le *Code* contient les édits des Empereurs ;
- les *Novelles* sont une mise à jour du temps de Justinien.

03.21a Le Code Justinien.

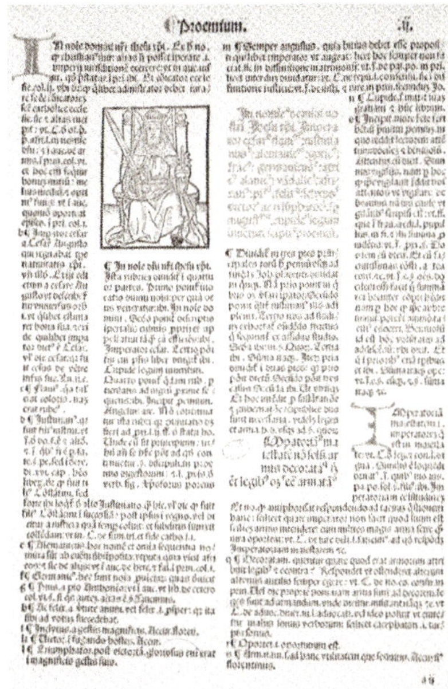

Certes, la moitié sud de la France avait toujours conservé les principes du droit romain encore qu'elle en avait perdu les sources et que bien des errements s'en étaient suivis. Le nord l'avait oublié s'en remettant aux coutumes ancestrales.

La découverte du Code Justinien devait ressourcer le droit de façon fondamentale, lui donner une vigueur qu'il avait perdue et apporter à la civilisation occidentale son cadre juridique.

L'œuvre maîtresse de Justinien est le *Digeste* parce qu'il constitue la première formulation raisonnée du Droit, amalgame des textes de loi et de la doctrine correspondante. Il comporte également un dictionnaire du Droit. La table des matières de l'ouvrage est le modèle toujours valable de tout manuel moderne de droit : contrat, quasi-contrat, délits, testaments, procédure.

03.22 **Cujas (1520) et Pothier (1760) s'emparent de l'œuvre de Justinien.** Deux commentateurs français s'empareront beaucoup plus tard de l'œuvre de Justinien, d'une part pour l'analyser, d'autre part la mettre à jour et redonner ainsi à ce monument une vigueur toute moderne. Il s'agit de Cujas vers 1520 et de Pothier vers 1760.

Le premier recadre l'œuvre en réunissant les principes par jurisconsultes lui donnant ainsi l'aspect d'une progression juridique historique. Le second redistribue les textes dans une rigoureuse logique. Ces mises à jour permettront les deux codifications historiques :

– celle des grandes ordonnances de Louis XIV à partir de l'influence de Cujas ;

– celle des codes Napoléon d'après les travaux de Pothier.

Mais bien avant ces deux juristes, l'ensemble des « avocats consultants » va puiser dans le Code Justinien une vigueur et une authenticité qui vont directement inspirer les arrêts des parlements.

Pourtant, l'Église interdit longtemps l'étude du droit romain à Paris, le considérant comme susceptible de ternir l'éclat du droit canon.

Il a fallu la volonté de Louis XIV pour l'imposer à l'Université de Paris.

04

Les trois grands rois qui ont fait la France La création d'une justice d'État et les premiers avocats

1 L'organisation de la France et de sa justice

04.11 **La réduction de la puissance de la féodalité et de l'Église.** Philippe II Auguste, saint Louis et Philippe IV le Bel vont organiser la France, et en même temps sa justice. Tous les trois commencent à réduire les deux puissances que sont la féodalité (et sa justice), l'Église (et ses officialités).

Après Bouvines (1214), les Français acquièrent le sens de la nation, ce qui va permettre de réduire peu à peu toutes les forces centrifuges.

04.12 **Philippe II Auguste (1180-1223).** Philippe II Auguste met partiellement un terme aux chevauchées de son conseil itinérant (fait de seigneurs, de prélats et de moines) en l'obligeant à se fixer à Paris à certaines dates. C'est l'ébauche du parlement.

En même temps, il crée une justice d'État à côté des anciens échevins ; ce sont les baillis, prévôts ou sénéchaux. Ils représentent une justice plus lointaine que l'échevin et sans doute plus indépendante des intérêts locaux. Pourtant, ils ne réussiront pas de longtemps à la supprimer.

Le roi tente également de réglementer le duel et le « jugement de Dieu », enfin, d'organiser des « trêves de Dieu ».

04.13 **Saint Louis (1226-1270).** Saint Louis institue le recours judiciaire direct au roi (le chêne de saint Louis à Vincennes) et à son Conseil. Lorsque celui-ci se fixe à Paris, à une ou deux dates convenues, le roi s'installe en son Palais de l'île de la Cité, au voisinage de la toute nouvelle Sainte-Chapelle et y rend la justice. Mais l'œuvre maîtresse de son règne, ce sont les *Établissements* dits de saint Louis (1270) où est réglementée la vie juridique quotidienne des Français. Avec les *Capitulaires* de Charlemagne, les Établissements vont être une source d'inspiration des Coutumes.

Cet ouvrage tente d'humaniser la justice en multipliant les trêves, en interdisant (en vain) le duel et en instituant la preuve par témoins tirée du droit romain. Enfin, le roi inaugure la longue lutte royale contre la papauté toute-puissante en promulguant la première *Pragmatique sanction* (1268), dont certains historiens ont pourtant mis en doute l'existence. Les pragmatiques sanctions sont des actes d'indépendance de l'Église de France par rapport au Siège romain.

04.14 **Philippe IV le Bel (1285-1314).** Il reviendra à Philippe IV le Bel de fonder le parlement et avec lui la Justice[1]. Une Justice au-dessus des justices locales ou de classe (officialités ou justices féodales). Enfin, une justice qui durera cinq siècles et sera le creuset du droit français. Auparavant étaient nés les premiers avocats.

2 La naissance des avocats

04.21 **On compte dix-sept avocats à la fin du XIIIe siècle.** On a connu les *avant-parliers* conseils très effacés des parties et généralement clercs de leur état, portant la soutane noire. À leurs côtés, les *procureurs* rédigeaient les *placets* en même temps qu'ils présentaient les causes d'Église devant les officialités.

Avec la Justice du roi, la procédure cesse d'être si formaliste et de véritables avocats apparaissent qui plaident devant les nouvelles juridictions établies (les bailliages). Les affaires nées de l'expansion du commerce nourrissent ces premiers cabinets.

On compte alors, d'après Boucher d'Argis[2], dix-sept avocats à la fin du XIIIe siècle. Ce chiffre marque leur naissance. D'ailleurs, le roi s'en préoccupe et légifère pour la première fois à leur intention.

04.22 **La première tentative d'organisation inspirée des Établissements (ordonnance du 23 octobre 1274).** L'ordonnance du 23 octobre 1274, promulguée par Philippe III le Hardi, représente la première tentative d'organisation inspirée des dispositions des *Établissements*. On réglemente essentiellement le serment et l'honoraire :

- ne plaider qu'une « cause juste » ; cette expression perdurera jusqu'à la Révolution ;

1. V. ss no *05.21*.
2. Boucher d'Argis, complété par Camus et Dupin aîné, *Histoire abrégée de l'Ordre*, Durand, 1824.

04.22a Philippe III le Hardi.

– ne réclamer qu'un « salaire » limité à 30 livres ;
– se garder du pacte de *quota litis*, c'est-à-dire de ne pas partager, selon un quantième établi, le gain du procès avec le client ;
– prêter serment (celui du droit romain) au moment de l'inscription au barreau et à chaque rentrée du parlement, la main droite levée sur l'Évangile.

Le premier costume de l'avocat est tout naturellement celui d'Église. Le roi distribue les robes aux grandes fêtes. Les robes sont noires et rouges (pour les solennités) couleur de la pompe ecclésiale. En même temps, et pour normaliser cette nouvelle profession, le roi choisit parmi les avocats ceux qui plaideront les causes royales et défendront l'ordre public. Ce seront les « avocats du roi » subordonnés à un procureur du roi qui ne plaide pas, mais ordonnance les affaires. Les avocats du roi (ils sont deux) peuvent plaider pour leur clientèle privée. L'un de ces avocats est clerc pour les affaires civiles, l'autre est *laïs* (laïc) pour les affaires pénales qu'un homme d'Eglise ne peut pas plaider. Leur mandat est révocable. Ces avocats du roi vont devenir des « légistes » chargés de le conforter dans sa couronne et l'État dans ses droits.

04.32a Clément IV.

3 Les premiers avocats de légende

04.31 **Pas de véritable plaidoirie. On s'exprime en latin.** À cette époque, il n'y a pas de véritable plaidoirie. Les mots sont mesurés puisqu'ils pèsent dans la balance et qu'un mot de trop peut faire perdre le procès.

On s'exprime en latin.

04.32 **Yves de Kermartin (1253-1303).** Yves de Kermartin parcourt la Bretagne à partir de Tréguier et plaide pour tous ceux qui en ont besoin, spécialement les pauvres. C'est un clerc adonné à la joie tout à la fois de la défense et de la charité.

Nombre d'histoires ou de légendes ont perpétué *sa* tradition de sainteté. Il est canonisé en 1347.

04.33 **Gui Foulques (1200-1268).** Gui Foulques, dit Guy Foucault, est un excellent avocat et un fameux jurisconsulte, le plus ancien des « avocats consultants ». Sa compétence attire l'attention de saint Louis qui l'appelle à ses côtés pour préparer la *Pragmatique sanction.* Il est le premier des avocats appelés aux affaires royales. Cet usage va devenir courant. Il devient évêque puis archevêque, enfin pape sous le nom de Clément IV. Dès lors, il donne des conseils aux rois :

– « Ayez des juges de bien qui aient les mains pures ».
– « Nous nous étonnons que tes oreilles restent fermées aux hurlements de tes sujets réduits au désespoir, comme si l'horrible iniquité commise par les tiens était ignorée de toi. Sache que tu ne peux garder le silence sans te couvrir d'opprobre » (à Charles d'Anjou roi de Sicile).

04.34 **Philippe de Beaumanoir (vers 1250-1296).** Philippe de Beaumanoir[1], avocat, est l'auteur célèbre des *Coutumes du Beauvaisis* (1283). Tout d'abord il est le premier analyste d'une coutume. Mais, ce qui est singulier et marquant, est qu'à son époque il existe déjà une collectivité d'avocats. Il en règle la première déontologie. Il expose des principes qui vont devenir essentiels et qui complètent l'ordonnance de 1274 :
– le « salaire » de l'avocat porté à un maximum de 30 livres (ce chiffre restera longtemps en vigueur) doit être calculé en fonction de la difficulté, du savoir, de l'état de l'avocat et de l'éloignement de la juridiction (tant d'heures de cheval) ;
– les pauvres doivent être défendus gratuitement ;
– la plaidoirie doit être brève et calme et doit respecter le juge.

04.35 **Guillaume Durand (?1230-1296).** Guillaume Durand fut l'auteur du *Speculum juris* qui lui fit surnommer le spéculateur[2]. Il joignit l'usage du barreau à la théorie du droit et acquit le nom de père de la pratique.

04.36 **Pierre de Fontaines (?-1290 ?).** Pierre de Fontaines, jurisconsulte et avocat de saint Louis[3], fut l'auteur du plus ancien traité juridique[4] « pratique écrit en français [...] travail [...] précieux pour l'intelligence

1. Sur le rôle de Beaumanoir comme légiste v. s[s] n[o] *11.12*.
2. P.-M. Gy, *Guillaume Durand, Évêque de Mende, canoniste, liturgiste et homme politique*, actes de la table ronde du CNRS, Mende, 24-27 mai 1990, édités par Pierre-Marie, CNRS, 1992.
3. Q. Griffiths, « Les origines et la carrière de Pierre de Fontaines, jurisconsulte de saint Louis : une reconsidération avec documents inédits », *Revue historique de droit français et étranger*, Sirey, 1970.
4. de Fontaines, *Le conseil que Pierre de Fontaines [donna à son ami] ou Traité de l'ancienne jurisprudence française*, nouvelle édition publiée d'après un manuscrit du XIIIe siècle [1254], appartenant à la bibliothèque de Troyes, avec notes explicatives du texte et des variantes tirées du manuscrit de la bibliothèque du roi par Marnier, Joubert-Durand, 1846.

de notre ancien droit »[1]. Il participa à la rédaction de la *pragmatique sanction* et aux *établissements*.

04.37 **Le premier grand procès de l'histoire de France (1095).** Le premier grand procès de l'histoire de France est celui de la répudiation par le roi Philippe Ier (1052-1108) de sa femme Berthe de Hollande en 1091 au profit de Bertrade de Montfort sa concubine en même temps que femme du comte d'Anjou Foulques IV le Réchin.

L'avocat de Berthe la défendit si bien que le roi accepta les compensations réclamées par sa femme. Quel succès.

1. Dupin, *Notice bibliographique, Profession avocat*, t. II, p. 705.

05

La fondation du parlement et le développement de la profession d'avocat

1 La fondation du parlement sédentaire

05.11 **L'œuvre de Philippe IV le Bel.** Si saint Louis avait donné asile en son Palais aux gens de son Conseil, c'était pendant quelques jours par an. Philippe IV le Bel va instituer le parlement sédentaire pour juger les causes importantes. Ce n'est pourtant qu'une bien faible cohorte : treize clercs (moines et prélats), treize *laïs* (nobles porteurs d'épée). De juriste, il n'y en a aucun. Et pourtant, le roi va déléguer à ce parlement sa « main de justice ».

2 L'ordonnance du 23 mars 1302

05.21 **La fondation du parlement comme corps judiciaire permanent au Palais.** Cette ordonnance fonde le parlement en tant que corps judiciaire permanent. Il est fixé au Palais, à côté du roi. Il demeure en même temps, comme par le passé, son conseil.

Bien au-dessus des bailliages et prévôtés (qui vont peu à peu mais bien lentement se substituer aux échevins), le parlement est doté, au début, d'une compétence aux contours indécis. Ce n'est pas une juridiction d'appel mais un corps qui doit statuer sur les cas de « justice retenue » par le roi. La justice n'est encore retenue que par le bon vouloir du roi.

Philippe IV le Bel, conscient qu'une cour de justice composée de gens d'arme et d'Église a besoin d'un corps de juristes, avait déjà organisé la communauté des avocats, dont le nombre grandit en fonction du besoin. Son ordonnance de 1291 reprend les règles de celle de 1274

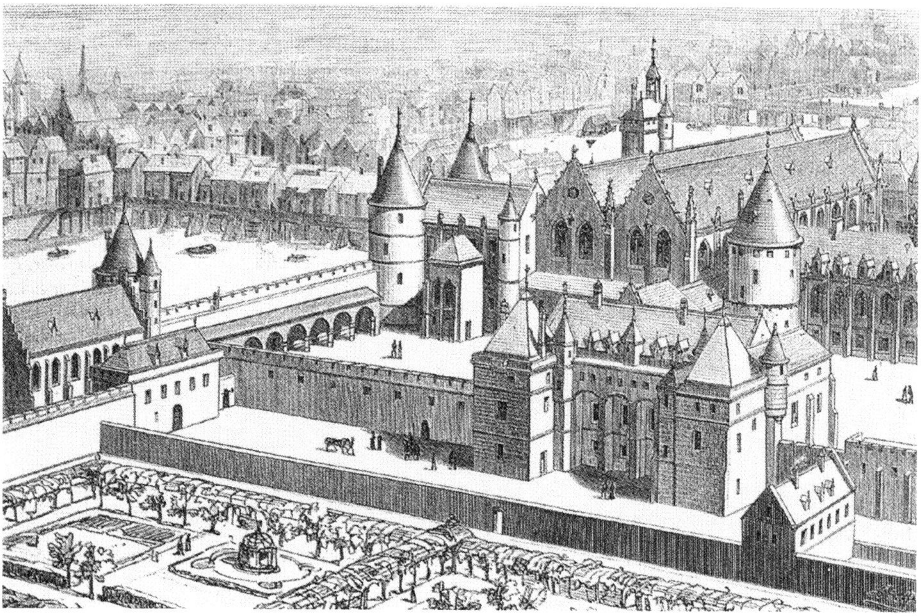

05.23a Le Palais de justice au XIVe siècle.

(serment et honoraires) mais institue essentiellement la taxation de l'honoraire et le Tableau :

- si l'honoraire dépasse la limite de 30 livres, il sera taxé par le juge (s'il ne connaît pas le droit, il connaît fort bien les prix) ;
- pour la première fois, le Tableau est organisé sous le nom de « matricule ».

05.22 **Le maintien du duel.** Philippe IV le Bel renonce à l'interdiction du duel judiciaire et préfère l'organiser pour mieux essayer de le réduire :

- on tente d'abord la preuve par témoins ;
- si elle s'avère vaine, les avocats exposent chacun leurs moyens dont le juge dresse procès-verbal et autorise alors la vieille preuve germanique du « jugement de Dieu ».

05.23 **L'absence de juriste.** Le juge n'a nullement besoin d'être un juriste puisque la décision sera celle du plus fort : le « jugement de Dieu » est ainsi. On n'a encore guère besoin d'avocats…

1

LIVRE I

Les avocats fondateurs

11

CHAPITRE I

La nation et le pape : les premiers légistes

1 La lutte contre Rome

11.11 **L'élaboration de textes restrictifs des droits de Rome.** Dans ce monde en gestation, le roi cherche sa voie au milieu de forces centrifuges qui contrarient la formation de l'État. Jusqu'à la Révolution, il y en aura deux essentielles : la féodalité et la puissance du pape. La lutte contre les seigneurs et le gallicanisme seront les deux fers de lance de l'État. Le gallicanisme recherchait un équilibre entre les pouvoirs du roi et ceux du pape.

Dans cette double lutte, les avocats, et en particulier ceux du roi (les légistes), vont avoir un rôle considérable au point que, à de nombreuses reprises, la politique du roi est pour une grande part celle que lui dictent les avocats.

Déjà, saint Louis aurait institué la première *Pragmatique sanction* (*pragmatica sanctio*) organisant les rapports entre la Couronne et Rome. Ce fut l'avocat Gui Foucault (futur pape Clément IV, 1200-1268) qui prépara et fit adopter ce texte restrictif des droits de Rome.

11.12 **La contestation de la justice de l'Église.** Philippe IV le Bel qui est un autocrate, ressent plus vivement le besoin de renforcer son autorité. Il choisit le légiste Philippe de Beaumanoir, les avocats Philippe de Cugnières et Guillaume de Nogaret pour le conseiller et lui prêter main-forte. Cugnières organise la procédure, dite de l'« appel comme d'abus », destinée à faire réformer par le parlement les décisions judiciaires des officialités. Il a fallu à Cugnières une audace folle à l'époque pour oser directement contester la justice de l'Église. Boniface VIII réagit en le déclarant hérétique. Rome est encore toute-puissante.

Quant à Nogaret, il manie le glaive aussi bien que la parole. Il organise et dirige l'attentat d'Agnani destiné à s'emparer du pape Boniface VIII. Nogaret est excommunié.

Pour arranger les choses, le roi nomma l'avocat Pierre de Belleperche ambassadeur auprès du nouveau pape.

2 Le procès des Templiers

11.21 **Le procès non contradictoire des Templiers (1307-1315).** Philippe IV le Bel estime trop envahissante la puissance séculière et trop importante la puissance financière de l'ordre des Templiers, qui était devenu le banquier des croisés. Il fait arrêter son grand maître, Jacques de Molay et par justice retenue décide que son procès se déroulera devant le roi entouré de ses conseillers.

Molay choisit Presles comme avocat. Philippe IV le Bel désigne Jean de Méhée avocat du roi. De Presles est le premier avocat de l'histoire à prendre conscience de la gravité de son rôle, de son danger et de l'enjeu. Car Molay est innocent mais il dirige un Ordre riche. Le roi, qui pourtant a encouragé la communauté des avocats dont il a compris la nécessité et l'utilité, ne supporte pas la contradiction et fait arrêter de Presles. Seul plaidera l'avocat du roi contre un Molay sans défense avec, en perspective, la mort qui l'attend.

11.22 **La tentative d'organisation du parlement.** Les trois fils de Philippe IV le Bel vont tenter d'organiser le parlement pour le moment si faible et qui n'a de judiciaire que le nom. Deux ordonnances (1318-1320) réglementent les sessions : elles sont présidées soit par le roi soit par le magistrat qu'aura nommé le président. Le roi peut retenir certaines causes pour les soumettre à son parlement. Les « appels comme d'abus » lui sont également confiés. Le corps des prélats est progressivement supprimé et le roi pourvoit au remplacement en nommant les juristes que sont les avocats. C'est ainsi que peu à peu se formera une véritable intimité magistrats-avocats.

Le parlement lui-même, dans son premier arrêt de règlement (1319), décide que le corps des avocats peut être consulté par les magistrats et même que les causes peuvent leur être déléguées. C'est l'acte de mariage entre un parlement de robe et d'épée et la communauté des avocats, seule détentrice de la science du droit, souvent encore seule lettrée avec les moines.

Malheureusement, les fils de Philippe IV le Bel meurent sans enfant. La couronne est briguée par les descendants de la reine de France Aliénor d'Aquitaine, répudiée par son mari et remariée avec Henri Plantagenêt, duc d'Anjou, devenu roi d'Angleterre. Cent ans de guerre en perspective.

12

CHAPITRE II

Un corps d'avocats sous les Valois

1 Le premier Valois

12.11 **Philippe VI (1293-1349).** Avec Philippe VI de Valois, le parlement commence à se fortifier. Les avocats remplacent de plus en plus les conseillers nobles ou ecclésiastiques et l'Olim (*Recueil des décisions de jurisprudence et des ordonnances royales* fondé en 1254) comporte de plus en plus d'arrêts. Le parlement est devenu une véritable juridiction. Alors la communauté des avocats s'étoffe et prend son importance en fonction de la pépinière de conseillers à la disposition du roi.

L'ordonnance de 1274 avait timidement posé quelques règles de discipline, celle du 13 février 1327, rendue à l'orée du règne des Valois ne concerne que les avocats au Châtelet et n'en dit guère plus :

- l'étudiant doit passer un examen d'admission ;
- la rentrée du parlement est précédée de la messe du Saint-Esprit en la Sainte-Chapelle et du serment prêté par les magistrats, les avocats, les procureurs ; les juges ne reçoivent avocat à « serment d'*avocasser* » que « premièrement ils soient examinés suffisamment si à ce est idoine avant toute œuvre, afin que le peuple ne soit mis dans les mains d'un avocat que rien ne fasse à sa cause » [1] ;
- l'avocat dispose du monopole de la plaidoirie.

1. J. Boutillier [13?-1395], *Somme rural, ou Le grand coustumier général de practique civil et canon*, Macé, 1603.

2 Le premier statut de la profession

12.21 **L'arrêt du 11 mars 1344.** Pour la première fois, il revient au parlement de réglementer la profession toute récente des avocats.

Les « valeurs », c'est-à-dire l'examen d'admission, sont vérifiées par les magistrats le jour de la prestation de serment.

Les avocats se répartissent en trois groupes : stagiaires, plaidants, consultants. Cette distinction répond à une réalité très vivante dès lors que les consultants ont un rôle considérable tant auprès des magistrats qu'ils éclairent qu'auprès des grandes familles nobles dont ils sont aussi les conseils, également auprès des communautés religieuses et des communes libres. Jusqu'à la Révolution, les avocats traitaient le judiciaire et le juridique.

Au Palais, les avocats sont divisés par « bancs ». Chaque banc désigne ses députés qui assisteront le doyen.

Les consultants reçoivent le titre de « conseiller » et bénéficient d'une justice retenue confiée à une Chambre du parlement (*committimus*).

Enfin le costume de l'avocat est réglementé : stagiaire en manteau bleu, plaidants en violet, consultants en écarlate. Tous en robe et chaperon d'hermine.

L'*Ordo*, qui deviendra l'« ordre », c'est-à-dire la communauté des avocats, est présidé par le doyen.

Le monopole de la plaidoirie est établi. Privilège considérable qui sera, tout au long de l'Histoire, sujet à péripéties.

Ce statut fortifie la profession d'avocat. Dans l'avenir sombre de la France, du fait de la question de la succession, qui pourra conseiller le pouvoir et même le guider sinon ce corps d'avocats lettré, savant et habile.

En 1340, on compte 51 avocats.

3 Les premiers avocats

12.31 **La première moitié du XIVe siècle.** Cet *Ordo* tout jeune est illustré par les deux avocats conseillers du roi, Philippe de Cugnières et Guillaume de Nogaret qui ont été les premiers artisans du gallicanisme. Un certain nombre de ces avocats appelés par le roi deviennent successivement, magistrat, président, premier président, et chancelier. Comme ils sont souvent clercs d'origine, ils deviendront aussi évêque, archevêque, cardinal.

Le *cursus honorum* accompagne dès lors et vivifie cette profession. C'est le cas de Pierre de Belle perche avocat, conseiller du roi, évêque, ambassadeur, chancelier de France, de Pierre de la Forêt archevêque de Rouen, cardinal, chancelier de France. En même temps, l'avocat commence à acquérir clientèle et fortune.

12.32 **Guillaume du Breuil (1280 ?-1344 ?).** Guillaume du Breuil a été sans doute l'avocat le plus brillant de la première partie du XIVe siècle. Il a rédigé un livre, *Stylus Parlementi*[1], où il décrit le double rôle majeur de l'avocat de son temps : plaideur et légiste. Pour la première fois il est demandé que la procédure germanique fondée sur les déclarations verbales du plaideur soit nuancée, car l'écart de langage équivaut à la perte du procès. La plaidoirie doit être structurée et courtoise.

Quant à l'honoraire, l'auteur s'est laissé aller à une phrase... *très moderne* : « Préfère le client solvable. » Ces mots sont écrits en latin douteux. Au lieu de solvable ne peut-on lire « influent » ? Toujours est-il que la profession lui a longtemps reproché cette opinion, en particulier Dumoulin[2] et Loisel[3] qui, par réaction, fera l'éloge de... l'honneur.

4 La confrérie de Saint-Nicolas

12.41 **Le premier bâtonnier (au sens étymologique).** Les clercs procureurs ont existé depuis des temps très reculés dès lors qu'ils étaient utilisés par l'Église, spécialement par les monastères, pour régler les procédures devant les officialités, aussi pour gérer les biens d'Église, mais surtout pour organiser les procès de droit germanique. Ils se réunissaient en confrérie dite de Saint-Nicolas à caractère essentiellement religieux.

Le prieur élu porte le « bâton » qu'il dépose au moment des offices devant la statue du saint.

Ainsi l'appellation de « bâtonnier qui conduit l'ordre », c'est-à-dire la communauté des avocats, va-t-elle peu à peu s'imposer.

1. G. du Breuil, *Style du parlement de Paris*, Henri Lot, 1877, / http://gallica.bnf.fr/ark:/12148/bpt6k56564306.
2. V. s[s] n° *25.25*.
3. V. s[s] n° *26.21*.

13

CHAPITRE III

L'influence des avocats pendant la guerre de Cent Ans

1 La guerre de Cent Ans

13.11 **Jean II le Bon (1350-1364).** La guerre de Cent Ans va ravager la France à partir du faible Jean II le Bon qui va ponctuer son régime d'une série de défaites (Poitiers) et d'une captivité dramatique dans la tour de Londres (à partir de 1356). Cependant, son régime se signale par deux événements qui viennent conforter l'*Ordo* des avocats.

Le premier. Le parlement, composé d'avocats devenus conseillers, instaure une politique de protection du corps des avocats, sentant bien que les deux organismes sont complémentaires. Cette politique durera jusqu'à la Révolution créant une sorte de complicité professionnelle et de famille entre les deux corps.

Le second. L'ordonnance de 1363 qui complète l'esprit précédent – les consultants ou conseillers siègent sur les « Fleurs de Lys » de même que les magistrats. Le parlement détenteur de la main de Justice du Roy siège sur un tapis « fleur-delysé ».

Lors des cérémonies solennelles, les avocats portent la robe rouge à l'instar des magistrats. Le recrutement de ceux-ci se fait par élection ou par décision du roi dans le corps même des avocats.

2 La captivité de Jean II le Bon

13.21 **Le rôle des avocats pendant la captivité de Jean II le Bon.** Pendant quatre ans (1356-1360), la France va vivre à la fois sous l'occupation partielle et dans la guerre civile organisée par Étienne

Marcel. Le pouvoir est entre les mains des conseillers qui sont autour du dauphin Charles : ce sont pour la plupart des avocats. On commence d'abord par réunir les États généraux sous la présidence de l'avocat Pierre de la Forêt, chancelier de France.

Le conseil de régence décide d'envoyer l'avocat Renaud d'Acy à Londres pour tenter d'obtenir le retour du roi et des conditions admissibles de paix, malgré la difficulté majeure de la légitimité du roi d'Angleterre sur la France. Renaud d'Acy va et vient et rédige un projet.

Étienne Marcel a représenté une tentative pour donner à Paris, au profit des marchands, un statut de libre commune. Il incite à l'émeute dans Paris assisté de deux conseillers avocats : Robert Le Coq et Pierre de Puyset. Tout le reste du barreau demeure fidèle au dauphin. Mais Renaud d'Acy est assassiné (1357). Finalement, Étienne Marcel tombe aussi au plus fort de l'émeute et Puyset est immédiatement exécuté.

Le dauphin Charles, redevenu maître de Paris, reforme son conseil dans lequel se trouvent les avocats Jean des Mares, Arnaud de Corbie et Guillaume de Dormans. Ces deux derniers deviennent successivement chanceliers de France. Ils mettent la dernière main aux pourparlers de paix et finissent par signer le funeste traité de Brétigny que l'Angleterre arrache par force. Les négociateurs en auront été Mares et Dormans, négociateurs enchaînés par les événements et conscients qu'il fallait donner comme une sorte d'armistice au pays. Le roi est libéré en 1360, mais le Sud-Ouest est livré à l'Angleterre.

À la mort de Jean II le Bon, Charles V devient roi.

3 Quarante ans de paix relative

13.31 **Charles V le Sage (1364-1380).** Charles V apporte au pays seize ans de reconquêtes et d'ordre. Il commence par faire construire le Louvre sur l'autre rive de la Seine car le vieux Palais de son père lui rappelle de trop mauvais souvenirs.

De plus, il est occupé par le parlement.

Le seul événement intérieur notable est la création d'une sorte d'assistance judiciaire (ordonnance de 1364).

13.32 **Charles VI le Bien-Aimé (1380-1422).** La première partie du règne de Charles VI jusqu'à 1403 est heureuse. Il tente d'abord de calmer le mécontentement populaire (les Maillotins) du fait d'une fiscalité trop lourde, et charge Jean des Mares d'étudier les réformes. Celui-ci s'y emploie avec succès et devient le principal et fidèle conseiller du roi. Le pays panse ses plaies et reprend vie.

Mais Jean des Mares est assassiné à l'ordre du duc de Bourgogne désireux d'affaiblir la couronne (1383).

Pendant cette période, la *filière* avocat, avocat du roi, premier président, chancelier, fonctionne comme une véritable institution. Les avocats représentent dans la nation le corps politique au plein sens du terme : la monarchie ne gouverne que par avocats interposés. Bien souvent, les plus hautes fonctions d'Église leur sont aussi confiées.

Durant le règne de Charles VI, les avocats « entrent en politique » et deviennent « grands serviteurs de l'État ».

Deviennent chanceliers : Pierre de la Forêt, Jean et Guillaume de Dormans, Pierre d'Orgemont.

Deviennent premiers présidents ou présidents : Jacques La Vache, Jacques d'Andrie, Guillaume de Sens, Jean de Popincourt, Jacques de Rully, Henri de Marie.

Deviennent présidents de la Chambre des comptes : Jean Pastourel, Nicolas d'Amis et Oudard des Moulins.

Deviennent maîtres des Requêtes : Regnault, Filleul et Jean Fourcy.

La plupart des avocats importants deviennent avocats du roi. Et nombre d'avocats deviennent conseillers au parlement.

En dehors des deux plus grands, Renaud d'Acy et Jean des Mares, Jean Pastourel, avocat, était chargé par Charles V des fonctions de maître des Eaux et Forêts puis, curieusement, de missions militaires. Il faisait partie des Marmousets, la vieille garde de Charles V. Après celui-ci, il continue à servir son fils presque jusqu'à sa propre mort. La voyant venir, il quitte le conseil du roi et entre au couvent.

Quelle succession étonnante de grands serviteurs de la France.

4 Le rôle des avocats à la survenance de la folie de Charles VI

13.41 **La survenance de la folie de Charles VI.** L'allié du roi d'Angleterre Jean sans Peur duc de Bourgogne avait déjà éliminé l'excellent conseiller du roi Jean des Mares. Survient la folie de Charles VI. Jean sans Peur n'en demandait pas plus. La reine Isabeau paraît une proie

13.32a La Sainte-Chapelle et la cour de May au XIVe siècle.

facile prête à sacrifier la France au profit d'intérêts personnels. Le dauphin Charles est très jeune et faible de caractère. La cour de Paris est partagée.

13.42 **La rivalité de Jean Juvenal des Ursins (1388-1473) et de Nicolas Rolin (1403-1422).** Veillent sur le pays, à nouveau, les avocats. Particulièrement l'un d'eux, prodigieux, Jean Juvenal des Ursins. En face, la Bourgogne est conseillée par Nicolas Rolin, avocat parisien, bientôt chancelier de Bourgogne. Si l'on ajoute que Jean sans Peur est l'oncle de Charles VI, qu'il vit quasiment à la cour entouré de ses sbires, on se rend compte que le Louvre est devenu un endroit dangereux où s'exaspèrent les passions.

Après l'assassinat de Jean des Mares, c'est Jean Juvenal des Ursins qui devient le principal conseiller du roi. Autour de lui vont s'unir les forces qui tentent de sauvegarder le pays. Et d'abord, le duc d'Orléans, frère du roi et chef du parti du dauphin. Sentant le besoin de resserrer et de rassembler les forces loyales, Juvenal des Ursins réunit le parlement et les avocats et leur fait prêter le serment de fidélité à la Couronne (24 avril 1403). Ce premier serment va être suivi de bien d'autres. Trente-quatre avocats prêtent serment, ce qui semble correspondre à la majorité du barreau de l'époque, chiffre bien réduit, résultat de l'agitation du pays et de la diminution drastique des affaires.

13.43 **Novembre 1408.** Le 22 novembre 1408, Jean sans Peur fait assassiner le duc d'Orléans, la personnalité la plus forte de la famille royale. Connaissant sa faveur auprès du peuple de Paris, Jean sans Peur fait une entrée triomphale.

Juvenal des Ursins prend deux mesures : il fait désigner Isabeau en qualité de régente et fait engager des poursuites contre Jean sans Peur en tant qu'auteur du crime. Jean sans Peur pense ne pas pouvoir trouver dans Paris un seul avocat pour le défendre.

Adam Coussinot[1], risquant sa vie, attaque le duc de Bourgogne avec courage mais perd son procès.

DE LA DIATRIBE DE COUSSINOT

> La voix qui se fait entendre est la voix du sang de ton frère ; la voix de la duchesse et de son fils crient vengeance et à toi justice. Hélas ! Sire roi, pour qui voudrais-tu faire justice si tu ne le faisais pas pour l'amour de ton propre frère. Si tu n'as été ami de ton propre sang, de qui seras-tu ami ? Hélas ! roi Charles tu pourrais dire droitement avec Jacob : une bête féroce a dévoré mon fils. L'assassin est Caïn tuant son frère.

Pendant ce temps, les parties fourbissent leurs armes. Du côté du dauphin, le parti des Armagnacs auquel se joignent parlement, avocats et université. De l'autre, le peuple de Paris, dans le parti bourguignon.

Juvenal des Ursins provoque la réunion des États généraux à Bourges en 1408. Ce sera la deuxième de l'histoire de France[2]. Les Anglais ont repris les hostilités soutenus par la riche Bourgogne. Gouvernée par le chancelier Rolin, elle aide puissamment les Anglais. Nicolas Rolin, en même temps, manœuvre à Paris pour tenter d'imposer Henri V roi d'Angleterre. Il ose proposer un partage de la France et

1. V. s° n° *21.43.*
2. V. s° n° *13.21.*

cherche à provoquer un procès contre le dauphin. Sa fortune devient immense et il construit les Hospices de Beaune.

Juvenal des Ursins est en guerre contre lui, contre les Anglais, contre le peuple de Paris, contre tous.

13.44 **Février 1413.** En février 1413, Jean sans Peur organise une nouvelle entrée à Paris. Le peuple est surexcité. Le chancelier demande aux magistrats du parlement et aux avocats de sortir à cheval et en armes pour calmer les esprits. Les magistrats qui n'avaient que des mules proposent d'envoyer leurs valets. Les avocats obéissent et font une sortie solennelle en ville, des Ursins en tête. Mais les événements se précipitent : la guerre reprend de plus belle. Dès lors, le parlement ne fonctionne plus qu'épisodiquement. La chevalerie française se fait à nouveau décimer à Azincourt en 1415. Les Anglais arrivent.

Une dernière fois, Juvenal fait prêter serment d'allégeance à Charles VI (1417). Il doit s'enfuir à Poitiers au moment de l'entrée des Anglais dans la capitale (1418). Jean sans Peur lui intente un procès et le fait déchoir de tous ses biens.

Plus tard, en reconnaissance, Charles VII nommera son fils Nicolas, chancelier de France. Le peintre Fouquet en fit un portrait célèbre qu'on peut admirer aujourd'hui au musée du Louvre.

5 L'occupation anglaise

13.51 **Paris subit dix-huit ans d'occupation.** Jusqu'à la mort de Charles VI en 1422, l'occupation se fera discrète. Ce sera plutôt l'occupation bourguignonne. Elle commence par l'entrée de Jean sans Peur sous les applaudissements du peuple de Paris. Et c'est le grand massacre des fidèles de Charles VI et du parti Armagnac : 1 500 morts dont le Chancelier, quatre présidents du parlement, vingt-trois conseillers, quarante et un avocats (juin-août 1418). La grande majorité du barreau paye de sa vie sa fidélité à la France.

Le premier acte de l'occupation est de reconstituer un nouveau parlement, qui sera appelé le « parlement anglais », et de lui redonner le même lustre qu'auparavant. La rentrée solennelle est fixée au 19 septembre 1418, un mois après le massacre. Il se trouve seize avocats à prêter serment d'allégeance.

Pendant ces événements, le dauphin Charles s'est enfui, laissant sa mère Isabeau partager en fait le pouvoir avec Jean sans Peur. À Poitiers, se reconstitue tant bien que mal le « parlement français » et le parti des Armagnacs.

Jean sans Peur est assassiné à son tour le 10 septembre 1419 expiant ainsi tout le mal fait à la France. Philippe III le Bon devient duc de Bourgogne.

Isabeau régente, le nouveau duc et Henri d'Angleterre négocient le traité de Troyes (21 mai 1420), qui met fin à l'indépendance de la France. Henri est déclaré héritier de la Couronne de France, c'est-à-dire qu'il régnera sur le pays à partir de la mort de Charles VI. Isabeau écarte ainsi son fils de la succession.

Le traité, outre la trahison d'Isabeau et du duc de Bourgogne, était illégal et sans valeur en vertu de la loi salique. Le parlement de Paris enregistre sans mot dire et, aussitôt après, prête à nouveau serment y compris les quelques avocats qui ne se sont pas exilés.

Cela ne suffit pas : il faut encore abattre le dauphin. Procès lui est intenté devant ce même parlement en présence de son père. Le chancelier Nicolas Rolin, grand maître de tous ces événements, vient lui-même plaider. Le dauphin est condamné à « l'indignité » pour avoir été l'instigateur de l'assassinat de Jean sans Peur.

13.52 **Henri V (1418-1436).** Charles VI meurt le 21 octobre 1422 et Henri V d'Angleterre devient roi de France. Il règne effectivement à Paris pendant quatorze ans (1422-1436). La France légitimiste ne l'a jamais reconnu et l'histoire de France a toujours placé – juridiquement – cette période entre parenthèses. Seul, le dauphin depuis Bourges et Poitiers est apparu comme le roi légitime, bien qu'il ne fût pas encore couronné.

Ce sera l'œuvre de Jeanne d'Arc (1429-1436). Le 13 avril 1436, Charles VII, couronne en tête, rentre à Paris. Le « parlement anglais » lui envoie une députation ; Charles frappe ce parlement d'interdiction et rappelle immédiatement celui de Poitiers. L'exil des parlementaires français aura duré dix-huit ans. L'avocat Adam Coussinot, ancien défenseur de la duchesse d'Orléans, devient premier président. Avec lui reviennent quinze avocats. C'était la cohorte de ceux qui n'avaient jamais désespéré.

6 Le procès de Jeanne d'Arc

13.61 **Un procès sans avocat (Rouen 1436).** L'instruction du procès démontre l'intelligence des réponses de Jeanne face à un questionnaire marqué par le crime de sorcellerie. Le tribunal spécialement composé est présidé par l'évêque Cauchon. La condamnation sera enregistrée par le « parlement anglais » de Paris. Sur le procès-verbal on lit ces mots : « Lorsqu'elle fut sur le bûcher, elle versa des larmes de repentir et donna des signes de pénitence. Que Dieu soit miséricordieux et propice à son âme. »

Cette séance du parlement était présidée par le roi d'Angleterre. Mais en 1455-1456, eut lieu le procès en réhabilitation.

2

LIVRE II

La structuration de la profession à la Renaissance

20

PRÉAMBULE

De la guerre de Cent Ans à la Renaissance

1 La France puissante

20.11 **Charles VII (1436-1461).** Sous Charles VII la France avec fièvre recouvre la paix et enfin la liberté. Les affaires reprennent rapidement. Le barreau exsangue va monter en puissance. Aussi bien, le roi s'empresse-t-il de rappeler, par une ordonnance de 1453, la réglementation du barreau quant à l'audience, la plaidoirie, les honoraires.

Le roi, enfin maître chez lui, entend prendre son indépendance à l'égard de Rome. Il édicte la deuxième *Pragmatique sanction*. Les légistes poussent l'indépendance du trône si loin que les difficultés ne vont pas manquer avec le Siège apostolique. En effet, il y est dit que les élections ecclésiastiques se font en dehors de toute intervention du pape, que son pouvoir a pour limite les décisions des Conciles et que le Vatican ne peut effectuer de prélèvements financiers en France.

Rome va vivement protester et Louis XI contournera habilement la difficulté.

20.12 **Louis XI (1461-1483).** C'est Louis XI qui, par son intelligence et son autorité austère, va redonner au pays toute son aura et en faire la première puissance de l'Europe.

Tout occupé qu'il est à rendre à la Bourgogne le mal qu'elle a fait et à disposer Charles le Téméraire à sa merci, Louis XI décide, pour obtenir l'appui du pape, d'abolir la *Pragmatique Sanction*. Les avocats – déjà Gallicans – protestent très fermement (Jean Le lièvre et Jean Bouchard). L'un d'eux est mis en prison.

Le parlement refuse également d'enregistrer la décision. C'est sans doute la première fois de son histoire qu'il ose – et sous quel roi – s'opposer à un acte de gouvernement. Louis XI charge son avocat Jean de Saint-Romain de plaider l'abolition. En vain. Le parlement persiste. Le roi étonné de cette manifestation audacieuse ne persiste pas. Grave erreur.

De cette date part la grande revendication du parlement de disposer, outre de la main de justice, d'un véritable pouvoir législatif qui va provoquer de plus en plus de difficultés politiques majeures et qui sera l'une des causes essentielles de la Révolution. Désormais, parlement et avocats, de support de l'État qu'ils étaient, deviennent un pouvoir modérateur, qui aurait pu créer un équilibre, mais qui aura tendance à devenir un contre-pouvoir jusqu'à aboutir à la Révolution.

2 Le temps est à la Renaissance

20.21 **Charles VIII (1483-1498) et Louis XII (1498-1515).** Charles VIII et Louis XII sont plus occupés à aller découvrir l'art et les idées nouvelles en Italie que par les affaires judiciaires. Le temps est à la Renaissance.

La France, elle-même devenue riche et puissante, éclate. En matière juridique, voici la codification des coutumes. Les avocats en ont été chargés avec d'autres juristes et livrent ce travail sous Louis XII. L'ouvrage permet de fixer des règles très fluctuantes.

Si le cursus politique fonctionne encore ce ne sera que dans la stricte obéissance à un monarque fort. Le parlement, constitué d'anciens avocats est devenu un corps judiciaire bien loin des prélats et des seigneurs du siècle dernier.

Les pions du système judiciaire sont en place et l'État fonctionne. C'est le moment de décrire ce que fut le premier barreau.

21

CHAPITRE I

Le barreau à l'orée de la Renaissance

1 Une communauté

21.11 **Une communauté de procureurs et d'avocats.** Jusqu'ici les avocats étaient apparus comme un groupe « Ordo » assez informel présidé plutôt que dirigé par un doyen qui tenait le « bâton » et, comportant une sorte de conseil de discipline formé par les députés des avocats répartis en bancs dans la salle des pas perdus. Ils se joignaient à la confrérie de Saint-Nicolas, à caractère religieux, qu'avaient créée très anciennement les procureurs.

Ceux-ci étaient généralement des clercs chargés d'organiser le procès. Très vite, les avocats avaient pris une puissance politique incomparable. Ils étaient devenus nombreux (plus d'une centaine).

Le besoin aidant, il fallut créer une « Communauté des procureurs et avocats » plus institutionnalisée et chargée de gérer les finances de la Confrérie.

Dans la salle des pas perdus, les avocats ont leurs bancs où ils se réunissent et dissertent. Les procureurs aussi disposent de tables sur lesquelles ils écrivent les requêtes. Ils reçoivent là leurs clients, dont ils ont le « monopole de représentation », et prennent l'habitude de choisir eux-mêmes l'avocat qui plaidera, car lui seul a le « monopole de la plaidoirie » depuis 1327[1].

Les avocats disposent directement des affaires importantes et de la clientèle d'affaires à savoir grands seigneurs, commerçants, religieux, villes…

1. V. s° n° 12.11.

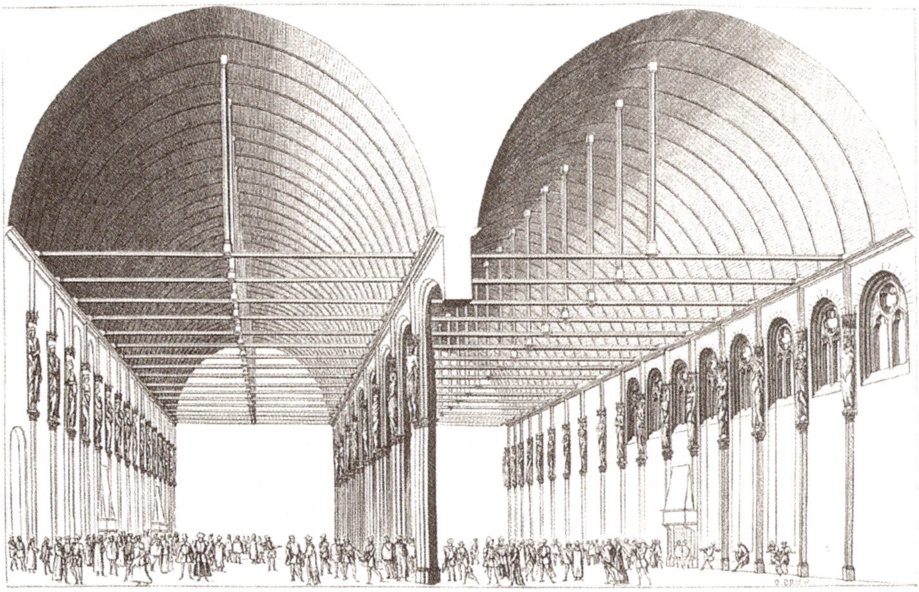

21.11a La salle des pas perdus avant l'incendie de 1618.

D'un côté de la salle des pas perdus se trouve la table de marbre à laquelle le roi prend place lorsqu'il déjeune au Palais. Dans le fond se trouve la chapelle de Saint-Nicolas où chaque matin l'avocat assiste à la messe. Dans cette vaste salle donnent spectacle et parfois scandale les jeunes stagiaires de la Basoche.

21.12 **La tenue et la discipline.** Tout ce monde est en robe noire, chaperon en tête dont bientôt les deux cornes retomberont sur les épaules préfigurant l'épitoge.

Les jours de solennité la robe des avocats est écarlate et le chaperon herminé. La robe écarlate des jours solennels était d'abord réservée aux consultants puis adoptée par le barreau tout entier. Au milieu du XVIIe siècle, par simplicité les avocats ont cessé de la porter ; sauf sur les portraits où elle a longtemps perduré.

Enfin, les marchands de toutes sortes ont leurs étals aux abords de la salle.

L'animation est grande. C'est le monde du Palais dorénavant en place.

La discipline des avocats est toujours celle instituée par la grande ordonnance de 1327, mais aussi par la première ordonnance de 1274, l'arrêt de 1344, et l'ordonnance de 1453.

2 La plaidoirie et l'audience

21.21 **Le droit de porter le chaperon ou de plaider couvert.** Comme le magistrat, l'avocat suit l'audience chaperon en tête. C'est le signe de la fonction. Si l'avocat est sanctionné pour une cause quelconque, par exemple, s'il ne paye pas l'offrande à la confrérie Saint-Nicolas, il n'a plus le droit de porter le chaperon et sans chaperon il n'a plus la parole. Il plaide donc couvert. C'est seulement lors de la lecture des textes, ordonnances ou arrêts, qu'il se découvre.

L'audience commence à six heures du matin. Si le client n'est pas là, le procureur le représente obligatoirement.

La plaidoirie. Outre les recommandations des ordonnances concernant la brièveté de la plaidoirie et la courtoisie, l'avocat a l'obligation de corriger l'analyse de la plaidoirie que doit faire le greffier, analyse qui va servir au magistrat dans son délibéré et qui est consignée dans le « Registre des plaidoiries », obligatoire depuis 1364. Ce registre s'est avéré indispensable pour connaître le fond et le style des plaidoiries de l'époque.

Il n'y a pas de « dossier de plaidoirie ». On n'utilise que l'analyse corrigée de celle-ci. L'avocat plaide en latin ou en français alors que l'arrêt est rendu en latin.

La plaidoirie est composée de l'exorde et de l'exposé juridique. L'exorde comporte les faits, la liste sommaire des arguments et les règles de droit qui seront utilisées. L'exposé lui-même comporte une rigoureuse subdivision, chaque partie étant confortée par les références. Elles sont à cette époque l'expression presque obligatoire d'une culture commune aux magistrats et avocats : références bibliques, canons, droit romain, coutumes, ordonnances et arrêts. Tout y passe et généralement les citations sont en latin.

Cette lourdeur n'enlève pas aux plaidoiries de l'époque leur clarté, leur cheminement habile, dont le fil rouge est déjà celui du syllogisme, et parfois leur piquant, toujours *ut vere, breviter et ornate dicant* (vérité, brièveté, élégance).

Les stagiaires doivent écouter sans *caqueter*.

21.21a *Estampe représentant un avocat au XVIe siècle.*

3 L'avocat dans la cité

21.31 **L'avocat dans la cité.** La période « héroïque » où l'avocat apparaissait en France comme le seul capable de conseiller le roi, d'étoffer le parlement, bref de diriger en fait le pays, est maintenant passée. Mais l'avocat a acquis une réputation et une influence à nulle autre pareille[1]. Parfois, il s'est enrichi (Juvenal des Ursins, Nicolas Rolin, Guillaume de Breuil), toujours il vit dans une grande aisance.

Quelquefois, sans doute grâce à des honoraires excessifs… L'Église ne manquait pas de le lui reprocher, de lui reprocher aussi l'usage du droit romain qu'il pratiquait au détriment du droit canon. Le cardinal de Vitry les compare à des grenouilles, des courtisanes, des rapaces, et leur promet tous les châtiments.

Rabelais les dépeint également sous un jour cruel.

RABELAIS, *PANTAGRUEL*, 1532

> De quoy diable donc servent tant de fatrasseries, de papiers que me baillez ? N'est-ce le mieux, ouir par leur vive voix leur débat, que lire ces babogneries icy qui ne sont que tromperies.

1. G. Dupont-Ferrier, *Les avocats à la Chambre ou Cour des aides de Paris au XVe siècle*, Bibliothèque de l'école des chartes, 1932, t. 93, p. 267.

La Farce de Maître Patelin[1] est l'un des plus célèbres fabliaux du temps. Trois personnages : Guillaume le berger, le drapier et Patelin. Guillaume trompé par le drapier s'adresse à Patelin pour le défendre.

ANONYME, *LA FARCE DE MAÎTRE PATHELIN*, 1452 ?, 1464 ?

Je ne vous paieray point en sols mais en bel or à la couronne.

Ce disant, il dupe Patelin car, le procès terminé, il pense qu'il ne le paiera jamais.

4 Les grands procès

21.41 **Deux grandes affaires.** D'abord le procès de Jean sans Peur pour l'assassinat du duc d'Orléans plaidé par Adam Coussinot[2]. Puis l'affaire de l'université de Bourges et celle des prétendants au siège archiépiscopal de Lyon.

21.42 **Le procès de l'université de Bourges (1470).** Les universités de Paris, Orléans et Angers protestent contre la création par le roi d'une nouvelle université à Bourges.

Pierre Michon attaque pour Paris et analyse l'ancienneté vénérable de la Sorbonne en évoquant Athènes, Rome et son fondateur Charlemagne. La création de Bourges réduira la valeur des études et des diplômes.

Thibaut Arthaud, pour défendre Bourges, remonte à la Bible et analyse ce que sont les sciences et leurs catégories, justement représentées à Bourges ! Tous les auteurs grecs et latins accourent pour soutenir Bourges. Enfin, dit-il, la concurrence est source d'émulation et conforme à l'intérêt général[3].

21.43 **Le procès des prétendants à l'archevêché de Lyon (1489).** Le procès des prétendants à l'archevêché de Lyon[4] est ouvert à la requête d'Hugues de

1. Anonyme, *La farce de maître Pathelin*, 1452 ?, 1464 ? : réédition, Éditions de Londres, 2011 ; version numérique : Culture commune, 2012 : http://librairie.immateriel.fr/fr/ebook; www.culturecommune.com/.
2. V. s[s] n° *13.43*.
3. Sur le rôle d'Arthaud et Michon en matière de *committimus* v. s[s] n° *22.51*.
4. V. Julerot, *Y a un grand désordre : élections épiscopales et schismes diocésains en France sous Charles VIII*, Publications de la Sorbonne, 2006.

Talaru élu au chapitre de la ville et défendu par David Chambellan. L'adversaire est l'archevêque de Bordeaux le cardinal André d'Espinay, soutenu par le roi, défendu par Jean de Ganay.

Enquête est ordonnée. Chambellan accuse les enquêteurs de faux témoignages. À leur tour, ceux-ci se défendent par le ministère de Pierre Michon. Le procès, touchant l'honneur de Chambellan, le barreau intervient par son doyen Thibaut Arthaud. Celui-ci soutient que le faux témoignage est avancé non par Chambellan mais par son client. Il plaide l'indépendance et l'irresponsabilité de l'avocat. Jean Le Maistre, avocat du roi, soutient aussi la liberté de parole mais regrette l'imprudence de Chambellan. Finalement Talaru sera condamné à des dommages et intérêts et à une amende. Chambellan s'en tire avec une réprimande. D'Espinay devient archevêque de Lyon.

Ce procès insigne comporte l'intervention du doyen pour soutenir l'irresponsabilité de l'avocat. Telle est, dans l'histoire du barreau, la première manifestation du chef de l'Ordre, au soutien de l'un de ses confrères, pour défendre l'une des grandes valeurs de la profession : l'immunité de l'avocat et sa liberté de parole.

22

CHAPITRE II

La vénalité des charges Une rupture lourde de conséquences

1 La vénalité des charges

22.11 **L'institution de la vénalité des charges par François Ier (1515-1549) (ordonnance de 1522).** Le grand règne de François Ier est marqué, sur le plan judiciaire, par un événement capital qui va changer du tout au tout les rapports entre avocats et magistrats. Il s'agit de l'institution malheureuse de la vénalité des charges. Le roi a besoin d'argent pour soutenir sa lutte contre Charles Quint qui enserre la France, reconstituant à son profit la Lotharingie du traité de Verdun[1].

En 1522, une ordonnance institue la vénalité des charges : toutes les charges de magistrats peuvent être achetées. La « finance » des nouveaux offices est versée à une caisse centrale, dite bureau des « parties casuelles ». Une enquête d'aptitude est menée à l'occasion par le procureur général.

François Ier généralise ainsi une pratique apparue auparavant, défendue par Louis XII (édit de 1508), que Charles VII, Louis XI (ordonnances de 1356 de 1368) et Charles VIII (ordonnance de 1493) avaient tenté en vain d'interdire. Ils avaient même exigé de chaque magistrat de prêter serment à ne pas acheter sa charge.

22.12 **Les trois conséquences de l'institution de la vénalité des charges.** Les conséquences de la vénalité des charges sont de trois ordres.

La vénalité abaisse la valeur morale du recrutement.

La vénalité détruit l'esprit de corps. Jusqu'ici, il existait entre magistrats et avocats un lien de famille. Les magistrats étaient les meilleurs des

1. V. ss no *02.32*.

avocats et le parlement unissait les deux professions dans le respect et l'affection. Le cursus naturel était ainsi fait et il menait aux plus hautes dignités politiques. C'est par ce mariage parlement-barreau que la nation a été forgée et soutenue dans les moments difficiles.

Dorénavant, ce cursus va être tari. Les deux familles vont être séparées. Le tronc commun aura disparu. C'était une alliance du sang; ce ne sera plus qu'une amitié puis une rivalité. Une amitié cependant qui ne tarira pas, l'un soutenant l'autre et inversement jusqu'à ce que tous deux disparaissent ensemble à la Révolution.

Le magistrat propriétaire de sa charge va changer d'esprit. De soutien fidèle du roi qu'il était, il va maintenant vouloir partager les instruments du pouvoir et revendiquer outre la main de justice que le roi lui avait déléguée, le pouvoir législatif ou tout au moins le droit de censurer l'État en refusant d'enregistrer ses lois. Dans le cours de l'histoire cette revendication finira par étouffer le pouvoir exécutif et directement amener la Révolution[1]. Dans cette lutte qui va commencer, les avocats vont être non seulement solidaires mais par leurs grèves répétées, gêner l'exécutif et contribuer à long terme à son impuissance et à sa mort.

22.13 **Le retour partiel vers l'attribution des charges par le roi (ordonnance de mai 1579).** Les successeurs de François Ier vont tellement ressentir ce changement qu'ils vont revenir partiellement au choix par le roi (ordonnance de Blois de mai 1579) au sein du barreau.

2 La première manifestation de puissance du parlement : le Concordat

22.21 **Pierre Pithou (1539-1596) et le gallicanisme.** Le gallicanisme avait déjà marqué la France depuis saint Louis et Philippe IV le Bel et les légistes avaient veillé à défendre l'autorité du roi contre le pouvoir envahissant du pape. Et voici que François Ier, après Louis XI, pour des raisons de tactique guerrière contre Charles Quint, veut s'allier au pape Jules II. En contrepartie, celui-ci, comme sous Louis XI, exige l'abolition de la *Pragmatique sanction* de saint Louis, parlement et avocats vont s'y opposer. Cette crise éclate avant la promulgation de l'ordonnance de 1522.

1. V. s° n° *52.11.*

L'avocat Pierre Pithou donne au gallicanisme un relief nouveau qui va marquer la France jusqu'à la Révolution. Il notera ses idées dans un livre[1] qui établit les bases de la doctrine gallicane à la lumière de la pragmatique de saint Louis (1594) :

- le temporel appartient au roi et le pape ne peut lever d'impôts en France ;
- le roi nomme les évêques ;
- le spirituel appartient au pape sous réserve de la doctrine des conciles et des canons.

Le nouvel Ordre des jésuites va s'opposer violemment à cette doctrine. Cette dispute va prendre des proportions démesurées et rejettera définitivement les jésuites dans le camp des ennemis de la France. On ne sera pas près de l'oublier.

22.22 **Le refus d'enregistrer le projet de concordat par le parlement.** Le roi de France conserve l'autorité en matière d'élections ecclésiastiques, mais il rétablit les perceptions financières de l'Église et reconnaît la primauté du pape sur les conciles.

L'accord concordataire est sur le point d'être signé avec Léon X successeur de Jules II.

Le roi vient présider son parlement en lit de justice sur le trône qui lui est toujours réservé. Il ordonne l'enregistrement[2].

L'avocat Lelièvre plaide contre le projet. Aussitôt le parlement adresse au roi ses remontrances comportant la motivation de refus. Ordres du roi et refus persistants vont se succéder en une crise ouverte.

Une audience solennelle est organisée et l'avocat Bouchard est cette fois chargé de plaider. Il le fait dans le même sens que Lelièvre mais avec infiniment de talent. Nouveau refus du parlement.

Remontrances au château d'Amboise où se trouve le roi. L'entrevue est violente. Par ailleurs, le roi apprend que les curés de Paris (qui sont gallicans) et l'université soutiennent le parlement. Par un coup de force, le roi fait enregistrer le concordat au greffe et met en prison l'avocat Bouchard. Comment, après ces convulsions, le roi n'a-t-il pas constaté que la vénalité des charges donnait une indépendance dangereuse au parlement ? C'est pourtant au lendemain de cette crise qu'il institue la vénalité.

1. Pithou, *Les libertez de l'église gallicane*, Lyon, Thibaud Ancelin, 1594.
2. V. s[o] n[o] *20.12*.

23

CHAPITRE III

La réorganisation judiciaire sous François Ier L'ordonnance de Villers-Cotterêts

1 La réorganisation de la procédure criminelle

23.11 **Le durcissement de la procédure criminelle (ordonnance de Villers-Cotterêts août 1539).** Un événement intervient en ce qui concerne la procédure criminelle : l'ordonnance de Villers-Cotterêts en 1539.

François Ier avait chargé Guillaume Poyet, avocat célèbre et maintenant chancelier de France, de la réorganiser. Jusqu'ici, à l'image du droit germanique, le « jugement de Dieu » y présidait, c'est-à-dire l'endurance à la souffrance. Poyet va durcir la procédure en organisant la torture lors d'une instruction secrète. L'inculpé est privé de défenseur que ce soit à l'instruction ou à l'audience.

> ORDONNANCE DE VILLERS-COTTERÊTS EN 1539
>
> En matière criminelle ne seront les parties aucunement ouïes par le conseil des ministères d'aucune personne, mais répondront par leur bouche des cas dont ils seront accusés et ouïs et interrogés comme dessus, séparément, secrètement et à part, autant et abolissant tout style usdant ces coutumes par lesquelles les accusés avaient accoutumé d'être ouïs en jugement pour savoir s'ils doivent être accusés et, à cette fin, avoir communication des faits et articles concernant les crimes et délits dont ils étaient accusés et toutes autres choses contraires à ce qui est contenu ci-dessus.

23.12 **Guillaume Poyet (1473-1548).** Comment cet avocat a-t-il pu organiser un pareil système judiciaire ? Guillaume Poyet fait enregistrer par le parlement la célèbre ordonnance de Villers-Cotterêts d'août 1539, célèbre aussi parce qu'elle rend la langue française obligatoire et organise l'état civil moderne.

Cette procédure criminelle subsistera jusqu'à la Révolution. C'est dire – et il faut insister sur ce point – que l'avocat n'assiste pas son client et ne plaide pas au pénal. Le style de la plaidoirie s'en ressentira.

Poyet, quelque temps après, sera accusé de malversations, arrêté et condamné. Sans avocat. « Subis la loi que tu as portée », lui dit-on. Il demanda enfin sa réintégration au barreau : elle lui fut refusée.

2 L'organisation de la justice

23.21 **L'organisation des juridictions.** Le parlement est devenu un grand corps de l'État. Dirigé par le premier président et quatre présidents de chambre, il est assorti d'un Parquet et servi par un corps de quatre cents avocats et de cent trente procureurs.

La grand'chambre connaît des affaires du roi, de sa justice retenue et du contentieux des pauvres. À côté, quatre chambres reçoivent les appels civils et d'officialités (appels comme d'abus). Les affaires pénales en appel sont entendues par la « Tournelle criminelle ». Il existe enfin une chambre des requêtes (*committimus* ou privilèges de juridiction) et une chambre des enquêtes.

Mais le rôle le plus singulier du parlement et auquel il tient le plus, la clef qui pourrait bien lui faire acquérir le pouvoir législatif, c'est l'enregistrement des ordonnances royales.

Les « Messieurs » siègent sur les « fleurs de lys ». À un angle de la grand'chambre se trouve le fauteuil du roi, destiné aux « lits de justice ». Au premier banc se trouvent assis le Parquet et les avocats consultants ou anciens. Également sur les fleurs de lys. Au deuxième plaident les avocats. Au troisième, les stagiaires écoutent.

Douze parlements ont été successivement créés en province : Toulouse, Aix, Bordeaux, Nancy, Rennes, Dijon, Rouen, Douai, Grenoble, Pau, Metz, Besançon.

23.21a La salle des pas perdus après l'incendie de 1618.

La justice de base (en particulier les bailliages et les échevinages) est toujours la même mais le pouvoir tente de réduire de plus en plus la compétence des juridictions canoniques (les officialités) et seigneuriales.

3 L'évolution du Parquet

23.31 **Les avocats généraux et les procureurs.** Dès la fondation du parlement, Philippe IV le Bel désigne son avocat (Jean Pastoureau). Il ne porte aucun titre que celui d'avocat ou « avocat de la généralité » (ou avocat général). C'est un clerc, sauf pour les affaires pénales qui exigent un laïc. Le roi désigne aussi le « procureur », celui qui organise le contentieux, mais ne plaide pas. Peu à peu, le titre d'avocat du roi devient fixe.

À certains moments, il lui est interdit de plaider pour la clientèle privée. À d'autres, pas.

Le titre d'avocat général est créé pour Pierre Lizet en 1526.

Mais le Parquet n'a pas le monopole des affaires du roi. Parfois, on s'adresse à l'un des avocats du barreau.

La mutation matérielle des avocats généraux à côté des magistrats du siège est curieuse : les avocats du roi qui siégeaient au premier banc avec les consultants sont montés s'asseoir près des conseillers. C'est en 1589 que, le premier président Achille de Harlay étant dur d'oreille, les avocats généraux « pour lui rendre service » se glissèrent auprès du siège. Ils y sont restés. C'est la véritable explication de ce qu'on appelle à tort : « L'erreur du menuisier. »

La possibilité d'acheter la charge d'avocat général va être largement utilisée. À partir de 1586 on leur adjoint des « substituts ». Mais ceux-ci ne plaident pas plus que le procureur général.

Les deux avocats généraux les plus célèbres ont été Renaud d'Acy et Montholon.

4 L'institution des avocats à la Cour de cassation et au Conseil d'État

23.41 **La naissance des avocats aux Conseils du roi.** Le roi toujours itinérant se fait accompagner de son Conseil ; des avocats lui sont spécialement attachés et peu à peu se spécialisent sur la justice retenue.

En 1581, ils seront dotés d'un monopole. Ils peuvent plaider devant toutes les autres juridictions. Ils sont moins de 200.

23.51a Sacs à procès sous Louis XIII.

5 Le premier code déontologique des avocats

23.51 **La codification des textes déontologiques intervenus précédemment (ordonnance d'octobre 1535).** Il s'est agi de codifier tous les textes déontologiques intervenus jusqu'ici depuis les ordonnances de 1274 et 1327 jusqu'au grand arrêt de 1344 et de moderniser.

Le service des pauvres est aménagé. Le corps des avocats dispose d'un texte qui va générer la discipline : le « conseil » formé de vingt membres est présidé par le doyen. Il ne fait que proposer. C'est le parlement, encore une fois ami et protecteur, qui prend les décisions et ce jusqu'en 1662, époque à laquelle les avocats prendront leur autonomie.

Leur nombre est devenu considérable (400), d'où l'importance de plus en plus grande de la matricule. Elle est préparée chaque année par le doyen sortant. En même temps que s'épaissit le corps du barreau, en même temps croît son aura, en même temps des avantages lui sont reconnus :

– le privilège de *committimus* (ordonnance de Moulins de février 1566) permet aux douze plus anciens de n'être justiciables que des requêtes du parlement : ce privilège est ancien mais avait été un moment discuté ; en 1472, les avocats durent charger deux des leurs, Thibaut Arthaud en première instance et Pierre Michon en appel ;

– l'exemption de la taille ;
– enfin, souvent le roi confère aux avocats des lettres de noblesse.

24

CHAPITRE IV

L'influence des avocats pendant les guerres de religion (1559-1589)

1 L'édit d'Écouen du 5 juin 1559 créant les chambres ardentes

24.11 **Henri II (1547-1559).** L'histoire des guerres de religion sera marquée d'un bout à l'autre par l'intervention du barreau. Le règne d'Henri II se déroule à l'image de ce roi intelligent et énergique. Depuis Luther (1516) et Calvin (1533), la Réforme pénètre par couches successives la société française y compris la cour (Marguerite d'Angoulême). Henri II marque son autorité en interdisant le schisme à la suite de l'exécution d'Étienne Dolet (1546).

Néanmoins, en présence du succès de la Réforme, Henri II, à la veille de sa mort accidentelle, rend son édit d'Écouen du 5 juin 1559 créant des tribunaux d'exception appelés chambres ardentes.

De même que Philippe IV le Bel, il laisse trois fils qui vont successivement régner sans héritier, mettant ainsi fin à la dynastie des Valois. Mais il laisse surtout sa veuve Catherine de Médicis, intelligente, avisée et déterminée à enrayer le schisme. C'est elle en fait qui se trouve au pouvoir au moment où éclate la guerre de religion. Après la mort prématurée de François II (1559-1560), elle va dominer Charles IX, intelligent mais faible (1560-1574).

2 L'affaire du Bourg (1559)

24.21 **L'arrestation d'Anne du Bourg (10 juin 1559).** Le parlement se réunit pour enregistrer l'édit d'Écouen. Il ne saurait y avoir de difficulté : magistrats et avocats sont catholiques et pratiquants. Qu'on ne s'étonne pas de ce qu'il n'y a pas de résistance contre la création de tribunaux d'exception ni contre la peine de mort. Il n'y a pas de « liberté de pensée » quand tout le monde pense de la même façon.

La torture et l'Inquisition sévissent depuis longtemps sans la moindre remarque de quiconque. L'avocat Poyet ne vient-il pas de renforcer la torture et le caractère secret de l'instruction ?[1]

Ce jour-là, au parlement, une voix, une seule, s'élève contre l'édit et va lutter jusqu'à la mort, celle du magistrat Anne du Bourg, pourtant cardinal. Le chapeau de cardinal était une promotion fréquemment donnée par l'Église à de grands personnages laïcs, tel Mazarin. Quatre autres conseillers vont soutenir du Bourg, qui demande la convocation d'un concile. Il est immédiatement arrêté. Son procès s'ouvre devant une commission désignée par le roi. Bourg ne veut pas d'avocat. Il plaide l'incompétence et affiche sa foi protestante. Il est condamné à mort.

24.22 **Le procès en appel (19 au 22 août 1559).** En appel, du Bourg est défendu par les avocats Pierre de Laporte (reçu conseiller le 11 novembre 1543) et François de Marillac[2] désignés d'office par le parlement. Ils risquent leur carrière et leur vie. Les plaidoiries durent quatre jours (19 au 22 août 1559). L'atmosphère est tendue. On soulève des exceptions :

– incompétence de la première juridiction;
– récusation du conseiller Antoine Minard qui avait pris violemment parti contre du Bourg.

Les exceptions sont rejetées; les plaidoiries au fond sont renvoyées au 7 décembre. Laporte est remplacé par Robert et Dulac qui plaident aux côtés de Marillac.

Marillac, en accord avec le parlement, édulcore les idées de son client du Bourg pour sauver sa tête. Mais celui-ci désavoue aussitôt son avocat et affiche sa foi protestante. L'affaire est mise en délibéré.

Le 14 décembre le conseiller Minard est assassiné par les protestants. Le 23 décembre, l'arrêt de mort est rendu et, le jour même, du Bourg exécuté. Il était âgé de 38 ans.

1. V. s° n° *23.11*.
2. V. s° n° *25.24*.

24.22a *Le supplice d'Anne du Bourg en 1559.*

3 Le parti protestant et la conjuration d'Amboise (1560)

24.31 **Le parti protestant.** En 1560, la France est divisée en trois factions : royalistes, protestants et ligueurs. Les protestants s'organisent sous la direction du prince de Condé et de l'amiral Gaspard de Coligny (1519-1572). De leur côté, les catholiques s'unissent derrière le duc Henri de Guise (1550-1588), troisième duc de Guise, dit le Balafré.

24.32 **La conjuration d'Amboise (16 mars 1560) et le procès Condé.** Dirigée par le prince de Condé, la conjuration d'Amboise (16 mars 1560) visait à délier le roi François II de l'emprise des Guise. Condé est arrêté et traduit devant une commission du parlement présidée par Christophe de Thou[1]. Le parquet est dirigé par Gilles Bourdin, ancien avocat de la

1. V. s° n° *25.22*.

famille de Guise, qui prononce un réquisitoire très sévère. Le prince est défendu par François de Marillac et Pierre Robert de Saint-Martin. Dans un premier temps, les avocats soulèvent l'incompétence.

Après rejet, ils plaident avec courage pour un prince du sang traître à sa foi. L'arrêt de mort tombe. Mais le prince est provisoirement sauvé de l'exécution.

24.33 **La Saint-Barthélemy (24 août 1572).** Cependant, les couteaux s'aiguisent et Catherine de Médicis décide pour sauver Guise et la Couronne (qu'elle sait directement menacés) de provoquer le massacre de la Saint-Barthélemy (24 août 1572), à l'occasion du mariage de Marguerite de Valois, fille d'Henri II. La « reine Margot » se marie dans un bain de sang avec Henri de Bourbon, neveu de Condé et futur Henri IV, de religion protestante.

Les émeutiers s'en prennent à l'avocat Pierre Pithou[1] et massacrent trois avocats protestants. Le parlement soutient le roi. Catherine de Médicis fait nommer chancelier Michel de L'Hospital, homme énergique et intelligent.

4 Le parti catholique et le coup d'État de 1587

24.41 **Henri III (1574-1589), le dernier des Valois.** Henri III arrive au pouvoir. Il est courageux et clairvoyant et va tenter de peser sur la guerre civile qui s'engage. Il est lui-même menacé et doit s'entourer constamment d'hommes en arme. Il semble qu'à tort on ait médit sur son entourage.

Le duc Charles de Lorraine de Mayenne (1554-1611) devient l'un des principaux chefs de l'opposition après l'assassinat de son frère cadet, Henri de Guise. À l'instar de Coligny pour les protestants, il constitue la Ligue et fait signer la convention de Péronne (13 février 1577) où l'on a promis de maintenir l'exercice de la religion catholique, apostolique et romaine. Aux côtés de Mayenne trois avocats pour le conseiller : Louis d'Orléans, Caumont et Ménager.

24.42 **Le coup d'État de 1587.** La Ligue se singularise en estimant qu'Henri III garde une position trop prudente. Elle monte les Parisiens contre lui. Mayenne désigne un parlement : Barnabé Brisson premier

1. V. s[s] n[o] *22.21*.

président, Edouard Molé procureur général, Louis d'Orléans et Jean Le Maistre[1] avocats généraux.

Ce parlement se réunit le 14 février 1587 et nomme Mayenne lieutenant général de l'État et de la France. La proclamation est signée par 326 avocats et procureurs. Le coup d'État calme un moment les Parisiens et met le roi dans une situation dramatique. Le parlement légitime siège toujours dans l'île de la Cité.

24.43 **Le gouvernement à Blois (1588).** Le 12 mai 1588, à l'instigation de la Ligue, Paris se couvre de barricades : les secondes de l'Histoire de France, les premières étant celles d'Étienne Marcel[2]. Henri III quitte immédiatement le Louvre pour Blois d'où il va gouverner jusqu'à sa mort.

C'est dans ce château que le duc de Guise, prétendant à la couronne, est assassiné le jour de Noël 1588. Avant de quitter Paris, le roi a désigné l'avocat François de Montholon, fils de l'ancien chancelier de France, comme garde des Sceaux pour tenter de calmer les esprits. Celui-ci, l'une des grandes voix du barreau, s'y emploie avec ferveur, mais en vain.

Le duc de Mayenne proclame la déchéance d'Henri III pendant qu'à Paris cohabitent les deux parlements : l'ancien et celui de la Ligue.

24.44 **L'assassinat d'Henri III (2 août 1589).** Le 16 janvier 1589, le procureur général Bussy-Leclerc fait irruption dans le parlement légal présidé par Achille de Harlay. Il annonce qu'il vient arrêter certains magistrats inconditionnels du roi Henri III.

Alors le parlement tout entier se lève et escorte Bussy jusqu'à la Bastille. Celui-ci désigne un certain nombre de « coupables » qu'il fait immédiatement enfermer. En chemin, de Thou[3] et Séguier[4] avaient pu s'échapper.

Henri III convoque aussitôt le parlement à Blois laissant dans Paris le champ libre à Mayenne. De Thou succède à Harlay et le parlement s'exile successivement à Tours et à Châlons-sur-Marne. Le roi désigne le Bourbon Henri de Navarre pour lui succéder. Désignation très habile mais qui apparaît aux yeux de la Ligue comme une trahison supplémentaire car Henri III est protestant.

1. V. s[s] n° *24.51*.
2. V. s[s] n° *13.21*.
3. V. s[s] n° *25.22*.
4. V. s[s] n° *25.22*.

À Paris se succèdent alors des manifestations civiles et religieuses en faveur de Mayenne. Henri III tente en vain un coup de main pour reprendre Paris. Le 2 août 1589 il est assassiné par le moine Clément.

5 La conquête du trône par Henri de Navarre (1594)

24.51 **Le rôle de Jean Le Maistre.** Comment Henri, paralysé par le double handicap d'être calviniste et d'être désigné par Henri III, va-t-il réussir à reprendre Paris ? Il livre une guerre meurtrière à l'armée du duc de Mayenne : batailles d'Arqués, Ivry, échec devant Paris.

Les États généraux se réunissent en 1592[1] et décident en faveur d'Henri, ne serait-ce qu'en raison des prétentions maladroites de la cour de Madrid sur la couronne de France. Paris a pour l'heure la haine des Espagnols et se souvient encore des guerres de Charles Quint.

Trouvant que le premier président du parlement de Paris, Brisson, se montre trop mou, le magistrat Bussy-Leclerc, bien connu par son coup de main contre l'ancien parlement, le fait assassiner. Mayenne, qui devait beaucoup à Brisson, fait immédiatement arrêter Bussy et nomme premier président le célèbre avocat Jean Le Maistre.

24.52 **Le sacre d'Henri IV à Chartres (1594).** Jean Le Maistre, conscient de l'extrême gravité de la situation de la France privée de roi, prend sur lui d'établir des contacts secrets avec Henri de Navarre. Il obtient de celui-ci la promesse d'abjurer sa foi et d'amnistier le pays. En même temps, il prend contact avec Mayenne.

Le parlement de Paris se réunit en séance extraordinaire du 20 au 28 juin 1593 et déclare nulle toute tentative de donner la couronne à un prince non français. C'est l'avocat François de Marillac[2] qui plaide dans ce sens, une nouvelle fois menacé de mort. Il entraîne l'adhésion du parlement.

Henri de Navarre abjure en effet sa foi calviniste en l'abbaye Royale de Saint-Denis et se fait sacrer roi de France à Chartres sous le nom d'Henri IV (1594). Jean Le Maistre s'entremet encore pour faire ouvrir au roi les portes de sa capitale.

1. Sur les précédentes réunions des États généraux s^s n^o *13.21* et s^s n^o *13.43*.
2. V. s^s n^o *24.22*.

24.53 **L'édit de Nantes (13 avril 1598).** Le 22 mars 1594, Henri IV fait son entrée dans Paris mettant ainsi fin, avec l'édit de Nantes d'avril 1598, aux guerres de religion. Pour interpréter la loi salique à son profit, Henri IV s'entoura des services de l'avocat légiste Jean Hotman (1552-1636) et chargea de ses négociations diplomatiques, en particulier pour son mariage avec Marie de Médicis, l'avocat Nicolas Brûlart de Sillery (1544-1624).

Henri IV a la sagesse de ne procéder à aucune épuration, sauf contre les assassins de Brisson. L'avocat de la Ligue Louis d'Orléans s'enfuit mais est amnistié. Mayenne, le grand adversaire, se voit seulement déchu de son titre de lieutenant général du royaume.

6 Le procès des Jésuites

24.61 **La fondation de la Compagnie de Jésus (1539).** Le règne d'Henri IV est affecté par les premiers errements d'un nouveau genre d'affaires, celui d'un Ordre qui est né en Espagne en 1539 à l'initiative d'Ignace de Loyola : La Compagnie de Jésus.

Cet Ordre est marqué par une discipline stricte à l'égard de son « général », discipline qui va être très contestée mais qui s'explique par les guerres de religion. Enfin, l'ordre des Jésuites est né espagnol ce qui, à l'époque, ne se pardonne pas.

Au surplus, les Jésuites ont essaimé dans de nombreuses écoles gratuites en même temps que très fréquentées. Sans doute se sont-ils trop pressés de marquer leurs avantages dans un environnement qui leur était hostile.

En 1564, ils avaient réclamé en vain leur intégration dans l'université. Allant au procès, ils avaient pris Pierre de Versoris (1528-1588) pour avocat[1] et l'université, Étienne Pasquier[2] (1529-1615)[3].

La crise aiguë des guerres de religion avait remisé l'affaire au second plan : elle avait été ajournée.

1. *Plaidoyer de feu maître Pierre Versoris, aduocat en parlement, pour les prebtres et écoliers du collège de Clermont, fondé en l'université de Paris, demandeurs, contre ladite université défenderesse*, MDXCIIII, sans nom de lieu ni d'imprimeur.
2. É. Pasquier, *Le catéchisme des Jésuites*, 1599-1602 : édition critique par C. Sutto, « Publications du Centre d'études de la renaissance 9 », Éditions de l'Université de Sherbrooke, 1982.
3. V. s^s n° *26.21*.

24.62 **L'expulsion des Jésuites (1594).** À peine Henri IV a-t-il ceint la couronne que l'université, soutenue par les curés de Paris, reprend le procès au grand dam du roi conseillé par Sully et du parlement dominé par Séguier, devenu avocat général.

Antoine Arnaud plaide pour l'université de façon énergique et violente autant qu'injuste. En 1594, intervient un arrêt de renvoi *sine die*.

Mais voici qu'un attentat contre le roi se produit dans la même année, fomenté par un élève des jésuites. Par arrêt du 29 décembre 1594, le directeur de l'école, Châtel, est condamné à mort ainsi que le criminel et le parlement décide l'expulsion des Jésuites. Elle est effective.

L'attentat de Ravaillac en 1610 soulève encore les animosités. L'ordre des Jésuites avait pris quelque temps auparavant l'initiative de réclamer sa réintégration. Le procès a lieu dans la perspective de l'attentat et la tâche de Montholon chargé de la défense des Jésuites est fort lourde. Antoine Loisel[1] et Omer Talon plaident pour l'Université. La cour renvoie *sine die*.

Pendant trois siècles, la question religieuse sous ses multiples aspects n'arrêtera plus de s'envenimer et d'empoisonner le Pouvoir. Ce n'était là que le premier acte.

1. V. s^s n^o *26.21*.

25

CHAPITRE V

Le grand barreau de la Renaissance

1 Le barreau s'impose par son influence

25.11 **La prépondérance et la richesse de l'avocat dans la classe bourgeoise.** Si les avocats ont eu un rôle important pour tenter de faire sortir la France de la crise religieuse, c'est que le barreau s'imposait par son influence, son talent, sa renommée.

L'influence, le barreau la doit à sa place dans la société de l'époque. D'une part, le système de promotion sociale et gouvernementale avocats-magistrats fonctionne pleinement, la pratique de la vénalité des offices n'ayant pas encore eu le temps de jouer son rôle pernicieux d'entrave à une pratique ancienne autant qu'efficace.

La plupart des premiers présidents, des chanceliers et garde des sceaux sont choisis parmi les avocats et sont à l'origine de familles de robe qui ont illustré la France : les Montholon[1]. Séguier[2], de Thou[3], Lamoignon[4], Le Maistre et Arnaud – ces deux dernières familles ont fait le renom de Port-Royal et de la doctrine janséniste. Enfin, les Talon dont les représentants marqueront le barreau et la magistrature jusqu'à la Révolution.

Comment de tels noms ne provoqueraient-ils pas bientôt la naissance d'un Ordre et d'un chef, son bâtonnier ?

Si l'avocat n'acquiert pas d'office la noblesse, des lettres royales la lui accordent quelquefois. Cette époque marque la prépondérance autant

1. « Quand il a plaidé, la cour n'a jamais voulu d'autre assurance que ce qu'il avait mis en avant par sa bouche sans recourir aux pièces » (P. Séguier).
2. V. s[s] n° 25.22.
3. V. s[s] n° 25.22.
4. V. s[s] n° 32.22.

que la richesse de l'avocat dans la classe bourgeoise dont il sera de plus en plus l'aile marchante. L'influence politique considérable pendant la longue crise religieuse d'avocats tels que Pierre Pithou[1], François de Marillac[2] ou Jean Le Maistre[3] constitue une montée en puissance du métier, au cœur de l'Histoire de France.

2 Le talent et la renommée

25.21 **Guillaume Poyet (1473-1548).** L'ascension de Guillaume Poyet jusqu'à la chancellerie est due à sa grande renommée, ascension suivie d'une chute brutale[4] avec l'ordonnance de Villers-Cotterêts (1539).

Le procès de la succession de Bourbon (1522). Il s'illustre dans le procès de la succession de Bourbon. La régente de France, Anne de Beaujeu, fille de Louis XI, voit la fortune de son gendre revendiquée à son décès par la Couronne, par la famille de Bourbon et surtout par Louise de Savoie, mère de François Ier. L'enjeu est considérable. Poyet plaide pour Louise de Savoie. François de Montholon pour Bourbon et Pierre Lizet pour la Couronne. L'arrêt ordonne le séquestre, à la suite de quoi Bourbon, mécontent, conspire et se voit condamné à la confiscation de ses biens.

25.22 **Pierre Séguier (1588-1672) et Christophe de Thou (1508-1582).** Loisel dans son *Dialogue des avocats*[5], marque ainsi la différence entre deux des plus grands orateurs de l'époque : Pierre Séguier et Christophe de Thou.

Le premier, Pierre Séguier, dit-il, plaide court et avec esprit *multa paucis* (substance riche en peu de mots). Mais il lui reproche d'avoir été le premier avocat du roi titulaire de son office à garder sa clientèle, créant ainsi un usage de plus en plus répandu très dommageable à l'ordre public en même temps qu'au barreau.

Le second, Christophe de Thou, *pauca multis* (beaucoup de paroles pour peu), s'il était ainsi mal jugé par Loisel avait une immense réputation.

Le procès de Mérindol et Cabrières (1540). Christophe de Thou plaide le procès de Mérindol et Cabrières. Des Albigeois, qui résident à Mérindol

1. V. s^s^ n° *22.21*.
2. V. s^s^ n° *25.24*.
3. V. s^s^ n° *24.51*.
4. V. s^s^ n° *23.12*.
5. V. s^s^ n° *26.21*.

et Cabrières (Provence), sont arrêtés comme schismatiques. Le schisme des Cathares albigeois remonte au XIIIe siècle et repose sur l'opposition des deux dieux, le Bien et le Mal. La cour d'Aix rend son arrêt : les hommes sont condamnés à mort, leurs biens confisqués, maisons rasées, arbres déracinés. Sursis à exécution. François Ier donne l'ordre d'exécuter. Le premier président d'Oppède et quatre magistrats procèdent à l'exécution dans des conditions horribles : tous les habitants sont massacrés. Le roi l'apprend. Il demande à son fils (Henri II) de punir les magistrats. Leur procès est instruit. De Thou plaide pour eux (1551).

Le procès de la succession du Chanoine (1573). L'avocat Brébart a du talent et tant de réputation que lorsqu'il plaide le procès dit de la succession du Chanoine, le roi Charles IX et l'ambassadeur de Pologne viennent l'écouter. Le chanoine, en mourant, laissait à la fois des frères et un enfant naturel qui se disputent l'héritage. Brébart va faire un plaidoyer vibrant et chaleureux en faveur de l'enfant et gagner.

25.23 **Barnabé Brisson (1525-1591).** Pourtant, dans le procès dit de la succession du Chanoine, Brébart avait pour adversaire le célèbre avocat Brisson qui plaidait pour les frères. Brisson s'était fait connaître en particulier pour la défense de la fille de Charles Dumoulin[1].

Par ailleurs, il joue un rôle politique très important sous Henri III en devenant premier président du parlement organisé à Paris par la Ligue. Il est assassiné en 1591.

25.24 **François de Marillac (?-1632).** L'avocat de la Ligue, François de Marillac, était courageux et pugnace. Il s'illustre dans le célèbre procès du cardinal Anne du Bourg (1559)[2] poursuivi pour schisme. François de Marillac prit la liberté de le défendre en abjurant ses opinions contre son gré. Du Bourg voulut protester contre cette défense, de connivence entre avocat et magistrat. L'inculpé fut immédiatement envoyé au dépôt pour lui retirer la parole.

L'affaire dite de la Baillée des roses (1541). François de Marillac plaide également l'affaire dite de la Baillée des roses en faveur du duc de Montpensier. Il revient à un pair de France l'honneur et l'avantage de présenter chaque année une corbeille de roses au parlement. Ce droit de présentation marquait,

1. V. s[s] n° *25.25*.
2. V. s[s] n° *24.21*.

25.25a *Charles Dumoulin.*

pour l'intéressé, une préséance en même temps que certains avantages. Le duc de Montpensier et le duc de Nevers se disputent sur cette préséance. Quoique ce dernier fût plus ancien pair, le parlement ordonna que le duc de Montpensier baille le premier, en raison de sa qualité de prince du sang. Superbe plaidoirie.

25.25 **Charles Dumoulin (1500-1566).** Charles Dumoulin[1] ne plaidera que de 1522 à 1535 en raison de défauts de prononciation. Il devient très vite consultant et engage une œuvre immense. Il est le grand analyste de l'ensemble des coutumes de France, dont il fera un véritable digeste[2]. C'est qu'en effet le droit coutumier d'inspiration germanique à l'origine héritier des capitulaires de Charlemagne avait fait l'objet d'un travail considérable mais dispersé d'analystes, pour tenter de le mettre à la portée des juristes et d'en faire ainsi un instrument de travail pratique.

Plusieurs coutumes avaient été analysées d'abord par Philippe de Beaumanoir (1250-1296) (*Coutumes de Beauvais*, 1275)[3], puis beau-

1. J.-L. Thireau, *Charles Du Moulin (1500-1566). Étude sur les sources, la méthode, les idées politiques et économiques d'un juriste de la Renaissance*, « Travaux d'Humanisme et Renaissance, 176 », Droz, Genève, 1980, 461 p.
2. du Moulin, *Révision de la coutume de paris*, 1539.
3. de Beaumanoir, *Coutumes de Beauvaisis*, 1275 ; rééd., t. I et II ; texte critique publié par S. Amédée, « Collection de textes pour servir à l'étude et à l'enseignement de l'histoire ; 24, 30 », Picard, Paris, 1899-1900 ; http://catalogue.bnf.fr/ark:/12148/cb31289178w/.

coup plus tard par les avocats Basnage pour la Normandie, Dupineau pour l'Anjou, Bouhier pour la Bourgogne. Ensuite, Charles VII et ses successeurs avaient ordonné une refonte du droit coutumier, refonte qui avait été faite par des consultants puis révisée. La principale de ces coutumes, celle de Paris, fut l'objet d'ouvrages de synthèse et de mise à jour sous la direction de Montholon avec la collaboration de Pasquier et de Loisel[1] (1580). Dumoulin fut le grand analyste de ce droit qui couvre la moitié de la France. Il l'a organisé pour en faire un instrument juridique efficace.

Toutefois, l'homme a laissé des traces ô combien cruelles qui lui ont valu des difficultés graves :

- dans un libelle fiscal il se laisse aller à injurier le pape de manière si injuste que le parlement, pourtant fort gallican, le condamne;
- après un court exil en Allemagne, il revient en France, le roi ayant levé sa condamnation;
- lors d'une plaidoirie devant Christophe de Thou[2], ancien avocat devenu premier président, des outrages fusent. Le doyen du barreau, accompagné d'une délégation, adresse des remontrances à de Thou, qui présente ses excuses :

> Dumoulin, hier, en plaidant vous fîtes une proposition que j'ai condamnée mal à propos; c'est une faute dans laquelle je suis tombé par rapport à Messieurs dont je n'avais pas pris les avis et par rapport à vous; je supplie la Cour et vous, et tous vos confrères aussi, de l'oublier.[3]

Le procès de la fille de Dumoulin (1572). En 1572, la fille de Dumoulin, épouse d'un avocat, mère de deux enfants, enceinte d'un troisième, est assassinée ainsi que ses domestiques. On découvre que la maison a été l'objet de vols. Le neveu de Dumoulin, d'Arieuville, est soupçonné du crime. Brisson plaide pour le mari, Pasquier pour d'Arieuville. Plaidoyers émouvants. D'Arieuville est acquitté.

25.26 **Guillaume Budé (1467-1540).** Guillaume Budé fait une remarquable et utile synthèse du droit romain. Sa statue est au Collège de France.

1. V. s° n° *26.21*.
2. V. s° n° *25.22*.
3. Boucher d'Argis, complété par Camus et Dupin aîné, *Histoire abrégée de l'Ordre*, Durand, 1824, p. 652.

25.27 **Jacques Cujas (1522-1590).** Jacques Cujas professeur de droit romain, écrit un célèbre commentaire du Digeste[1]. Sa statue est sur la place du Salin à Toulouse.

25.28 **Michel de l'Hospital (1505-1573).** Michel de l'Hospital est avocat, chancelier de France et jurisconsulte. Il tente, par sa sagesse, de rétablir la paix entre les deux camps pendant la période la plus chaude de la guerre de religion[2]. Sa statue est dans la cour de la Sainte-Chapelle de Riom.

3 La plaidoirie

25.31 **La plaidoirie.** La plaidoirie ne s'est pas apurée de ses défauts : les citations sont moins nombreuses certes, mais l'avocat, fier de ses connaissances, ne manque pas de les faire valoir et remonte encore trop souvent aux origines. Malgré l'ordonnance de Villers-Cotterêts le français ne s'est jamais imposé complètement aux magistrats ni aux avocats. Les citations latines sont toujours abondantes et elles correspondent à l'état d'esprit de l'époque.

> DE LA PLAIDOIRIE DE CHOPPIN, 1579
>
> Il est loisible au clergé, *tanquam minori indefenso*, de déduire aujourd'hui *ex integro* ses défenses principales, nonobstant les jugements préallégués donnés *scilicet adversus ecclesiam indefensam*, lesquels, par le bénéfice de simples lettres de restitution en entier, *omissas allegationes, vel non probatas* sont annulés, *ipso jure* en apportant nouvelles défenses, auxquelles toujours le fisc, l'Église et le mineur sont admis *jus quiritium*, et, par nos mœurs de France, *vulgari adhibito* diplomate *in integrum restitutorio. Nunc ergo, rébus velut inte-gris*, voici les exceptions du clergé.

Mais c'est dans ce florilège que perçait parfois la grande émotion qui bouleverse, et qui fait déjà de la plaidoirie une œuvre d'art en construction.

1. V. s[s] n° *03.21*.
2. M. Levy, discours de rentrée de la Conférence du stage des avocats aux Conseils.

26

CHAPITRE VI

La grande grève de 1602 et le Dialogue des avocats La conscience d'une force nouvelle

1 L'arrêt du parlement du 11 mai 1602

26.11 **L'obligation de signer les écritures et de mentionner les honoraires.** À plusieurs reprises le pouvoir avait édicté la nécessité pour les avocats de signer leurs écritures et l'ordonnance de Blois de mai 1579 rappelle cette obligation en y ajoutant celle de mentionner les honoraires. Les avocats prennent assez mal cette disposition car ils y voient une méfiance à leur endroit autant qu'une atteinte à leur honneur et à leur indépendance.

Aussi bien, dans l'excellence des rapports avec le barreau, le parlement s'était bien gardé d'appliquer ce texte.

Voici qu'un arrêt du parlement du 11 mai 1602 rallume le feu, et de quelle façon, en rappelant l'obligation édictée par l'ordonnance de Blois. Les avocats se réunissent, délibèrent et en cortège vont remettre leur démission au greffe, détenteur du Tableau.

À plus d'un point de vue cette réaction est capitale. Manifestation spontanée du mécontentement du barreau. Manifestation presque unanime lors de laquelle, pour la première fois, les avocats se comptent (307).

Enfin, manifestation de force. Le parlement l'avait redoutée et l'avocat général avait insisté pour que l'arrêt ne fût pas rendu. Quel étrange tournant dans la séculaire entente entre avocats et magistrats.

Que se passe-t-il?

26.12 **La grève de 1602.** La grève des avocats en 1602 signe pour la première fois un rapport d'humeur entre deux professions jusque-là unies par un lien familial.

Elle marque l'effet du changement considérable que constitue l'instauration de la vénalité des charges qui :

– distend les rapports de famille ;
– introduit l'argent là où il ne devrait pas être ;
– révèle des entorses à l'honneur et à l'indépendance ;
– peut porter atteinte au statut de l'avocat.

Elle démontre la puissance du barreau et annonce la création de l'Ordre et du bâtonnier.

Elle ouvre une ère nouvelle dans les rapports entre magistrats et avocats à savoir que les magistrats se rendent compte que, sans avocat, il n'y a plus d'audience possible et que leur grève est donc totalement efficace. Le pouvoir s'en rend compte également. Dans l'avenir, le parlement va se servir de cette constatation comme moyen de pression incontournable contre l'État, c'est-à-dire pour tenter en fait d'instaurer un pouvoir législatif à côté du pouvoir judiciaire pour contrebalancer l'absolutisme de l'exécutif.

Ce processus va entraîner des crises majeures et directement la Révolution. Autrement dit, le barreau va devenir le bras de fer entre les deux pouvoirs.

26.13 **La grève ouvre une nouvelle ère dans la répartition des pouvoirs.** Le 25 mai 1602, le roi, conscient de l'efficacité de la grève des avocats, va céder et faire céder le parlement. L'édit qu'il rend confirme l'arrêt du 11 mai, mais restitue aux avocats rayés du barreau leur droit d'exercer.

En fait, l'ordonnance de Blois de 1579 continuera à rester lettre morte, ainsi que l'arrêt du 11 mai 1602.

La grève aura duré quatorze jours. Elle ouvre un nouveau rapport de force et une nouvelle ère dans la répartition des pouvoirs.

2 Le *Dialogue des avocats*

26.21 **Antoine Loisel (1536-1617).** C'est Antoine Loisel qui va camper un nouveau décor, celui du barreau et de ses usages via l'« honneur d'être avocat », dans son célèbre *Dialogue des avocats du parlement de Paris*[160], à travers sept personnages.

1. Loisel, *Pasquier : ou, Dialogue des advocats du parlement de Paris* / par Ant. Loisel, avec une introd. et des notes, la suite chronologique des plus notables avocats depuis l'an 1600 jusqu'à ce jour ; et des notices biographiques sur Pasquier, Loisel, et les frères Pithou, par M. Dupin, Videcoq, Paris, 1844.

26.21a Etienne Pasquier.

Antoine Loisel, avocat, et ses deux fils.

Étienne Pasquier, ex-avocat, devenu magistrat et ses deux fils. Pasquier a plaidé les plus grandes affaires, en particulier le procès des Jésuites. Il a toujours demandé aux avocats de se former, certes selon Rome, mais de plaider moderne sans citation et sans digression. Loisel lui voue une grande admiration. Il est l'un des meilleurs avocats de l'époque et marque une grande honnêteté dans l'exercice de son métier.

François Pithou, avocat.

Loisel rappelle l'obligation de respecter le texte des ordonnances sur la profession. L'honneur des avocats, dit-il, est entaché par la menace qui pèse sur eux d'avoir à rendre des comptes sur leurs honoraires. Certes, l'honoraire a toujours été limité (longtemps à 30 livres). Mais l'honneur de l'avocat consiste à fixer l'honoraire réclamé en fonction de plusieurs critères fondés sur la mesure et la confiance. Il n'est pas possible que l'avocat puisse accepter d'être sanctionné par un juge.

L'auteur marque son mécontentement pour deux raisons plus générales :

– la façon cavalière dont les jeunes stagiaires sont traités par certains magistrats ;
– la concurrence déloyale apportée par le magistrat pourvu d'un office, qui conserve la clientèle qu'il avait lorsqu'il était avocat. Loisel ose citer le nom de Séguier qui fut le premier à utiliser cette pratique, qui au surplus est contraire à l'indépendance du magistrat.

Cet ensemble de griefs est attentatoire à l'honneur de l'avocat. Le texte est ponctué par ce mot « honneur » tout au long du dialogue avec le conseiller Pasquier d'une part, les avocats stagiaires d'autre part.

Pour manifester cette dégradation des rapports entre avocats et magistrats, Pasquier rappelle l'histoire du rapport de famille entre les deux professions, l'une menant tout naturellement à l'autre, rapport qui ne fut jamais entaché de la moindre difficulté.

26.22 **Deux textes se distinguent.** Deux textes de ce *Dialogue* sont célèbres :

– harangue aux avocats de demain;
– comment faire un bon avocat ?

> HARANGUE
>
> Où est l'honneur que j'ai entendu de vous, mon père, d'avoir été autrefois au Palais. Et la faveur que Messieurs les présidents portaient aux jeunes avocats, les écoutant doucement, supportant et excusant leurs fautes et leur donnant le courage de mieux faire.

Pasquier répond que, malheureusement, les magistrats sont abusivement devenus les conseils des grandes maisons et payés par elles, ce qui fausse la justice.

> PASQUIER
>
> Vous devez tous prendre courage de travailler; il y a place pour tous au Barreau du moins pour avoir part à ce beau et fertile champ du Palais et espère de vous rendre capables d'être un jour appelés aux plus hautes charges du Royaume. Enfin vous devez vous efforcer de conserver à notre Ordre le rang et l'honneur que vos ancêtres lui ont acquis par leurs travaux pour les rendre à vos successeurs.

> COMMENT FAIRE UN BON AVOCAT?
>
> Une estude si continuelle qu'il y employe le jour et la nuit, une recherche si exacte du bien et du mal, pour sçavoir aisément discerner le vray du faux; car je n'estime pas que cette grande et haute eloquence populaire que l'on recherche tant, soit la principale partie de nostre advocat. C'en est bien une, et des plus requises, mesmement és grandes plaidoiries; mais ce n'est pas la plus nécessaire pour un Barreau. Ce que je désire donc en mon advocat, est qu'il apprenne à bien conduire un procez intenté ou à

intenter, à dresser succinctement une demande, et à libeller un exploit ; et lors qu'il faudra plaider, qu'il examine et mesnage toutes les particularitez et circonstances de sa cause ; qu'il en prenne bien le poinct et s'y arreste, et le représente en termes bien choisis et intelligibles, et neantmoins plus serrez et renforcez que redondans ny superflus, en les fortifiant de raisons pertinentes, d'authoritez formelles et précises, de textes de droict, d'ordonnances, d'articles de coustumes, ou de décisions de docteurs, sans l'obscurcir ou noyer d'allégations superflues, quelsquesfois l'embellir d'un trait d'humanité, voire de grec ou de latin comme en passant, et qu'il soit si à propos et si significatif qu'il ne se puisse si bien exprimer en français ; car je ne suis point de ceux qui voudroient du tout bannir le grec et le latin du barreau, comme feroient volontiers quelsques-uns de nos délicats ou ignorans, puis que nous avons à parler devant des juges et des advocats, la plus part doctes en l'une et l'autre langue, pourveu que ce soit sobrement et sans en faire monstre ny parade.

3

LIVRE III

La puissance bourgeoise des avocats dans la monarchie absolue La naissance de l'Ordre et du bâtonnier

31

CHAPITRE I

L'effacement politique L'avocat bourgeois

1 La fronde du parlement

31.11 **La gouvernance de Richelieu.** Les deux siècles qui vont s'écouler avant la Révolution marquent la victoire de l'État et du pouvoir absolu. C'est bien pour partie grâce aux légistes et aux avocats qu'a été fondé l'État, malgré de nombreuses forces centrifuges.

Richelieu règne en maître et va réduire les protestants (La Rochelle 1628), humilier la noblesse et interdire au parlement toute velléité de résistance.

31.11a Les boutiques de la salle des pas perdus sous Louis XIII.

31.12a Robe d'avocat au XVIIe siècle.

31.12 **La gouvernance de Mazarin.** Jules Mazarin va très habilement gouverner, d'abord sous la régence d'Anne d'Autriche (1643-1652), ensuite sous la minorité de Louis XIV (1652-1661). Il se heurte à la Fronde (1645-1652). Le jeune Louis XIV va apprendre son métier de roi durant cette épreuve et la leçon sera pour lui sévère et efficace.

Deux ans après la fin du règne de Richelieu (1645) le parlement tente à deux reprises l'épreuve des remontrances. C'est Omer Talon[1], avocat général, qui mène le combat, Séguier[2] étant premier président. Mazarin fait arrêter deux conseillers. Le peuple soutient le parlement et élève des barricades. Omer Talon est exilé. Aussitôt pour le soutenir – réflexe de famille – les avocats se mettent en grève. La répartie de Mazarin est perverse : il supprime le monopole de plaidoirie au profit des procureurs…

Un seul avocat dénommé Rosé avait trahi le mouvement de grève ; il est exclu du barreau. Mazarin rappelle Omer Talon. Les avocats reprennent aussitôt leur travail.

En 1651, on renouvelle l'épreuve. À nouveau, refus d'enregistrement et remontrances. L'affaire prend l'aspect d'une lutte encore menée par Omer Talon contre Mazarin et non contre le roi. L'émeute reprend

1. V. s^{s} n^{os} *24.62* et *25.11*.
2. V. s^{s} n^{o} *25.22*.

dans la ville. Le Dauphin est obligé de quitter Paris et de se réfugier en son château de Saint-Germain en Laye.

Mazarin ordonne cette fois l'exil de l'ensemble du parlement à Pontoise. Certains magistrats obéissent, d'autres refusent. Ceux de Pontoise enregistrent les édits mais ne siègent pas car les avocats refusent de plaider à Pontoise.

Mazarin profite alors de la toute nouvelle majorité de Louis pour tenter de gagner les esprits. Le jeune roi tient un lit de justice le 22 octobre 1652 et prononce l'amnistie. Tout rentre dans l'ordre. Mais Louis n'est pas près d'oublier cette épreuve. Pour en effacer jusqu'au souvenir, il fait détruire les registres du parlement couvrant la Fronde.

2 Le parlement aux ordres du roi

31.21 **Les avocats ne seront plus jamais appelés aux affaires.** Le parlement renouvelle ses prétentions au pouvoir législatif dès 1655. Louis XIV a 17 ans. Lit de justice le 20 mars. Refus d'enregistrer et remontrances. Second lit le 13 avril. Louis XIV a convoqué les princes et les évêques. Il déclare :

> Chacun sait les malheurs qu'ont produits les assemblées du parlement. Je veux les prévenir et que l'on cesse celles commencées sur les édits, lesquels je veux être exécutés. Monsieur le premier président je vous défends de souffrir aucune assemblée et à pas un de vous de les demander.

Le parlement s'incline le 15 avril en envoyant une députation au roi avec ses hommages respectueux.

31.22 **Plus de remontrances pendant 60 ans.** Il n'y eut plus de remontrances pendant 60 ans. Mais les avocats, qui par

31.12b Lit de justice sous Louis XIII.

le succès de leur grève de 1602 contribuèrent à asseoir le parlement, ne seront plus jamais appelés aux affaires.

Enfin, lorsque Mazarin meurt en 1661, Louis XIV ne reprend pas de Premier ministre et gouverne seul.

3 Le barreau s'installe

31.31 **Un Ordre, un bâtonnier (1662).** Arrivé à la maturité, fort d'une aura incomparable et d'avocats prestigieux, le barreau pendant le Grand Siècle va se donner les contours d'un grand corps de l'État, et d'une corporation avec son chef, ses règles sévères, sa discipline rigoureuse. Cependant, Malherbe ne vint pas aussi vite harmoniser l'éloquence de la barre qu'il ne le fît pour la chaire.

Écartés de la vie publique, magistrats et avocats se congratulent et se distribuent entre eux des lauriers que le roi ignore.

> TALON, 1665
>
> Nous exhortons les avocats d'user avec autant de probité que de chaleur de ces vives et pénétrantes lumières qui rendent leur condition si illustre et leur mérite si recommandable.

Pendant la longue élaboration du barreau, le parlement, par esprit de famille, le protège : le pouvoir disciplinaire est entre ses mains. Le bâtonnier sort certes peu à peu de son ancien rôle religieux (le bâton de Saint-Nicolas) mais il n'a pas encore mesuré son rôle de chef. Le doyen a préséance. Seul le Tableau unit véritablement les avocats car le conseil de l'Ordre est inorganisé.

31.32 **Les noms des bâtonniers seront publiés à partir de 1681 et le Tableau à partir de 1696.** Le premier bâtonnier connu est Denis Doujat (1617). Toutefois, il n'était que le chef de la confrérie. Les noms des bâtonniers ne seront publiés sans interruption qu'à partir de 1681.

Vers 1662, à l'image du pouvoir central, le bâtonnier de Montholon s'affirme comme le chef. Autour de lui son conseil (composé des députés des « bancs » ou « délégués »), appelé d'abord « conférence » prend l'initiative de la discipline, sous l'œil bienveillant du parlement. Il rend ses décisions en dernier ressort, décisions immédiatement enregistrées par le parlement. En quelque sorte celui-ci restitue au barreau une indépendance absolue à l'image de celle que les avocats ont contribué singulière-

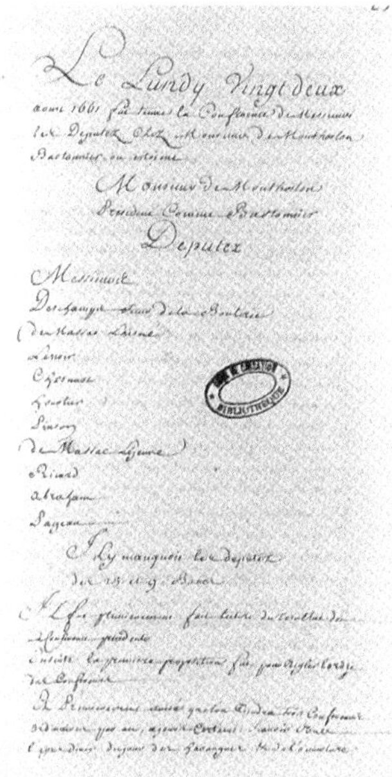
Le Lundy Vingt deux
Monsieur de Montholon
Deputez
Messieurs

31.33a Première réunion du conseil de discipline de l'Ordre en 1661.

ment à donner au parlement. Un arrêt du 17 juillet 1693 confirme le bâtonnier comme chef de l'Ordre.

Les avocats prennent l'habitude d'élire chaque année leur bâtonnier par le truchement des délégués : à chaque colonne de la salle des pas perdus correspond un banc qui porte un nom. Le premier banc est réservé aux Anciens. Les onze autres sont présidés chacun par un Ancien.

Mais il s'instaura une évolution en forme de cooptation : le bâtonnier en exercice désigne les deux délégués de chaque banc qui composeront le conseil de l'Ordre et désigneront eux-mêmes le bâtonnier de l'année suivante. En même temps, les délégués sont chargés de présenter les vœux de leur « colonne ». Enfin, l'obligation annuelle d'établissement du Tableau ne sera régulièrement publiée qu'à partir de 1696.

31.33 **Les sanctions disciplinaires.** Les sanctions disciplinaires vont de la réprimande à la radiation en passant par la suspension. Seules les décisions des petits barreaux sont soumises à l'appel aux présidiaux. Le premier règlement disciplinaire est publié le 22 août 1661 et à partir de cette époque les conférences de discipline font l'objet de procès-verbaux. La vie de l'avocat du Grand Siècle est généralement celle d'un grand bourgeois riche et entouré de la considération générale. Il est cependant totalement hors du pouvoir, écarté des affaires de l'État, jamais titré. Cet ostracisme va conduire peu à peu le barreau à une sorte de sourde opposition qui l'engagera à soutenir le parlement lorsqu'il reprendra son

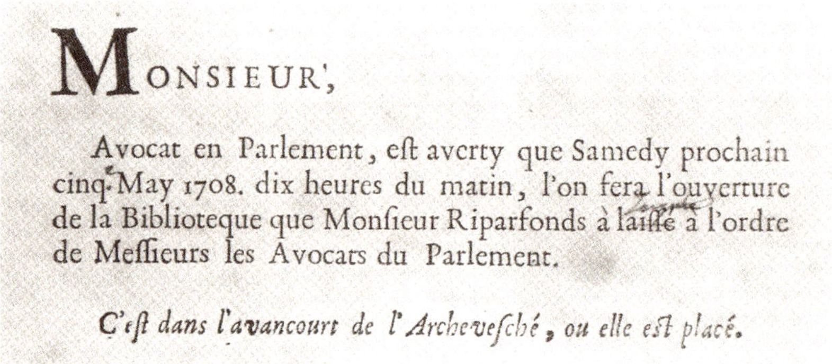
MONSIEUR,

Avocat en Parlement, eſt averty que Samedy prochain cinq May 1708. dix heures du matin, l'on fera l'ouverture de la Biblioteque que Monſieur Riparfonds à laiſſé à l'ordre de Meſſieurs les Avocats du Parlement.

C'eſt dans l'avancourt de l'Archeveſché, ou elle eſt placé.

31.41a Inauguration de la bibliothèque de l'Ordre des avocats à Paris en 1708.

droit de remontrance à partir de 1715, et ensuite à participer de façon active à la Révolution.

31.34 **Le stage.** Le jeune avocat va prendre l'habitude de faire un stage chez un procureur, car c'est lui qui détient le client et distribue les dossiers aux avocats. Faire son stage c'est bien, épouser la fille du procureur, c'est plus efficace !

31.35 **L'influence religieuse.** La proximité religieuse de l'Ordre est très fortement marquée par le jansénisme et par le gallicanisme. De même en est-il pour les magistrats. Les grandes familles de robe, les Le Maistre et les Arnaud ne vont-elles pas être à l'origine de Port-Royal ? Antoine Arnaud donne six filles au jansénisme dont la très célèbre mère Angélique. À partir de 1715, lorsque Louis XIV disparaît, les éclats fulgurants de ce qu'on a appelé l'hérésie janséniste s'exprimeront tant au parlement que chez les avocats. Leurs conséquences politiques seront graves. Encore que les avocats resteront toujours attachés à la Monarchie, malgré leurs frondes et leurs grèves, sans trop s'apercevoir qu'ils contribueront largement à sa chute.

31.36 **À l'audience.** À l'audience, les avocats consultants sont admis sur les « fleurs de lys ». Et, petit à petit, les magistrats y accueillent également le conseil de l'Ordre et le bâtonnier ; officiellement à partir de 1707.

31.42a La Conférence du stage dans l'ancienne bibliothèque de l'Ordre des avocats à Paris en 1776.

On plaide ganté à gauche et avec les doigts de gant enlevés à droite (pour feuilleter le dossier). Chaperon en tête. Derrière l'avocat, on trouve le procureur qui lit les pièces (la requête d'abord, puis les conclusions). C'est lui qui représente le client. Ici il faut amener trois institutions qui côtoient l'avocat : la Conférence du stage, la Basoche, les procureurs.

4 L'origine de la Conférence du stage

31.41 **La bibliothèque de l'Ordre (5 mai 1708).** Étienne de Riparfonds (1641-1704) est l'un de ces avocats consultants, si érudit que sa notoriété est immense. Il a rédigé le *Commentaire de la Coutume du Poitou* contribuant ainsi à la mise à jour et à la vulgarisation des coutumes de France. Sa bibliothèque est considérable. Il souhaite que l'Ordre dispose d'une salle consacrée à la réunion informelle des avocats autour d'une bibliothèque spécialisée, salle où ils pourraient ensemble discuter de questions de droit. Il lègue dans ce but sa bibliothèque à l'Ordre, à charge pour celui-ci de louer dans le chapitre de l'archevêché (tout voisin du Palais) une salle où le fonds de livres serait installé et gardé. Son confrère Fourcroy est chargé de l'exécution du legs.

Riparfonds étant décédé en 1704, Fourcroy prend aussitôt les mesures nécessaires pour aménager ce qui allait devenir la bibliothèque de l'Ordre. Il ne cessa toute sa vie d'enrichir le fonds de cette bibliothèque.

ARREST
DE LA COUR
DE PARLEMENT,
POUR LES PRE'SE'ANCES DES AVOCATS
dans toutes les Ceremonies publiques.

A PARIS,
Chez JEAN BAPTISTE LANGLOIS, dans la
Grand' Salle du Palais, vis à vis la Grand' Chambre,
à l'Ange Gardien.
M. DC. XCVIII.

31.43a Arrêt de la cour sur les préséances des avocats en 1698.

Le 5 mai 1708, le bâtonnier Nivelle procède à l'inauguration très solennelle en présence du cardinal de Noailles archevêque de Paris et des hauts magistrats d'Aguesseau[1] et Lamoignon[2].

31.42 **La première conférence dite du stage (31 décembre 1710).** Dès l'abord, Nivelle convie les stagiaires à transférer leur univers dans cette salle afin d'étudier et de discourir, en présence des anciens, les questions de droit qui leur seraient posées dans les bancs du Palais.

Un secrétaire sera chaque année désigné parmi les jeunes. Magistrats et public sont admis à *ces* « conférences ». Et les plus hauts des magistrats y assisteront avec assiduité.

La première conférence, dite du stage, a lieu le 31 décembre 1710 en présence du Tout-Paris judiciaire. Les réunions ont lieu dès lors chaque samedi tous les quinze jours.

Depuis saint Louis les avocats étaient chargés de dispenser leurs conseils aux pauvres. Anciens et stagiaires y avaient traditionnellement pourvu. Désormais, les deux activités se réunissent.

31.43 **La première grande école du barreau.** Outre la jurisprudence, on discute des questions soulevées par le droit canon, les coutumes mainte-

1. V. ss nº *43.24*.
2. V. ss nº *32.22*.

nant vulgarisées (Dumoulin) et le droit comparé soit des Pandectes (elles aussi mises à la portée des juristes par Cujas et Pothier) soit des édits et ordonnances. On prend l'habitude de faire l'éloge des grands avocats décédés (tel pour le jeune Henrion de Pansey celui de Dumoulin, en 1773).

Enfin, les Anciens ne manquent pas de rappeler aux jeunes le culte de l'honneur tant vanté par Loisel dans son *Dialogue*. C'est ainsi et pour longtemps la première grande école du barreau, fondée non sur des cours obligatoires mais sur une émulation prodigieusement créatrice.

Tout naturellement et grâce à l'initiative de Riparfonds, la Conférence crée des talents qui étonnent d'abord pour briller ensuite. Il est certain que le grand art d'éloquence de la seconde moitié du XVIIIe siècle est né dans ce creuset. Bonnet l'exprime dans son discours sur la Conférence du stage en 1786.

DU DISCOURS DE BONNET SUR LA CONFÉRENCE DU STAGE, 1786

Qu'il me soit permis encore, puisque je parle ici des conférences, de dire un mot de celles auxquelles on donne l'apparence même d'un tribunal, où sous des noms supposés et à l'aide d'une cause feinte, deux jeunes défenseurs viennent, dans les formes même de l'audience et avec le ton qui lui convient, s'exercer à la partie la plus importante de l'éloquence, l'action. C'est là qu'on perd cette timidité qui altère souvent les meilleures choses et étouffe les plus beaux mouvements, cette gêne et cette contrainte ennemies nées du naturel et des grâces; là des critiques familières et réciproques indiquent à chacun la partie faible de son talent ou les défauts qui l'obscurcissent, et lui épargnent ces leçons données par un public mécontent; leçons terribles qui ne se manifestent que par des revers et ne se corrigent que par des chutes; c'est là qu'on oublie les fictions dont on est environné, pour se livrer avec ardeur à un exercice après lequel on aspire : c'est là enfin que chacun peut traiter à son gré les plus grandes causes ou les plus petites; les questions de droit ou de fait, ou de procédure; s'exercer dans tous les genres; prendre tous les tons, s'instruire à adapter à chaque sujet des mots et des discours convenables; prendre une expérience anticipée des mouvements de l'audience, et souvent apprendre quel est le genre de son talent.

Je sais qu'il est facile de jeter du ridicule sur ces exercices; mais je sais encore mieux qu'il faut chasser cette mauvaise honte qu'on peut avoir de s'échauffer ainsi pour des fictions, et de se livrer à des imitations que quelques-uns regardent comme des puérilités; je sais encore mieux que c'est après s'être livré à de pareilles imitations qu'on apporte, la première fois qu'on paraît au barreau, une liberté dans l'action, un ton, une aisance qui étonnent. Les inflexions de voix que demande la plaidoirie ; la chaleur qu'elle exige ; les tournures qui lui sont familières ; les gestes qui doivent l'accompagner ; le ton assuré qui seul fait impression ; la variation d'accent qui prévient la monotonie ; la facilité d'une discussion d'abondance ; la rigueur et la présence d'esprit nécessaires pour la réplique : toutes ces qualités de l'orateur, indépendantes de sa science et sans lesquelles sa science ne sert à rien, comment les acquérir si ce n'est à l'aide de ces fictions prétendues puériles ?

Gardez-vous donc, ô vous qui voudrez atteindre de bonne heure à la perfection de l'art oratoire, gardez-vous de rougir de vos heureuses imitations et de vos utiles essais ! C'est en élevant la voix, seul sur les bords de la mer, c'est en récitant ses discours aux vagues écumantes que le prince des orateurs grecs s'instruisit à allumer dans le cœur des Athéniens l'enthousiasme de la liberté, et à faire trembler, du haut de la tribune aux harangues, le redoutable Macédonien.

31.44 **Le dépôt obligatoire accordé à la bibliothèque.** Les incidents cependant ne vont pas tarder à émailler la vie de la conférence. Les magistrats sont – pour un temps – choqués que l'on puisse se permettre de discuter les arrêts du parlement. N'était-ce pas un manque de tact au sein même de la famille judiciaire ? Il est vrai que depuis 1715 le parlement soutenu par le barreau, est engagé dans la grande bataille contre le pouvoir royal et prétend donner valeur législative à ses arrêts[1].

La Conférence du stage prend donc un aspect presque séditieux. Mais divers magistrats et des plus célèbres (Talon[2], de Thou[3], Séguier[4], Harlay, Mole) se dissocient de cette critique et la conférence persévère. Bien plus, la Chancellerie accorde à la bibliothèque le dépôt obligatoire de tous ouvrages imprimés de même que le Parquet y fait déposer d'office tous les mémoires des avocats.

31.45 **La crise de 1780.** Après quelques suspensions momentanées du cours de la Conférence (1713, 1717, 1720) et une longue éclipse due à la faiblesse des bâtonniers entre 1725 et 1750, l'institution fonctionne jusqu'à la Révolution, encore qu'à partir de 1780 une certaine désaffec-

1. V. s[s] n[o] *40.11*.
2. V. s[s] n[os] *24.62* et *25.11*.
3. V. s[s] n[o] *25.22*.
4. V. s[s] n[o] *25.22*.

tion de la part des anciens amène une perte d'efficacité. Bonnet s'en fait l'interprète en 1786.

Néanmoins, la Conférence continue à être la pépinière du barreau.

5 La Basoche

31.51 **Les clercs du palais.** La Basoche, du latin *basilica* (basilique), fut le lieu où se rendait la justice, dans les palais royaux où ont siégé les premiers tribunaux. Le mot désigne l'ensemble des clercs des cours de justice qui se sont constitués en associations dès l'époque de Philippe IV le Bel.

La jeunesse du Palais n'est pas que studieuse. Tout naturellement elle reprend ses droits au sein du Palais. Les stagiaires aussi bien du barreau, que de la magistrature, que de la profession de procureur, sont fort turbulents. Ce n'est pas nouveau. Depuis que le Palais existe, les jeunes aiment se manifester.

Ils sont organisés (déjà) en royaume avec roi et dignitaires. Leur activité est multiple :

- les jeux, facéties bruyantes, spectacles, appelés vaudevilles, fête annuelle ;
- la discipline est respectée et sanctionnée par la Basoche elle-même ; un certain nombre de décisions ont été confirmées par des arrêts du parlement ;
- le travail est contrôlé par l'organisation jeune ; le plus célèbre des membres de la Basoche ne fut-il pas Clément Marot ?

La Basoche s'empare des « causes grasses », affaires licencieuses qui étaient évoquées par les magistrats lors des banquets. Ce qui était l'occasion de détentes burlesques. Cette pratique interdite en 1611 est bien entendu recueillie par la Basoche qui en fait « jeux et ris ».

6 Les procureurs

31.61 **L'organisation des procureurs précède celle des avocats.** On a vu au fil des ans se développer et s'organiser les procureurs. La seule constante en ce qui les concerne est leur rôle : l'introduction du procès, c'est-à-dire le placet, et les écritures. Jamais la parole.

L'organisation des procureurs a précédé celle des avocats. Et les institutions des avocats sont apparues au travers de celles des procureurs. La confusion entre les deux professions vient principalement de leurs appellations respectives qui ont varié : l'*advocatus* était sous les carolingiens le procureur et non l'avocat qu'on appelait *avant-parlier* (ou autres dénominations). Les procureurs étaient institutionnalisés devant les juridictions d'Église et la plupart étaient clercs.

La création d'un parlement permanent par Philippe le Bel avait entraîné l'organisation à côté des procureurs, d'avocats plaidants et consultants. On sait l'importance immédiatement prise par ce barreau naissant pour suppléer à l'ignorance du droit par les parlementaires de l'époque, tous hommes d'arme ou d'église.

Dorénavant, procureurs et avocats vivent de concert. L'histoire parfois marque l'empiétement d'une profession sur l'autre, des avocats sur les écritures, des procureurs sur la plaidoirie lorsque l'avocat est absent.

Mais ils vont essentiellement se retrouver de deux façons :
- d'une part, au sein de la confrérie religieuse de Saint-Nicolas qui sera à l'origine du bâtonnier et de l'Ordre (1341) ;
- d'autre part, grâce à l'habitude du stage que le jeune avocat va faire chez le procureur pour apprendre la procédure et pour trouver si possible un pourvoyeur de clients.

31.62 **Le conseil juridique rémunéré.** Longtemps, les procureurs seront plus nombreux que les avocats : 200 au milieu du XVIe siècle, 400 au milieu du XVIIe. Outre la postulation et la procédure, les procureurs, vont les premiers se diriger vers des horizons nouveaux, à savoir le conseil juridique. Il devient fort rémunérateur au moment où le commerce se développe (hors les périodes de grandes crises) et il permet aux procureurs d'accueillir la clientèle.

De son côté, le barreau crée une cloison étanche en interdisant à l'avocat de postuler ou représenter (1661). Une répartition des rôles qui peut être comparée à l'organisation britannique partagée entre *sollicitor* et *barister*.

Vers le début du règne de François Ier, la confrérie de Saint-Nicolas avait pris, outre le rôle traditionnel religieux, un rôle disciplinaire. En raison de la mainmise progressive des avocats sur cette confrérie, les procureurs avaient créé une commission spécifique à leur profession chargée de leur discipline et de leurs intérêts professionnels. Au milieu du XVIIIe siècle la confrérie de Saint-Nicolas est entièrement appropriée par le barreau.

La vénalité des offices, institutionnalisée par François Ier, fut étendue aux procureurs en 1585.

7 Le barreau du grand siècle

31.71 **Pendant la première moitié du grand siècle, le style s'apure.** Le style de Malherbe et la période qu'il a su donner à la phrase ne se sont véritablement imposés aux avocats qu'au XVIIIe siècle. Pendant la première moitié du Grand Siècle, l'éloquence judiciaire s'ébroue de locutions latines et de citations. Elle devient moins inutilement oratoire.

Pourtant, Anne Robert, avocat élégant et de parole facile, se fait une grande réputation malgré un style encore précieux et émaillé de citations.

Plus percutant, au début du siècle, s'avère être Louis Servin, le dernier avocat politique à avoir résisté à Richelieu. Lors du lit de justice où celui-ci réclame des subsides pour alimenter le siège de La Rochelle, il ose dire à la face du cardinal : « Vous acquérez une gloire plus solide en gagnant les cœurs de vos sujets qu'en domptant vos ennemis. » Il tombe mort après cette harangue.

Arnaud - de Montholon - Talon - Gaulthier. Tout Paris venait écouter Antoine Arnaud. Ainsi en était-il de Jacques de Montholon ou de Omer Talon, au discours original et énergique, balancé, annonçant le grand art. Claude Gaulthier a été célébré par Boileau pour ses accents mordants. Il s'était fait connaître du grand public pour avoir gagné le procès de cette fille naturelle qui avait reçu pension de son père et néanmoins abbé.

Antoine Le Maistre (1608-1658). C'est sans doute Antoine Le Maistre qui reste le plus illustre. Sa piété janséniste, son talent, l'importance de sa clientèle en font l'une des plus grandes figures de la première moitié du XVIIe siècle. Il se retire à Port-Royal.

31.72 **Dans la seconde moitié du Grand Siècle.** Dans la seconde moitié du siècle, un avocat va singulièrement dépasser ses confrères par un style déjà magnifique et par son intelligence.

Olivier Patru (1604-1681). Olivier Patru, le physique disgracieux, la voix médiocre mal servie par un geste maladroit est l'avocat incontournable de cette seconde moitié du Grand siècle grâce à la clarté de son discours, sa construction, ses périodes élégantes, sa dialectique efficace. Ses audiences sont courues. Ses succès nombreux. Il rentre à l'Académie française (1641) et inaugure la pratique du discours de réception et de l'éloge du prédécesseur. Au-delà de son aura, l'histoire retient qu'il a pratiqué

31.72a Olivier Patru.

avec honneur et bonté en mourant pauvre en pleine gloire. Pour une fois, et pour lui seul, concernant les avocats, Louis XIV déclare qu'il a fait honneur à la France.

Bonaventure de Fourcroy (1626-1691). Fourcroy est majestueux de corpulence et de voix. Pour la première fois dans l'histoire de l'éloquence judiciaire apparaît le pathétique dont il use et avec lequel il étonne.

L'affaire de l'annexion de la Picardie et de la Franche-Comté à la Couronne. Fourcroy a plaidé l'affaire de l'annexion de la Picardie et de la Franche-Comté à la Couronne contre l'État espagnol. Lors de son mariage avec l'infante d'Espagne, Louis XIV avait renoncé à tout avantage territorial, ce qui ne l'empêche pas à la mort de son beau-père de réclamer les deux provinces et de les annexer.

Jacques Pousset de Montauban (1620 ?-1685). Jacques Pousset de Montaubon, quoique très en vogue, abuse encore des citations. Il s'illustre dans le procès des gueux de Vernon[1].

1. *Divers Plaidoyez touchant la cause du Gueux de Vernon, avec le plaidoyé de Monsieur Bignon advocat général, et divers autres plaidoyez & arrests sur différentes matières*, Louis Billaine, Paris, 1665.

31.72b Bonaventure de Fourcroy.

Le procès des gueux de Vernon. Les deux enfants d'une veuve s'enfuient de leur domicile. On découvre à Vernon un gueux accompagné d'un enfant mendiant. Ils sont arrêtés croyant qu'il s'agit de l'enfant fuyard. Mais la mère conteste que ce soit lui. La population prend parti contre elle. Elle est arrêtée. Pousset plaide pour la veuve, Fourcroy pour le gueux de Vernon, Anne Robert pour le curateur de l'enfant. Pousset dresse un tableau clair et émouvant des événements.

Nicolas Boileau (1636-1711). Nicolas Boileau fut également avocat.

31.73 **Le procès Fouquet (1664)** [1]**.** On sait comment le surintendant des Finances de l'État, Nicolas Fouquet, a invité Louis XIV à l'inauguration fastueuse de son château de Vaux-le-Vicomte. Immédiatement, le roi, sentant les détournements financiers, fait arrêter le ministre. Cette affaire a malheureusement figuré comme le prototype du procès inéquitable :

- le roi fit venir l'affaire devant une juridiction d'exception dont les magistrats étaient désignés par lui ;
- en cours d'audience, trouvant que le président faiblissait devant les arguments adroits de Fouquet, il le remplace par un magistrat « aux ordres » ;

1. P. Lombard, *Le vice et la vertu : Les corruptibles de Mazarin à nos jours*, Grasset, 1999.

– l'inculpé est privé d'avocat dès lors que l'ordonnance criminelle de 1537 (Villers-Cotterêts) rendait l'instruction secrète et interdisait toute intervention des défenseurs à l'audience.

Fouquet ne peut être défendu que de l'extérieur par voie de mémoires répandus dans le public qui ont fait vibrer jusqu'au cœur de Madame de Sévigné. La rédaction des mémoires est confiée non pas à un avocat mais à un juriste membre de l'Académie française et plein de talent : Paul Pellisson. Il y a mis la clarté dans l'enchaînement des moyens, un style vigoureux, de l'ironie et de l'émotion.

Les mémoires préfigurent tous ceux qui vont, un siècle plus tard, inonder le public et le mobiliser à la fois contre le parlement et contre le roi, les Mémoires de Voltaire entre autres.

MÉMOIRE DIT DES « SI » DE PAUL PELLISSON

Ferais-je bien de parler ou de me taire ? Ferait-on bien de me traiter en muet ? Non sans doute. Je ne ferai donc point à autrui ce que je trouverais si mauvais si on me le faisait à moi-même.

[...]

Que chacun de ceux qu'on veut qu'il reconnaisse pour juges se dise à lui-même : Je suis juge, mais celui que je prétends juger l'était aussi, et quelque chose de plus ; mais tout juge et tout innocent peut un jour être accusé :

Si j'avais le malheur d'être tombé dans la disgrâce d'un prince très juste, mais d'autant plus irrité qu'il serait juste et qu'on m'aurait représenté à lui comme très criminel ;

Si, en cet instant, on avait saisi non seulement tous mes biens, mais tous mes papiers, sans inventaire, sans appeler personne pour moi ;

Si ceux qu'on croirait auteurs de ma perte en avaient eu la libre disposition ;

S'il paraissait clairement qu'on eût soustrait les plus nécessaires à la défense ;

Si après six ou sept mois d'une affreuse solitude, des commissaires m'étaient venus visiter ;

Si j'avais vu, dans l'édit qui est le fondement de leur commission, mille clauses très rigoureuses ;

Si je n'y avais trouvé mention aucune de privilège, ni de privilégiés ; rien qui pût me regarder ;

Si j'avais trouvé dans la commission mes ennemis déclarés et publics depuis plusieurs années ; plus de juges justement suspects et récusables qu'il n'en faut pour évoquer d'aucun parlement ;

Si, n'ayant aucun commerce, je voyais toutes les apparences du monde que ces juges inconnus, même à Sa Majesté, hors d'un petit nombre, lui eussent été présentés et proposés par mes propres ennemis;

Si, dès le commencement des procédures, je n'avais vu qu'irrégularité;

Si j'avais lieu de penser qu'on me poursuit pour des crimes pour lesquels on n'oserait même déférer beaucoup d'autres;

S'il me semblait que cette commission, prête à se réduire en taxes pour tout le monde, ne cherchât autre sang que le mien, que je fusse la victime expiatoire, le malheureux qu'il faudrait jeter à la mer avant que d'apaiser la tempête;

Si ne devant rendre raison d'une grande administration qu'au roi, j'avais offert mille et mille fois de la rendre au parlement;

Si par soumission pour mon Prince, je l'avais rendue à des commissaires mêmes, aussi longtemps que je le pouvais sans me perdre;

Si on ne m'offrait de l'encre et du papier que pour déroger à mon droit, et à la charge d'y déroger, et non autrement;

Si je n'avais ni conseil, ni liberté d'agir, ni moyen de parler au roi, ni voix pour me faire entendre à ses compagnies souveraines;

Si on me poursuivait contre les formes ordinaires des contumaces et sans les observer;

Si on ne me pressait enfin de parler que pour m'accabler avec plus de prétexte.

32

CHAPITRE II

L'organisation judiciaire Les avocats et la première codification Une nouvelle guerre de religion : le jansénisme

1 La justice sous Louis XIV

32.11 **Le pouvoir royal a érodé les juridictions féodales et ecclésiastiques.** Le pouvoir royal a érodé toutes les juridictions qui tenaient encore à l'ordre ancien : les juridictions féodales et ecclésiastiques. Les premières n'ont plus guère de rôle dès lors qu'est organisé l'appel au parlement. Les secondes grâce à l'« appel comme d'abus » ont été conservées mais contrôlées.

À la base existe toujours vivante, réduite à un rôle de juge très local, la vieille juridiction des échevins, issue de la population rurale et à elle appropriée.

32.12 **En première instance.** L'organisation des bailliages et prévôtés distribue la justice au moyen d'officiers de justice du roi surveillés et soumis, en cas de plainte, à la haute juridiction du parlement.

À Paris, le tribunal de première instance, le Châtelet, comporte les audiences civiles présidées par le lieutenant civil et les audiences pénales présidées par le lieutenant général de police.

Un corps d'avocats et de procureurs est spécialement attaché à cette juridiction. Les avocats au parlement peuvent également y plaider. Bien que postérieure au règne de Louis XIV, il faut évoquer la crise de 1727. Les avocats, au Châtelet, sont soumis à la formalité du serment deux fois par an. Ceux attachés au parlement refusent de se soumettre à cette double formalité. Le 25 mars ils quittent le Châtelet et le bâtonnier convoque le président, appelé prévôt de Paris. Celui-ci vient et cède.

32.13 **En appel.** En appel les affaires vont au parlement dont l'organisation n'a guère changé depuis la Renaissance. La cour d'appel comporte quatre sortes de chambres :

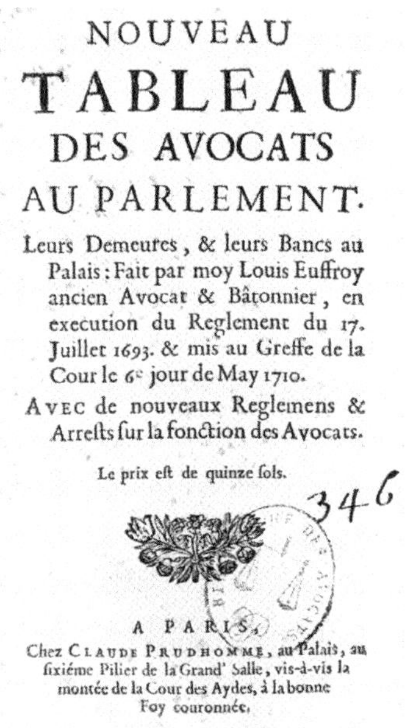

NOUVEAU
TABLEAU
DES AVOCATS
AU PARLEMENT.

Leurs Demeures, & leurs Bancs au Palais : Fait par moy Louis Euffroy ancien Avocat & Bâtonnier, en execution du Reglement du 17. Juillet 1693. & mis au Greffe de la Cour le 6e jour de May 1710.

Avec de nouveaux Reglemens & Arrests sur la fonction des Avocats.

Le prix est de quinze sols.

A PARIS,
Chez Claude Prudhomme, au Palais, au sixiéme Pilier de la Grand' Salle, vis-à-vis la montée de la Cour des Aydes, à la bonne Foy couronnée.

32.12a Le tableau des avocats de 1710.

– la Grand'Chambre qui constitue le parlement proprement dit et qui comporte outre le Premier président, 9 présidents, 37 conseillers et un Parquet (procureur général, 3 avocats généraux et un nombre important de substituts) ;
– les trois chambres des enquêtes (instruction des procès) ;
– la chambre des requêtes (affaires de *committimus*) ;
– la Tournelle (affaires pénales).

En province ont été créés des parlements qui diminuent d'autant le ressort de Paris. En 1319, le roi ouvre deux parlements (Toulouse et Rouen) qui ne siègent d'abord qu'épisodiquement puis, de façon permanente au XVe siècle. Sont ensuite successivement institués les parlements de Grenoble (1455), Bordeaux (1462), Dijon (1475), Aix (1501), Rennes (1552), Pau (1619), Metz (1633), Besançon (1674), Douai (1713), Nancy (1775).

Les magistrats, même s'ils bénéficient d'un office, sont désignés par le roi, après vérification des examens de droit.

32.14 **Le Conseil du roi.** Le Conseil du roi, future Cour de cassation, connaît des pourvois en *cassation* et conflits de juridictions.

À partir de 1783, les avocats au parlement ne sont plus admis à plaider devant cette juridiction. Le monopole est attribué aux « avocats aux conseils » (73 charges d'avocats).

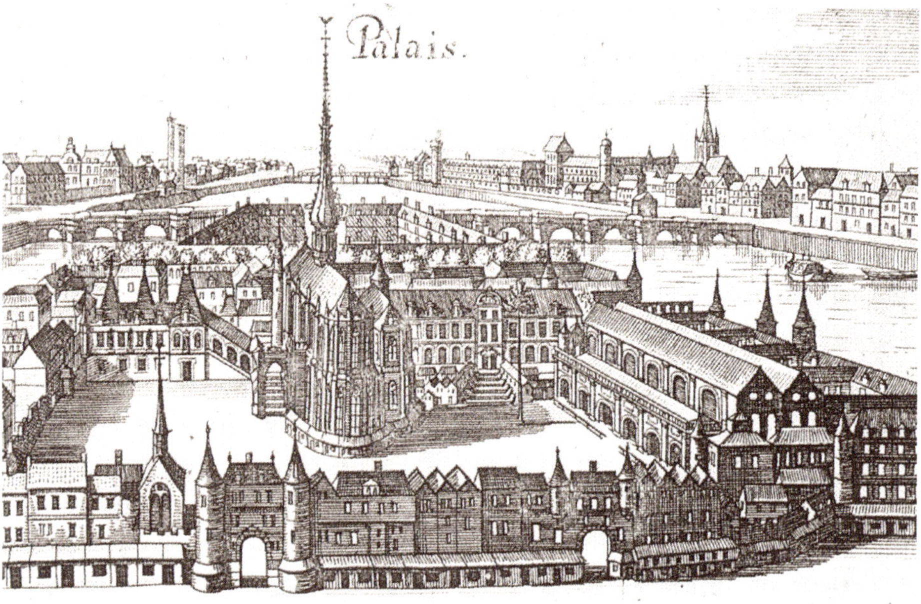

32.16a Le Palais de justice au XVIIe siècle.

32.15 **Les Grands Jours.** Il s'agit d'une chambre intermittente composée de magistrats du parlement réunis pour entendre les affaires importantes déjà jugées en première instance par une juridiction seigneuriale, mais aussi par des juridictions ordinaires, lorsqu'est suspecté l'auteur du jugement.

Cette formation, appelée Les Grands Jours, se déplace sur les lieux du premier jugement.

32.16 **Les innombrables juridictions spécialisées.** La table de marbre, qui servait aux repas du roi dans ce qui est devenu la salle des pas perdus, est spécialisée dans les affaires militaires et d'Eaux et Forêts.

En matière commerciale, la juridiction consulaire du cloître Saint-Merry, prévôt des marchands, est chargée des litiges concernant l'approvisionnement de Paris. Elle siège à l'endroit où est aujourd'hui l'Hôtel de Ville. Le plus illustre prévôt a été Étienne Marcel[1].

1. V. s^s^ n^o^ *13.21*.

32.22a Barthélemy Auzanet.

En matière fiscale (gabelles), la juridiction est le « Grenier à sel », et en appel la Cour des aides.

En matière monétaire, la juridiction est la « Cour des Monnaies ».

En matière administrative, la juridiction est le « Grand Conseil ».

2 L'œuvre législative d'Auzanet

32.21 **L'organisation de la codification.** Louis XIV, en grand organisateur, n'admet pas l'extrême division juridique de la France entre droit coutumier et droit écrit. Il décide d'unifier, donc de codifier.

Pour cette tâche, il sait parfaitement redécouvrir les avocats. La voie est largement ouverte par Cujas pour le droit écrit et par Dumoulin pour le droit coutumier. Mais cette unification était ardue également sur le plan politique parce que le rattachement successif des provinces à la France comportait, à chaque fois, la clause de style du maintien du droit local.

32.22 **Une commission de douze avocats consultants sous l'autorité d'Auzanet.** Le roi charge le premier président Lamoignon de diriger et organiser cet immense dessein. Celui-ci constitue une commission de douze avocats consultants sous l'autorité de l'un d'eux, Barthélemy Auzanet, assisté de Bonaventure de Fourcroy.

La commission se réunit deux fois par semaine pendant deux ans et pose les bases générales d'un droit français unifié. L'ouvrage rassemblé porte l'étiquette suivante : *Arrêtés du premier président Lamoignon* (1665)[1]. Le roi décide alors de tirer de cette niasse unificatrice des règles de droit pour les matières juridiques essentielles. À cette fin, il désigne un « Conseil de réformation de la justice » composé de magistrats et de conseillers d'État.

Le conseil avait la mission toute administrative de choisir parmi les avocats consultants, les plus idoines pour une codification. Louis XIV précise : il devra consulter « quelques fameux avocats dont ils (les conseillers) nous rapporteront les sentiments ». Il désigne lui-même quelques-uns d'entre eux qui seront encore dirigés par Auzanet.

Louis XIV préside au Louvre la première réunion pour marquer l'importance de l'œuvre et sa volonté d'aboutir. Il s'exprime ainsi : « Il a choisi des personnes de doctrine, d'expérience et de probité et les a jointes à des magistrats afin que, par leur concours, les peuples puissent recevoir le soulagement qu'ils attendent. »

Le roi exige que chaque projet d'article soit porté à son Conseil, et qu'il soit lu, discuté, et arrêté en sa présence (Napoléon, un siècle et demi plus tard, utilisera la même méthode).

Auzanet répond au roi qu'« il cherchera la perfection de la règle de droit ». C'est lui qui, article après article, entouré d'une commission de consultants, a conçu et rédigé les principales dispositions de la codification, dite de Colbert.

32.23 **Les grandes ordonnances unificatrices.** Le 24 janvier 1667 le projet d'ordonnance sur la procédure est remis par Auzanet à Lamoignon et au chancelier Séguier. Le projet est immédiatement ratifié et publié (avril 1667).

Les commissions d'avocats se succèdent et vont concevoir et rédiger les grandes ordonnances unificatrices.

- Août 1669 Eaux et Forêts.
- Août 1670 Ordonnance criminelle; modernisant celle de 1537, malheureusement sans introduire le caractère contradictoire qu'il aurait été si souhaitable de donner à la procédure pénale.

1. G. de Lamoignon [1617-1677]. Arrestez de Mr le P. P. de L. [Lamoignon.] *Arrestez ou loix projettées dans des conférences de Mr le P. P. de L. pour le pays coutumier de France et pour les provinces qui s'y régissent par le droit écrit - Recueil des arrestez de M. le premier président de La Moignon* [formé par Barthélemy Auzanet et Bonaventure de Fourcroy], 1702-1703, ark:/12148/bpt6k1181380, http://catalogue.bnf.fr/ark:/12148/cb30729211c/.

– 1673 Commerce.
– 1673 Hypothèques.
– 1673 Frais de justice.
– 1681 Marine.
– 1685 Colonies.

Cette œuvre immense autant que célèbre s'inscrit entre la codification de Justinien et celle de Napoléon.

En 1679, Louis XIV libère enfin l'Université de Paris de la prescription pontificale qui pesait sur elle depuis le XIIIe siècle, de ne pouvoir s'adonner à l'enseignement du droit romain tel que codifié par Justinien. L'Église redoutait une concurrence qui eût pu faire reculer l'impact du droit canon.

3 La naissance du jansénisme

32.31 **Jansénius.** Le jansénisme fut l'une des sources de discorde majeure du XVIIe siècle. Il a nourri la révolte parlementaire contre les successeurs de Louis XIV.

Jansénius avait publié en 1638 une critique de l'œuvre de saint Augustin portant en particulier sur l'étroitesse de l'accès à Dieu et de la grâce accordée au chrétien : la doctrine de la « porte étroite » engendrant une foi rigoureuse. Le pape condamne cette doctrine en 1653.

Cinquante ans auparavant, la France est sortie de la guerre religieuse. Le jeune Louis XIV ne se rend pas encore compte que commence une autre crise, redoutable. Elle participera à l'affaiblissement de ses successeurs et à l'arrivée de la Révolution.

Au milieu du XVIIe siècle, nombre d'avocats conduits par les familles Arnaud et Le Maistre, avocats illustres, familles illustres fondatrices de Port-Royal, vont, par une piété insigne et parfaitement respectable, se jeter dans ce que certains ont qualifié d'hérésie. Des hommes comme Racine y ressourcent leur âme pieuse. Toute une élite suit, et le jansénisme s'étend dans la grande bourgeoisie.

32.31a Antoine Le Maistre.

32.32 **L'apologie de l'œuvre de Jansénius et le rappel de la doctrine de l'Église sur la grâce.** L'affaire prend une autre dimension lorsque le père Pasquier Quesnel, à Port-Royal lui aussi, publie *Cas de conscience* (1703)[1], livre dans lequel il fait l'apologie de l'œuvre de Jansénius. Son emprisonnement ne fait qu'amener la crise.

Pourtant, inquiet depuis longtemps de voir monter la fièvre, le roi avait confié à Bossuet le soin de mettre les choses au point et de les apaiser. S'inspirant du célèbre livre de l'avocat Pierre Pithou[2] publié en réaction contre le Concordat de François Ier[3] et délimitant d'une façon relativement objective les pouvoirs de Rome et ceux du roi, Bossuet avait fait éditer en 1682 une *Déclaration du Clergé*[4] qui comportait aussi le rappel de la doctrine de l'Église sur la grâce.

Quelques années plus tard, l'ouvrage de Quesnel ne fait que relancer et passionner la dispute. Immédiatement, l'évêque de Clermont-Ferrand interdit ce livre. Parlements et avocats s'enflamment. Par arrêt du 9 mai 1703, l'interdit de l'évêque est annulé.

Port-Royal fait dès lors l'objet de maintes attaques du pouvoir. L'abbaye janséniste se défend par l'organe de l'avocat Lenoir de Saint-Claude qui prononce des plaidoiries si enflammées que le roi le fait embastiller.

32.33 **La dispersion de Port-Royal (bulle du 27 mars 1708).** Le pape prend enfin parti par une bulle du 27 mars 1708 et ordonne la fermeture de l'abbaye. Louis XIV décide la dispersion totale des hommes et des biens. Jusqu'au cimetière tout sera détruit. Il reste encore quelques murs épars dans la campagne.

32.34 **La bulle Unigenitus (8 septembre 1713).** Clément XI condamne 101 propositions contenues dans le livre de Quesnel. Louis XIV ordonne l'enregistrement et le parlement, bien qu'hostile, obéit (15 juin 1714). Ce sera la dernière fois car le roi va mourir en 1715 emportant avec lui l'autorité.

Les curés de Paris tentent de calmer le jeu et demandent la réunion d'un concile pour trancher le différend. Louis fait arrêter nombre de jansénistes connus et influents.

1. P. Quesnel, *Cas de conscience*, 1703.
2. V. s° n° *22.21*.
3. P. Pithou, *Recueil des libertés de l'Église gallicane*, 1594.
4. *Édits, Lettres patentes, Déclarations concernant le clergé de France, Déclaration concernant les collèges de La Flèche, Langres, Bourges...*, P. G. Simon , Paris, 1775-1784.

4

LIVRE IV

La lutte du parlement contre le régime L’action politique des avocats

40
Préambule

1 La clé du pouvoir judiciaire et la condition de son efficacité

40.11 **La clé du pouvoir judiciaire.** À peine le Grand Roi est-il mort qu'aussitôt le parlement va tenter de reprendre son « pouvoir législatif », c'est-à-dire son droit de remontrance qui lui permet d'instaurer un véritable veto à l'exercice du pouvoir exécutif puisqu'en même temps il refuse l'enregistrement des ordonnances et édits royaux. Seulement cette prétention serait totalement vouée à l'échec si les avocats n'y prêtaient pas la main au moyen de l'exercice de la grève systématique, c'est-à-dire de l'arrêt complet de la justice.

Grâce à la très ancienne complicité de famille avocats-magistrats, le refus d'enregistrer ponctué de la grève des avocats s'avère parfaitement efficace au point de faire vaciller le régime. Voici les trois phases du mouvement :

- le duc d'Orléans achète son titre de régent au parlement contre la reconnaissance du droit de remontrance ;
- Louis XV résiste et finit par l'emporter grâce à la « réforme Maupéou » ;
- Louis XVI faiblit et tombe sous les coups du parlement. Il fait appel aux États généraux. C'est la Révolution.

40.12 **Le droit de remontrance.** Pour faire la France, les légistes avaient donné au roi tous les pouvoirs nécessaires pour dominer les forces centrifuges qui tendaient à l'affaiblir, et en particulier, outre le pouvoir législatif, la « main de justice ». Philippe IV le Bel en 1302 la « délègue » à son

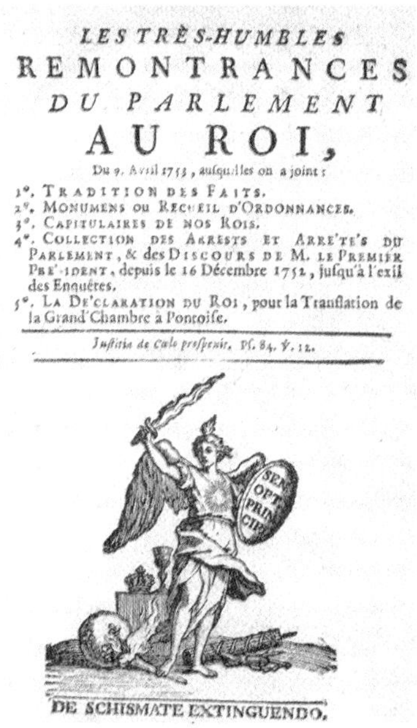

LES TRÈS-HUMBLES
REMONTRANCES
DU PARLEMENT
AU ROI,
Du 9. Avril 1753, aufquelles on a joint :
1°. TRADITION DES FAITS.
2°. MONUMENS OU RECUEIL D'ORDONNANCES.
3°. CAPITULAIRES DE NOS ROIS.
4°. COLLECTION DES ARRESTS ET ARRE'TE'S DU PARLEMENT, & des DISCOURS DE M. LE PREMIER PRE'SIDENT, depuis le 16 Décembre 1752, jufqu'à l'exil des Enquêtes.
5°. LA DE'CLARATION DU ROI, pour la Tranflation de la Grand'Chambre à Pontoife.

Juftitia de Cœlo profpexit. Pf. 84. ỳ. 12.

40.11a Recueil des Remontrances.

conseil de nobles et de prêtres qui devient le parlement. C'est une délégation. Ce n'est pas une séparation des pouvoirs.

Mais l'usage était de faire enregistrer édits et ordonnances au greffe du parlement gardien des Sceaux. D'où la velléité qu'ont eue les magistrats de refuser ou d'amender les textes royaux par voie de remontrance au cours d'un « lit de justice » où le roi est présent. On assiste alors à une sorte de va-et-vient jusqu'à ce que l'un ou l'autre cède.

40.13 **La grève des avocats.** En fait, le droit de remontrance n'est pas un droit mais une véritable usurpation. La preuve en est que les régimes forts ne le connaissent pas (Richelieu et Louis XIV), que les régimes intelligents le dominent (Louis XV), que les régimes faibles en meurent (Louis XVI).

« L'avocat bourgeois » du siècle de Louis XIV avait oublié la politique et le régime ne l'avait utilisé que pour fabriquer une codification. Mais pendant tout ce temps, l'Ordre et son bâtonnier se sont sentis monter en puissance. Évincé de la chose publique, sevré des distinctions honorifiques de l'époque, l'avocat va maintenant trouver une certaine satisfaction en harmonie avec son ami magistrat, à participer à une fronde contre le régime, sans s'apercevoir qu'il sapait le fondement non seulement de son pays mais aussi de sa propre corporation. Il multiplie les grèves pour assurer le succès du prétendu pouvoir législatif du parle-

40.12a Lit de justice en 1723.

ment. Pour autant, le droit de remontrance n'est pas un heureux tempérament à l'absolutisme. Car il a été utilisé trop souvent contre toute raison à seule fin d'affirmer la force d'un parlement-législateur. L'affaire janséniste en sera bientôt l'occasion.

41

CHAPITRE I

Le duc d'Orléans troque le droit de remontrance contre le titre de régent Les effets pervers

1 Le troc

41.11 **Le rétablissement du droit de remontrance.** Personne ne parlait plus depuis longtemps du droit de remontrance lorsque le duc d'Orléans, apprenant que Louis XIV ne l'avait pas désigné comme régent dans son testament, tente de s'emparer du pouvoir grâce au parlement en lui offrant, cadeau d'avènement, le rétablissement du droit de remontrance.

41.12 **La prise du pouvoir par le duc d'Orléans (2 septembre 1715).** Contre la volonté de Louis XIV, le duc d'Orléans prend le pouvoir (2 septembre 1715). En outre, le parlement s'arroge le droit de réglementer le Conseil de tutelle de Louis XV (âgé de 5 ans), la Commission des Finances et le Commandement des Armées.

Un grave malaise trouble au même moment la vie de l'Ordre et les rapports avec les magistrats. Les pouvoirs et l'autorité du bâtonnier étaient discutés et, par ailleurs, la Conférence du stage avait perdu de son efficacité. L'autorité du bâtonnier est toute récente (1662). Barbin, élu au bâtonnat refuse le choix de ses confrères. L'élection va être 18 fois reprise, après 17 refus successifs. C'est finalement Arrault qui endosse la charge. Il va s'empresser de réformer les institutions du barreau pour leur redonner leur traditionnelle vigueur. En même temps, il affirme et rehausse l'autorité du bâtonnier.

Un magistrat se permet-il d'admonester un avocat ? Arrault proteste et exige que le magistrat retire ses reproches. Celui-ci s'incline. Un autre magistrat fait-il observer à un avocat qu'il doit se découvrir en lisant les textes de loi. Arrault ordonne la grève. Les magistrats cèdent.

2 L'affaire Law

41.21 **Le binôme remontrance - grève.** Les finances de l'État sont éprouvées par les audaces bancaires de Law et le scandale a lieu sur la place publique. Le régent tente d'assainir les finances par une succession d'édits. D'Argenson, garde des Sceaux, note cette nouvelle force du parlement : « Le parlement peut tout sans le roi et le roi rien sans le parlement. »

Le régent tente alors de réglementer le droit de remontrance et de reprendre ce qu'il a si légèrement donné. Refus d'enregistrer. Arrestation de deux magistrats. Les avocats se mettent en grève et le duc d'Orléans doit céder.

On trouve un biais pour rétablir les finances. Contre une imposition massive, la Compagnie des Indes reçoit le monopole du commerce avec l'Asie (1720). Remontrances du parlement. Nouvel exil des magistrats à Pontoise. Grève des avocats, « l'avocat libre ne peut plaider que devant un parlement libre », déclare le bâtonnier. Le gouvernement cède. Ainsi naît le binôme célèbre : remontrance et grève. Les avocats tiennent la clé du pouvoir judiciaire et vont prendre de plus en plus conscience de leur puissance.

3 La querelle des jansénistes Les avocats hérétiques

41.31 **La querelle des jansénistes et l'agitation.** En même temps que les magistrats s'ennuyaient à Pontoise, le régent avait signé un édit d'élargissement des jansénistes arrêtés par Louis XIV et le parlement l'avait enregistré pour pouvoir rentrer à Paris.

Le jeune Louis XV monte sur le trône en 1723 et son Conseil va très vite affronter le feu que les avocats ont allumé en rédigeant successivement quatre consultations contre la bulle *Unigenitus* et les 101 propositions[1]. Cette querelle va agiter la France et le pouvoir pendant la première moitié du règne. Les avocats vont véritablement harceler le gouvernement. La première consultation (1727) comporte 28 signatures à propos du concile d'Embrun qui vient de confirmer la bulle. Les avocats proposent un appel

1. V. s° n° *32.34*.

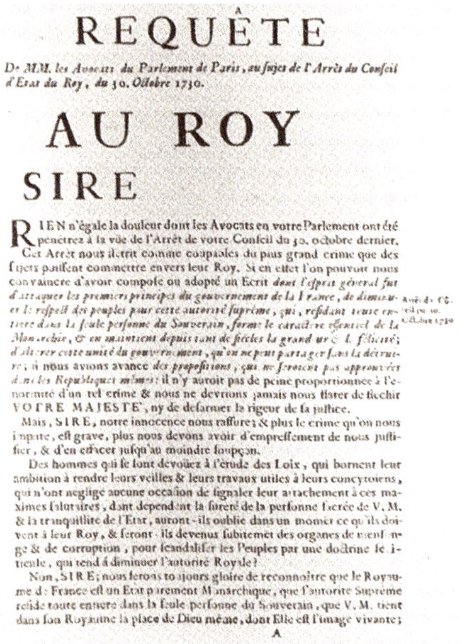

REQUÊTE

De MM. les Avocats du Parlement de Paris, au sujet de l'Arrêt du Conseil d'Etat du Roy, du 30. Octobre 1730.

AU ROY

SIRE

RIEN n'égale la douleur dont les Avocats en votre Parlement ont été penetrez à la vûe de l'Arrêt de votre Conseil du 30. octobre dernier. Cet Arrêt nous flétrit comme coupables du plus grand crime que des sujets puissent commettre envers leur Roy. Si en effet l'on pouvoit nous convaincre d'avoir composé ou adopté un Ecrit *dont l'esprit général fut d'attaquer les premiers principes du gouvernement de la France, de diminuer le respect des peuples pour cette autorité suprême, qui, résidant toute entiere dans la seule personne du Souverain, forme le caractere essentiel de la Monarchie, & en maintient depuis tant de siecles la grandeur & la félicité; d'alterer cette unité du gouvernement, qu'on ne peut partager sans la détruire*; si nous avions avancé *des propositions, qui ne seroient pas approuvées dans les Republiques mêmes*: il n'y auroit pas de peine proportionnée à l'énormité d'un tel crime & nous ne devrions jamais nous flater de fléchir VOTRE MAJESTÉ, ny de desarmer la rigueur de sa justice. Arrêt du Conseil du 30. Octobre 1730

Mais, SIRE, notre innocence nous rassure; & plus le crime qu'on nous impute, est grave, plus nous devons avoir d'empressement de nous justifier, & d'en effacer jusqu'au moindre soupçon.

Des hommes qui se sont devoüez à l'étude des Loix, qui bornent leur ambition à rendre leurs veilles & leurs travaux utiles à leurs concytoiens, qui n'ont negligé aucune occasion de signaler leur attachement à ces maximes salutaires, dont dependent la sureté de la personne sacrée de V. M. & la tranquillité de l'Etat, auront-ils oublié dans un moment ce qu'ils doivent à leur Roy, & seront-ils devenus subitement des organes de mensonge & de corruption, pour scandaliser les Peuples par une doctrine seditieuse, qui tend à diminuer l'autorité Royale?

Non, SIRE; nous ferons toujours gloire de reconnoître que le Royaume de France est un Etat purement Monarchique, que l'autorité Suprême réside toute entiere dans la seule personne du Souverain, que V. M. tient dans son Royaume la place de Dieu même, dont Elle est l'image vivante;

A

41.31a *Requête des avocats au Roy en faveur des Jansénistes en 1730.*

comme d'abus contre le décret conciliaire. La deuxième consultation au même moment va dans le même sens, assortie des signatures de 50 avocats.

Mais les jésuites s'en mêlent et publient une thèse en faveur de la bulle. Ce qui provoque la troisième consultation (1730) pour réfuter la thèse. Le parlement suit et ordonne la suppression de la thèse.

La quatrième consultation fait un scandale car elle dévoile les noms d'avocats qui n'ont point donné leur accord…

41.32 **Les avocats « hérétiques » (1731).** L'archevêque de Paris publie en 1731 un mandement traitant les avocats d'hérétiques. Le bâtonnier dépose un appel comme d'abus doublé d'une plainte en diffamation. Le parlement donne satisfaction et interdit le mandement.

Le roi évoque l'affaire en son Conseil. Le bâtonnier ordonne la grève (24 août 1731). Louis XV, énergique, signe dix lettres de cachet contre les avocats. La grève se durcit et l'Ordre établit un mémoire contre l'archevêque, signé cette fois par 60 avocats.

Le Conseil d'État prononce son arrêt le 1er décembre 1731, un arrêt d'apaisement. Il est déclaré que les avocats sont de bons et fidèles sujets, c'est-à-dire qu'ils ne peuvent pas être considérés comme hérétiques. En même temps, le roi retire ses lettres de cachet : aussitôt la grève – qui aura duré trois mois – cesse et la justice reprend son cours.

41.33 **Le refus des sacrements aux jansénistes (1752) - La « longue grève ».** Cette fois, l'archevêque, qui entend vider l'abcès, excommunie les jansénistes et avec eux *ipso facto* nombre de pieux magistrats et avocats. L'arrêt du parlement du 18 avril 1752 annule le mandement. Autrement dit, le parlement s'érige en juge entre l'Église et ceux qu'elle considère comme hérétiques. Cette fois, la prise de position est trop grave.

En mai 1752, Louis XV exile un certain nombre de magistrats, exhortant le parlement à ne pas trancher dans les affaires proprement religieuses qui ne le regardent pas. Certains curés de Paris refusent la communion à des personnalités jansénistes. Le parlement aussitôt ordonne leur arrestation. Il est exilé à Pontoise. Les avocats font grève (18 mai 1753). Louis XV durcit le ton et renvoie le parlement plus loin, à Soissons ! Il crée une « Chambre royale » au Louvre, chargée de rendre la justice, les avocats refusent de s'y présenter. Cet état de chose va durer plus d'un an. C'est la grève la plus longue qu'ait provoquée l'Ordre.

Louis XV rappelle le parlement le 2 septembre 1754 après seize mois d'arrêt de l'organisation judiciaire. Mais le pouvoir affaibli par son échec réduit la puissance du parlement (suppression de deux chambres et cinq présidents le 12 décembre 1756). Aussitôt, les avocats reprennent la grève, une grève qui va durer encore neuf mois jusqu'au rétablissement du parlement dans son intégralité.

4 L'attentat de Damiens
L'expulsion des Jésuites

41.41 **L'attentat de Robert François Damiens (5 janvier 1757).** Damiens, armé par certains magistrats, tente d'assassiner le roi. Immédiatement, le gouvernement fait exiler seize conseillers parmi les plus hostiles.

Damiens est jugé puis exécuté après avoir été écartelé. Cette exécution sur la place publique a valeur pour l'époque d'expiation et d'exemplarité.

La décision de justice, d'après Michel Foucault dans *Surveiller et punir*[1], était ainsi rédigée :

> Pour faire amende honorable devant la principale porte de l'église de Paris, il sera conduit dans un tombereau, nu, en chemise, tenant

1. M. Foucault, *Surveiller et punir*, Gallimard, 1975.

> une torche de cire ardente du poids de deux livres, puis sur la place de grève, un échafaud sera dressé où le condamné devra être tenaillé aux mamelles, bras, cuisses et gras des jambes ; sa main droite tenant en icelle le couteau dont il a commis ledit parricide, brûlée de feu de soufre, et sur les endroits où il sera tenaillé, jeté du plomb fondu, de l'huile bouillante, de la poix résine brûlante, de la cire et soufre fondus, et ensuite son corps tiré et démembré à quatre chevaux et ses mains et corps consumés au feu, réduits en cendre et ses cendres jetées au vent.

41.42 **L'expulsion des Jésuites (1762).** Sur le plan intérieur, le règne de Louis XV est complètement enfermé dans les affaires religieuses qui soulèvent les passions. Le procès des fausses traites tirées par le Supérieur des Jésuites de la Martinique ne devait guère sortir de son caractère de fait divers. Il va enflammer l'opinion une fois de plus contre la congrégation tout entière jusqu'à obtenir pour la seconde fois de l'histoire son expulsion du Royaume. Gerbier[1] et Target[2] sont chargés de la défense des victimes. Ce dernier, en lisant les pièces du « sac »[3], découvre dans la Constitution de l'Ordre que les jésuites sont soumis *perinde ac cadaver* (à l'égal d'un cadavre) à leur supérieur. En effet l'Ordre, créé au début des guerres de religion pour lutter contre la subversion, présente un aspect militaire, ce qui explique ce style d'obéissance.

La « Constitution » est transmise au roi et au parlement. L'opinion prend feu contre les Jésuites et les Espagnols. Ignace de Loyola, le fondateur de la Congrégation de Jésus, est espagnol.

L'arrêt du parlement du 6 août 1761 ferme les écoles des jésuites. Louis XV suspend l'exécution. Un nouvel arrêt, exactement un an plus tard, prononce la suppression de l'Ordre, la vente de ses biens, et la destruction de tous ses écrits. Le roi n'exécutera l'arrêt que deux ans après. Le rideau tombe sur la longue crise religieuse. Louis XV va redresser vigoureusement la barre.

1. V. *s* n° *43.31*.
2. V. *s* n° *52.45*.
3. Le « sac » contient les pièces du procès.

42

CHAPITRE II

Le parlement Maupéou ou la première chute du parlement

1 L'organisation moderne de la justice par Maupéou La réaction du parlement

42.11 **La réforme de l'institution parlementaire.** Le premier président René Nicolas de Maupéou, énergique et intelligent, est nommé chancelier le 3 octobre 1763. Le roi lui confie la réforme de l'institution parlementaire. Il savait que ce haut magistrat souffrait de l'abus de pouvoir permanent du parlement et regrettait l'esprit de révolte qui y régnait. Le chancelier va travailler sept ans pour mettre au point, dans le secret, la réforme propre à redonner leur place aux institutions. Ce faisant, Maupéou a inventé l'organisation judiciaire moderne[1], imitée par la Constituante de 1792, reproduite ensuite par le Premier Empire et toujours en vigueur aujourd'hui dans ses grandes lignes.

42.12 **Une série d'édits institutionnels.** Maupéou publie une série d'édits institutionnels les 20 novembre, 1er décembre 1770, 23 janvier et 13 avril 1771 qui sont l'acte fondateur du service public de la justice au sens moderne du terme.

La reconnaissance du droit de remontrance, mais l'obligation d'enregistrer sur lit de justice.

L'interdiction d'arrêter le service de la justice sous peine de perte de l'office du magistrat coupable ou de la charge de l'avocat.

Le remplacement des parlements de province par des conseils supérieurs.

1. J.-L. A. Chartier, *Justice, une réforme manquée*, Fayard, 2009.

42.11a René Nicolas de Maupéou.

L'organisation simple et logique de la Justice : juridictions de première instance et juridictions d'appel. Douze « conseils supérieurs » (en fait cours d'appel) sont institués en province et jugent en dernier ressort.

La nomination des magistrats par l'État, et la suppression de la vénalité des charges, mais non des offices acquis.

La fusion avocats-procureurs devant le parlement de Paris. La création de cent charges dénommées « avocats *du* parlement » (et non plus *au* parlement) qui exercent concurremment avec les avocats du Tableau.

La suppression des juridictions seigneuriales.

La création du conseil des affaires administratives (ancêtre du tribunal administratif).

42.13 **L'acte fondateur du service public de la justice.** Outre la logique des degrés de juridiction, le système établit les parlements dans leur rôle de juridiction supérieure, laissant au seul parlement de Paris un droit de remontrance. Les effets pervers de la vénalité des charges sont supprimés dans l'avenir.

La grève des avocats, support de la fronde des magistrats, est ligotée par l'instauration de cent charges d'avocats pour lesquelles toute grève équivaudrait à la perte de l'office. Ces cent avocats constituent un corps suffisant pour assurer le service de la plaidoirie.

42.14 **La fusion avec les procureurs.** En revanche, Maupéou fait aux avocats le don de la fusion avec les procureurs. Il a installé tous les verrous. La Monarchie va pouvoir gouverner et garder sa « main de justice » tout en laissant au parlement une fonction de conseil.

42.15 **La réaction du parlement.** Le parlement, devant la rudesse du coup, va d'abord réagir.

3 décembre 1770. Le parlement refuse d'enregistrer et fait porter des remontrances au roi. Celui-ci les rejette durement et le parlement sent passer la volonté de Louis XV.

7 décembre. Lit de justice. Le roi ordonne et le parlement s'incline. Mais aussitôt et hors séance, les magistrats manifestent leur mécontentement individuellement et désertent leur service. Les délégations au roi se succèdent mais en vain.

13 janvier 1771. Le parlement déclare que dorénavant il n'enregistrera les édits que si la plénitude de ses droits lui est restituée. Grève des magistrats.

21 janvier. Le roi joue une dernière fois la carte d'exil et ordonne en même temps la confiscation des offices des magistrats, c'est-à-dire leur éviction. L'épreuve de force attendue par Maupéou est arrivée.

2 La grande épreuve et le rôle de Gerbier

42.21 **La grande épreuve (janvier-novembre 1771).** Maupéou désigne de nouveaux magistrats au sein du Conseil du roi, créant ce qu'on appellera le parlement Maupéou. Le barreau se met en grève. Maupéou prend alors contact avec le plus célèbre d'entre eux, Gerbier[1] et le convainc d'emboîter la réforme. Gerbier hésite. Son choix est un renoncement. Il pèse la valeur de la réforme, regrette la création de charges d'avocat mais finit par accepter. Décision qui pèsera lourd contre lui dans l'avenir, au sein du barreau.

Il réunit alors un groupe de confrères pour tenter de convaincre le barreau tout entier et désamorcer la grève. Lorsque la rentrée de novembre 1771 est organisée devant la nouvelle juridiction, après la messe du Saint-Esprit, ce sont 262 avocats dont les plus grands (Cochin[2],

1. V. s° n° *43.31*.
2. V. s° n° *43.23*.

Gerbier[1], Linguet[2], Tronchet[3], Target[4]) qui prêtent serment et abandonnent ainsi leur parlement d'antan.

42.22 **La victoire de Maupéou et de Louis XV.** Maupéou et Louis XV avaient vaincu. Le roi peut gouverner. Les anciens magistrats déchus finissent par se faire complètement oublier. Pourtant, quelques remous ont persisté parmi les avocats : le bâtonnier Lambon exerça sa charge de 1770 à 1774, aucun autre avocat n'ayant voulu prendre la responsabilité de l'Ordre.

Le nouveau parlement exerça son droit de remontrance chaque fois qu'il le jugea bon. Le roi en tenait compte. Il n'y avait plus de conflit. Une sorte d'harmonie régnait dans l'État.

1. V. ss nº *43.31*.
2. V. ss nº *43.32*.
3. V. ss nº *52.41*.
4. V. ss nº *52.45*.

43

CHAPITRE III

La grande éloquence de la Barre

1 L'apogée de la grande éloquence

43.11 **Normand et Cochin pour la première moitié du XVIIIe siècle, Gerbier et Linguet en fin du règne de Louis XV.** L'orée du XVIIIe siècle marque le début de l'apogée de la grande éloquence, apogée qui persistera avec un éclat singulier jusqu'au XXe siècle avec des caractéristiques profondément différentes.

Jusqu'ici, la perfection classique du style et de l'élocution ont eu du mal à s'imposer à la barre tant les références de la culture, les citations en tout genre et les passages en latin étaient fréquents. Cela ne nuisait d'ailleurs pas à l'audience des avocats car ils étaient de leur temps et on les attendait tels (magistrats et public). Voici que le rideau se lève maintenant sur ceux qui ont accueilli la pureté du style et la « période » chère à Malherbe. À notre gré, aujourd'hui, ces « périodes » sont sans doute un peu trop habillées. Mais quelle élégance. Ce sont Normand et Cochin pour la première moitié du XVIIIe siècle, Gerbier et Linguet en fin du règne de Louis XV. Ainsi, pour la première fois dans l'histoire des avocats, parlera-t-on du « talent » des plaideurs.

2 La première moitié du XVIIIe siècle Normand et Cochin

43.21 **Alexis-François Le Normand et Henri Cochin.** Les deux hommes sont, physiquement, parfaitement dissemblables. Mais l'un et l'autre ont en commun la perfection du style et y ajoutent la foi qui transfigure. Ils se partagent les grandes affaires.

> Je n'ai fait, dit un jour Normand, que balbutier. Mais Cochin nous a appris jusqu'où la perfection peut être portée.

Et Cochin de répondre :

> On voit bien, Monsieur, que vous n'êtes pas de ceux qui s'écoutent.

43.22 **Alexis-François Le Normand (1687-1707-1747)** [1]**.** Normand, superbe d'allure et de voix, les yeux enflammés, puissant, refuse de s'abaisser à faire les visites d'usage pour accéder à l'Académie française. Le Tout-Paris l'admire. Dans une affaire de filiation contestée, Normand donne une facture bien différente.

> DE LA PLAIDOIRIE DANS L'AFFAIRE DE LA VALLIÈRE
>
> Quelle ressource, en effet, la nature pourrait-elle attendre des entrailles d'un jaloux ? Quand une fois celui qui est tourmenté de dette frénésie cruelle s'est mis en tête qu'un enfant est le fruit de l'infidélité de sa femme, que n'entreprendra-t-il pas pour se défaire d'un objet qui, avant d'être né, sera devenu celui de son aversion ? Ce n'est plus le père barbare qu'il faut supposer en lui, parce qu'il ne croit pas être père, et que la fureur qui le dévore ne lui permet plus de rien envisager qu'avec des yeux ennemis. Sera-t-il donc le maître, parce qu'il est insensé, d'enlever pour jamais à cette victime malheureuse l'état qui lui appartient, que la nature et la loi lui donnent également ?

43.23 **Henri Cochin (1687-1706-1747).** Henri Cochin, modeste, effacé, pieux, mais à l'éloquence du cœur, refuse la poursuite des honoraires en justice. Quel plus bel hommage pour un avocat que cette invitation de la cour :

> La Cour vous invite à ne plus la priver, comme vous avez fait, de l'avantage de vous entendre.

Le plaidoyer pour le prince de Montbelliard. Le plaidoyer de Cochin pour le prince de Montbelliard (deux mariages successifs, les enfants des deux lits contestant leur légitimité respective) est un chef-d'œuvre au

1. La deuxième date est celle de l'inscription au barreau.

43.23a Henri Cochin.

style nerveux. Invincible par sa conviction qui, loin d'hésiter entre morale et passion, prend le pari de « l'honnête homme », tel que la culture et l'éducation d'alors trouvaient par ailleurs une expression dans la tragédie classique.

DE LA PLAIDOIRIE POUR MONTBELLIARD

L'engagement que les barons de l'Espinasse réclament comme le titre de leur état est marqué aux caractères les plus odieux ; c'est en violant toutes les règles, c'est en s'affranchissant de toutes les bornes de la bienséance que leur mère s'est tracé la route aux grandeurs dont elle était éprise. L'accès du lit conjugal lui était interdit, et par les droits d'une épouse légitime qui y était entrée avec honneur, et par les fautes d'un cœur trop facile qui l'avait profané. La vertu avec tout son éclat, le crime avec la confusion qui l'accompagne, doivent également l'en exclure. Mais incapable d'imiter les exemples de l'une et d'éviter la contagion de l'autre, elle n'a pas craint de fouler aux pieds ce que la religion et la nature avaient de plus sacré. Les barons de l'Espinasse peuvent-ils donc se flatter de partager avec le prince de Montbelliard la gloire d'une naissance légitime ? Un parallèle si odieux serait pour tout l'univers un sujet de scandale et d'indignation ; que la vertu triomphe que le crime demeure dans l'humiliation. C'est aux oracles de la justice que de tels coups sont réservés.

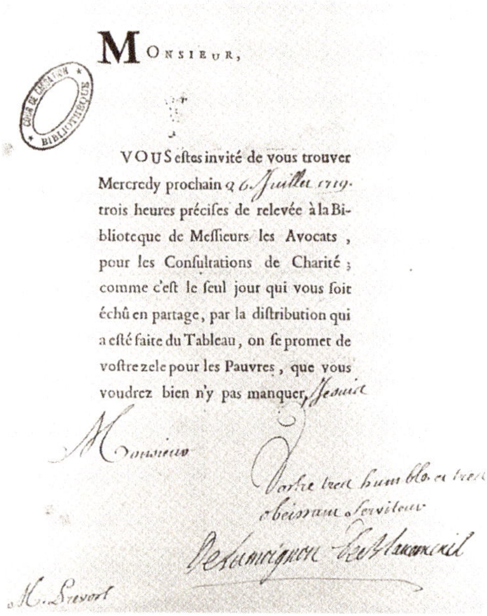

MONSIEUR,

VOUS estes invité de vous trouver Mercredy prochain a 6. Juillet 1719. trois heures précises de relevée à la Bibliotèque de Messieurs les Avocats, pour les Consultations de Charité ; comme c'est le seul jour qui vous soit échû en partage, par la distribution qui a esté faite du Tableau, on se promet de vostre zele pour les Pauvres, que vous voudrez bien n'y pas manquer, Je suis

Monsieur

Votre tres humble et tres obeissant serviteur

M. Prevost

43.23b Convocation d'un avocat pour la consultation de charité en 1719.

Le plaidoyer pour la succession d'Hautefort. Demoiselle de Kerbabu prétendait avoir épousé Hautefort avant son décès. Le plaidoyer de Cochin pour la succession d'Hautefort est parfaitement adapté au sujet à traiter en force et par vagues successives avec la puissance d'un rythme implacable.

DE LA PLAIDOIRIE POUR LA SUCCESSION D'HAUTEFORT

On ne s'est pas renfermé dans les bornes de l'accusation déférée à la justice, on a répandu dans le public les traits que l'on aurait rougi d'exposer à l'audience. Chaque jour a vu naître de nouvelles fables propres à le décrier; les faits les plus calomnieux ont été débités sans réserve et sans ménagement; on en appelle à la notoriété; quelle est la source de ce torrent d'injustices et de déclamations? Une accusation feinte, chimérique, discréditée par elle-même, confondue par la procédure même de celle qui l'a formée : on ne craint pas de le répéter, un squelette d'accusation, qui n'a ni force, ni appui, ni mouvement; n'est-ce pas là ce qui doit exciter, dans le cœur des magistrats et du public, ces sentiments vifs et de compassion d'une part, et d'indignation de l'autre?

43.24 **Henri François d'Aguesseau (1668-1751).** Le grand d'Aguesseau, avocat, avocat général, chancelier de France, est un célèbre orateur dont le style, le balancement de la période, la raison qui maîtrise la phrase ont apporté à la justice tout entière un apparat incomparable.

43.24a Henri François d'Aguesseau.

Il a tenté de modérer le parlement encore qu'il fut à la fois janséniste et gallican. Sa mort en 1751 ne permit plus au roi de maîtriser les magistrats. Dans ses discours on notera une recherche de l'harmonie de la phrase par la force du contraste de la pensée. Pour le lecteur d'aujourd'hui il en résulte un effet de balancement excessif.

SUR L'INDÉPENDANCE DES AVOCATS

Tous les hommes aspirent à l'indépendance : mais cet heureux état, qui est le but et la fin de leurs désirs, est celui dont ils jouissent le moins.

Avares de leurs trésors, ils sont prodigues de leur liberté ; et pendant qu'ils se réduisent dans un esclavage volontaire, ils accusent la nature d'avoir formé en eux un vœu qu'elle ne contente jamais.

Trompés par la fausse lueur d'une liberté apparente, ils éprouvent toute la rigueur d'une véritable tyrannie.

Malheureux par la vue de ce qu'ils n'ont pas, sans être heureux par la jouissance de ce qu'ils possèdent ; toujours esclaves, parce qu'ils désirent toujours, leur vie n'est qu'une longue servitude ; et ils arrivent à son dernier terme avant que d'avoir senti les premières douceurs de la liberté.

Les professions les plus élevées sont les plus dépendantes, et dans le temps même qu'elles tiennent tous les autres états soumis à leur autorité, elles éprouvent à leur tour cette sujétion nécessaire où l'ordre de la société a soumis toutes les conditions.

Le chemin qui conduit aux honneurs est soumis au pouvoir de ces divinités que les hommes ont élevées sur les ruines de leur liberté. Dans cet assujettissement presque général de toutes les conditions, un Ordre aussi ancien que la magistrature, aussi noble que la vertu, aussi nécessaire que la justice, se distingue par un caractère qui lui est propre ; et, seul entre tous les états, il se maintient toujours dans l'heureuse et paisible possession de son indépendance.

Libre sans être inutile à sa patrie, il se consacre au public sans en être esclave ; et, condamnant l'indifférence d'un philosophe qui cherche l'indépendance dans l'oisiveté, il plaint le malheur de ceux qui n'entrent dans les fonctions publiques que par la perte de leur liberté.

La fortune les respecte : elle perd tout son empire sur une profession qui n'adore que la sagesse ; la prospérité n'ajoute rien à son bonheur, parce qu'elle n'ajoute rien à son mérite ; l'adversité ne lui ôte rien, parce qu'elle lui laisse toute sa vertu. Si elle conserve encore des passions, elle ne s'en sert plus que comme d'un secours utile à la raison ; en les rendant esclaves de la justice elle ne les emploie que pour en affermir l'autorité.

Exempte de toute sorte de servitudes, elle arrive à la plus grande élévation sans perdre aucun des droits de sa première liberté ; en dédaignant tous les ornements inutiles à la vertu, elle peut rendre l'homme noble sans la naissance, riche sans bien, élevé sans dignités, heureux sans le secours de la fortune.

Vous qui avez l'avantage d'exercer une profession si glorieuse, jouissez d'un si rare bonheur ; connaissez toute l'étendue de vos privilèges, et n'oubliez jamais que comme la vertu est le principe de votre indépendance, c'est elle qui l'élève de sa dernière perfection.

DISCOURS SUR L'ÉLOQUENCE D'ABORD, CE QU'ELLE N'EST PAS

C'est un feu qui brille sans consumer ; c'est une lumière qui éclate pendant quelques moments et qui s'éteint d'elle-même par le défaut de nourriture ; c'est une superficie agréable, mais sans profondeur et sans solidité ; c'est une imagination vive, ennemie de la sûreté du jugement, une conception prompte, qui rougit d'attendre le conseil salutaire de la réflexion ; une facilité de parler, qui saisit avidement les premières pensées et qui ne permet jamais aux secondes de leur donner leur perfection et leur maturité.

Semblable à ces arbres dont la stérile beauté a chassé des jardins l'utile ornement des arbres fertiles, cette agréable délicatesse, cette heureuse légèreté d'un génie vif et naturel, qui est devenue l'unique ornement de notre âge, en a banni la force et la solidité d'un génie profond et laborieux : et le bon esprit n'a point eu de plus dangereux ni de plus mortel ennemi que ce que l'on honore dans le monde du nom trompeur de bel esprit.

Que cette conduite est éloignée de celle de ces grands hommes, dont le nom fameux semble être devenu le nom de l'éloquence même !

CE QU'ELLE EST

Heureuse l'utile défiance de l'orateur sagement timide qui, dans le choix et dans le partage de ses occupations, a perpétuellement devant les yeux ce qu'il doit à ses parties, à la justice, à lui-même ! Toujours environné de ces censeurs rigoureux et plein d'un saint respect pour le tribunal dans lequel il doit paraître, il voudrait, suivant le souhait d'un ancien orateur, qu'il lui fût permis, non seulement d'écrire avec soin, mais de graver avec effort les paroles qu'il doit y prononcer. Si quelquefois il n'a pas la liberté de mesurer le style et les expressions de ses discours, il en médite toujours l'ordre et les pensées ; et souvent même la méditation simple prenant la place d'une exacte composition et la justesse des pensées produisant celle des paroles, l'auditeur surpris croit que l'orateur a travaillé pendant longtemps à perfectionner un édifice dont il a eu à peine le loisir de tracer le premier plan. Mais bien loin de se laisser éblouir par l'heureux succès d'une éloquence subite, il reprend toujours avec une nouvelle ardeur, le pénible travail de la composition. C'est là qu'il pèse scrupuleusement jusqu'aux moindres expressions dans la balance exacte d'une sévère critique ; c'est là qu'il ose retrancher tout ce qui ne présente pas à l'esprit une image vive et lumineuse ; qu'il développe tout ce qui peut paraître obscur ou équivoque à un auditeur médiocrement attentif ; qu'il joint les grâces et les ornements à la clarté et à la pureté du discours ; qu'en évitant la négligence, il ne fuit pas moins l'écueil également dangereux de l'affectation ; et que prenant en main une lime savante, il ajoute autant de force à son discours qu'il en retranche de paroles inutiles ; imitant l'adresse de ces habiles sculpteurs qui, travaillant sur les matières les plus précieuses, en augmentent le prix à mesure qu'ils les diminuent et ne forment les chefs-d'œuvre les plus parfaits de leur art que par le simple retranchement d'une riche superfluité.

Aujourd'hui on trouve ce style trop solennel. Mais Bossuet... D'Aguesseau n'a pas été sans regretter que parfois la redondance du style n'occulte une certaine insuffisance de fond.

La science timide et tremblante est obligée d'emprunter de l'art le secret de se cacher... Mépriser la science, n'estimer que l'esprit, c'est le goût presque universel du siècle d'à présent.

43.25 **La presse juridique et judiciaire.** La presse juridique et judiciaire se développe et permet au praticien un progrès considérable dans la science du droit, ainsi qu'une certaine vulgarisation :

– le *Journal des audiences* a publié les arrêts depuis 1622 jusqu'à 1722 (un siècle exactement) ;
– le *Journal du Palais*, un peu plus récent, va poursuivre la publication jusqu'à 1736 ;
– la *Gazette des tribunaux* couvre la période 1776-1787, puis renaît au XIXe siècle ; Stendhal s'en inspirera pour le personnage de Julien Sorel dans *Le rouge et le noir*.

S'ajoutent à ces recueils de jurisprudence deux dictionnaires :

– le *Dictionnaire de droit* ;
– le *Dictionnaire des arrêts*.

Toutes ces publications sont l'œuvre de professeurs de droit et d'avocats.

3 La deuxième moitié du XVIIIe siècle Le duel Linguet-Gerbier

43.31 **Jean-Baptiste Gerbier (1725-1745-1788).** Si un avocat a brillé de tous ses éclats au XVIIe siècle c'est Jean-Baptiste Gerbier. Même genre d'élégance et de prestance que Normand. La perfection de la voix en même temps que du style. Un discours construit, logique. Sa longueur ne nuit pas. Son public en demande encore. Les magistrats sont à l'écoute. Il

43.31a *Jean-Baptiste Gerbier.*

gagne ses procès. Son audience et son talent lui ouvrent les portes de l'Académie française. En même temps, il prend sur l'Ordre une singulière autorité.

En 1770, Gerbier acquiert la gloire par ses grandes plaidoiries dont il compose seulement l'exorde et la péroraison. Le corps de l'argumentation est en notes.

L'affaire Castille (1763). Le « moine » Balthasar de Castille se fait enfermer avec femme et fille à Sainte-Pélagie par le monastère des Bernardins de l'ordre des Clervaux, sous prétexte qu'il avait dans sa jeunesse fait des vœux dans leur ordre à l'abbaye d'Orval. Castille meurt en prison. Sa veuve, libérée, assigne la congrégation en dommages et intérêts. Gerbier par une plaidoirie déchirante, en huit audiences, obtint 60 000 livres.

DE LA PLAIDOIRIE DE GERBIER DANS L'AFFAIRE CASTILLE

> Si je n'étais rassuré par l'attention infinie que vous avez donnée à cette cause, j'aurais peut-être lieu de m'alarmer. Pour vous empêcher de saisir la vérité, on a noyé cette cause dans des faits et dans des citations de toute espèce. Il n'est pas un de ces faits qui n'ait été défiguré. Les notions les plus communes, les premières définitions du droit ont eu le même sort ; on a affecté de les méconnaître. Et tout cela vous a été plaidé avec un ton de confiance, un air de conviction, quelquefois même avec une tournure de plaisanterie et de sarcasme, qui, dans une cause aussi compliquée, peuvent tenir lieu de moyens aux yeux du plus grand nombre... Pour arriver à la vérité, je ne connais qu'une route, c'est celle de la discussion, mais d'une discussion tranquille, exacte et sérieuse. Pour la rendre plus sûre, pour que tous les doutes disparaissent, pour que la vérité vous parvienne sur tous les points, je défie, j'appelle mon adversaire au combat... Qu'il m'arrête si je m'écarte, qu'il m'interrompe si je m'égare. Avec cette liberté que j'ai la générosité de lui accorder, s'il se tait, il aura lui-même prouvé sa défaite.

Le procès de la caisse des jansénistes (vers 1766). La caisse des jansénistes, dite aussi par dérision boîte à Perrette[1], qui aurait économisé ou

1. N. Lyon-Caen, *La Boîte à Perrette. Approche des finances du mouvement janséniste au XVIIIe siècle*, thèse pour le diplôme d'archiviste paléographe de l'École des Chartes, 2002 ; *La Boîte à Perrette. Le janséniste parisien au XVIIIe siècle*, « L'évolution de l'humanité », Albin Michel, 2010.

caché cet argent dans une boîte à lait. Vers 1695, Nicole institua par testament un fonds (même plusieurs), confié à perpétuité à des *fideiscommis* (laissé entre des mains fidèles) sous forme de tontine, à une ou plusieurs personnes. Les membres de la tontine, devenus copropriétaires des fonds, font entrer un nouveau membre à chaque fois que l'un d'eux meurt. Celui qui meurt lègue, par testament, les fonds à une personne étrangère à sa famille. Les légataires contrôlent ainsi les fonds, dissimulent le financement d'une cause dans la durée, et surmontent l'absence de la liberté d'association. Parmi les administrateurs, qui se succèdent, le père Charles Armand Fouquet, le propre fils du surintendant, l'abbé Pierre Gervais Le Fèvre d'Eaubonne, et, en 1765, Denis Rouillé des Filletières.

Les héritiers de Rouillé des Filletières, ses neveux, dénoncent le testament de leur oncle, et soutiennent que les sommes léguées par un janséniste l'étaient à leur oncle et non à une cause. A la suite d'un procès retentissant, qui met au jour une part du système, les Jansénistes gagnent le procès. Gerbier avait plaidé pour les héritiers devant un parlement janséniste que la pauvreté doit l'emporter sur la vertu. Plus de 2,5 millions de livres avec 120 000 livres de rentes reviennent alors dans la caisse, centralisée par Joseph-Nicolas de Fays, qui soutient pendant la Révolution religieux et émigrés.

L'affaire Queyssat (1775). Joseph Damade Beller, négociant à Bordeaux, intente un procès contre Jacques de Queyssat, chevalier, chef d'escadron au régiment de dragon de Chartres, Jean de Queyssat de Froidefond, et Gabriel de Queyssat, fils, capitaines au régiment provincial de Marmande. Grand retentissement dans un moment où la bourgeoisie – non encore reconnue – prend ses marques. Gerbier défend l'agresseur et Target la victime.

Le procès dit du boucher des Invalides, en nullité de mariage à la requête d'un père (1783). Gerbier est si émouvant que la fille, opposée pourtant à son père sur une nullité de mariage, non consenti par le père, s'effondre en larmes : « Pourquoi insisterai-je ? Mieux que moi la nature va achever son ouvrage. Fille heureuse, volez dans les bras de votre père. » L'émotion est telle que l'audience est suspendue.

La gloire est telle que Gerbier devient l'avocat par excellence. Il accueille le roi du Danemark en visite au parlement et lui présente son ami le chancelier Maupéou. Roi, parlement et barreau, tous sont subjugués. Lorsque Maupéou veut faire cesser la grève des avocats, c'est à Gerbier qu'il

43.32a Simon Linguet.

s'adresse. Et l'Ordre va suivre le choix de Gerbier. C'est alors que se présente un nouveau venu au barreau, du même âge que lui, mais plus tardivement arrivé à la notoriété : Linguet.

43.32 **Simon Linguet (1736-1764).** Simon Linguet, l'inventeur de la plaidoirie de rupture, est mort sur l'échafaud 9 messidor an II (27 juin 1794). Il a exercé tous les métiers. Intelligent et d'esprit curieux, Linguet est aventurier (commerçant, écrivain, journaliste, militaire...). Il est surtout tenté par le barreau. De même qu'il improvise sa vie, il improvise ses plaidoiries. Il ne sait pas écrire. Son physique ingrat s'efface dès qu'il prend la parole au point qu'il se métamorphose entièrement et qu'il s'incarne lui-même tout entier dans ce qu'il dit.

Il le dit durement, avec passion. Il étonne. On ne peut pas faire autrement que de l'écouter. Malheureusement, son verbe est si acéré que rien, ni la politesse, ni les convenances, ni les magistrats, ni les confrères fussent-ils Gerbier, ne l'arrête.

Plaidoirie de rupture pour la première fois à la barre : il ne se gêne pas pour heurter de front les idées, les passions de l'heure, le pouvoir. Il aime agresser.

L'affaire contre le duc d'Aiguillon (1770). En 1770 à l'ouverture du parlement Maupéou. Linguet plaide contre le duc d'Aiguillon : son intendant s'était vu corrigé par un coup d'épée sur l'épaule si violent que le bras dut être amputé. Gerbier plaide pour le duc devant une salle comble et pendant des heures. Applaudissements.

Linguet qui défend la victime se lève :

> À votre plaidoirie, mon client a failli applaudir. Hélas ! Un bras lui manque.

L'affaire pour le duc d'Aiguillon. Quelque temps après, Linguet devient l'avocat du duc d'Aiguillon contre le procureur général, Louis-René de Caradeuc de La Chalotais qui se plaint d'une tentative d'empoisonnement. Linguet rédige un mémoire estimé diffamatoire par La Chalotais. Il plaide ensuite avec une violence jusqu'ici inconnue des prétoires.

L'affaire de Gouy (1772). Dans une affaire de divorce Linguet prononce le « plaidoyer au petit chien » dans lequel il tourne en dérision la femme à propos de la mort de son chien.

L'affaire de la comtesse d'Olonne (1772). La même année, Linguet épouse tellement les convictions de la comtesse d'Olonne, sa cliente, qu'il frise la diffamation. Il va trop loin, jusqu'à outrager l'avocat adverse et perd son procès.

43.33 **Gerbier étonné, tenté par le même style.** À la même époque, le grand Gerbier, étonné par le mordant de Linguet, est tenté par le même style.

L'affaire Tort (1772). Adrien Louis de Bonnières, duc de Guines, ambassadeur du roi, accuse son secrétaire, Barthélemy Tort de La Sonde, de malversations. Gerbier sacrifie à la plaidoirie de rupture et se fait poursuivre en subornation de témoins par l'ambassadeur. En 1772, le barreau, étonné à son tour, apprend à connaître l'âpreté du débat et l'argument de rupture. Mais l'outrance entraîne la guerre et la mort civile. Linguet, au plus haut de sa gloire, va malheureusement manquer son équilibre et se mettre au ban du barreau et de la magistrature, pour être finalement rejeté.

L'affaire Véron (1772). La dame Véron prétend avoir prêté une somme importante au client de Linguet, le comte de Morangiès (1772). Le public, passionné, vient en foule. Plaidoirie dans laquelle l'avocat tourne en ridicule la dame Véron et se voit rappeler à l'ordre par l'avocat général de Vergés. Linguet le cloue avec violence. Vergés réclame la radiation. Le parlement rend un arrêt d'apaisement en priant l'avocat d'avoir davantage de retenue dans ses propos (arrêt 2 juillet 1773). Linguet fait opposition. Le parlement, embarrassé, rend un arrêt (17 janvier 1774) dans

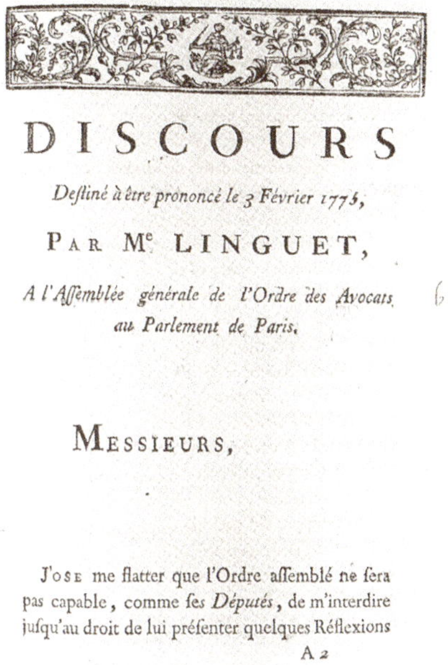

DISCOURS

Destiné à être prononcé le 3 Février 1775,

PAR Me LINGUET,

A l'Assemblée générale de l'Ordre des Avocats au Parlement de Paris.

MESSIEURS,

J'OSE me flatter que l'Ordre assemblé ne sera pas capable, comme ses *Députés*, de m'interdire jusqu'au droit de lui présenter quelques Réflexions

A 2

43.34a Discours de Linguet à l'Ordre le 3 février 1775.

lequel il se défend d'avoir jamais voulu priver l'avocat de sa profession.

L'affaire de la comtesse de Béthune contre le duc de Broglie (1775). Au même moment, la comtesse de Béthune, qui soutient un procès contre le duc de Broglie, choisit Linguet tandis que Broglie choisit Gerbier. Gerbier refuse de plaider avec Linguet.

43.34 **Février 1774.** Le 1er février 1774, Gerbier, mécontent de l'arrêt du 17 janvier, réunit un certain nombre d'avocats qui décident de suspendre Linguet pendant un an… Décision illégale dès lors que ni l'Ordre n'avait été saisi ni le bâtonnier Lambon.

Gerbier, qui avait soutenu le parlement Maupéou[1] n'était guère aimé de la majorité de *ses* confrères. Aussi bien sa hautaine prise à partie contre Linguet fût-elle mal perçue par le barreau. Contre la provocation du groupe de Gerbier, Linguet prend feu et signe un mémoire enflammé.

> L'assemblée du 1er février est un conventicule séditieux ; les délibérants sont quatorze atomes que le désir seul de nuire a liés… Ils ont senti l'absurdité qu'ils commettaient, ils ont joint une bassesse incroyable au ridicule excessif qu'a offert leur délibération… Elle est illégale, criminelle, absurde dans la forme, et le fond en est

1. V. ss no *42.21*.

révoltant; c'est un lâche assassinat. Il leur restera le remords des meurtriers et le jugement de la postérité.

Le bâtonnier Lambon est dès lors bien obligé de réagir : il réunit l'Ordre. La radiation est votée, mais c'est la seule sanction disciplinaire réservée au parlement.

43.35 **Février 1774 - Janvier 1775.** L'avocat général de Vergés qui n'avait pas pardonné l'altercation du procès Véron, dresse des réquisitions dans le sens de la radiation. Par arrêt du 11 février 1774, le parlement la prononce par défaut, Linguet ayant préféré ne pas se défendre.

Au même moment, le parlement Maupéou est déchu[1]. Les anciens parlementaires retrouvent leur Palais et leur très mauvaise humeur contre Gerbier qui les avait trahis. Cette fois, Linguet plaide avec un bémol dans ses propos et obtient facilement l'annulation de l'arrêt de février 1774 (11 janvier 1775).

Va-t-il savoir profiter de sa victoire? Non. Le vent mauvais l'emporte. Il ne peut lui-même vaincre sa verve acérée qui le transcende. L'Ordre qui, depuis quatre ans, n'a pas renouvelé bâtonnier et tableau se réunit et décide de s'abstenir de tout rapport avec Linguet. La décision est irrégulière car elle équivaut à une menace de radiation; sanction que ne peut prendre l'Ordre.

Le sang de Linguet ne fait qu'un tour. Il publie un mémoire d'une violence sans mesure.

DU MÉMOIRE DE LINGUET

Les cours de l'Asie, l'Inquisition elle-même, n'ont rien d'aussi effrayant, d'aussi cruel, d'aussi abominable en tous sens que cette procédure : ce ne peut être que celle de la lâcheté, de la trahison et de l'imposture… Ce n'était pas chez eux la pudeur qui suit le repentir, c'était la honte féroce qui produit la rage… S'il existait une association où l'honneur outragé ne peut avoir de support, ni l'innocence retrouver de ressources, il faudrait bien se garder de lui donner le nom d'ordre par excellence; c'est celui de *désordre* qu'il faudrait lui approprier… L'imposture, armée d'un poignard aiguisé par la jalousie subjuguant les délibérations, les tribunaux seraient obligés d'accourir au secours de la victime; il faudrait que la justice opposât son glaive à cette arme de la trahison; il faudrait

1. V. s[s] n[o] *52.11*.

condamner à jamais le lieu qui aurait servi de théâtre à ces tristes scènes, et qu'on écrivit sur la porte : "leur pouvoir a fini où l'abus a commencé". Et qu'il me soit permis ici, Messieurs, après avoir convaincu vos esprits, du moins je m'en flatte, d'interroger un instant vos cœurs ; une chaleur, dont vous-mêmes, peut-être, ignorez la cause ; un emportement produit par des insinuations imperceptibles, par la longue et infatigable assiduité de la calomnie ; une funeste habitude à me regarder comme suspect, comme coupable, parce que bien des gens intéressés à le persuader le disent, vous a amenés au point où vous êtes peut-être surpris de vous trouver. Daignez y réfléchir et vous rendre compte à vous-même des motifs qui vous y ont conduits.

Qui de vous a la moindre preuve, le moindre indice personnel, ou seulement probable, de tous les griefs qu'on allègue contre moi, quant à ma vie publique ? À qui ai-je manqué dans la vie privée ? Du petit nombre de ceux qui m'ont honoré de leur amitié depuis dix ans, quel est celui qui s'en est repenti ? De tous les autres, quel est celui qui croirait avoir à rougir s'il me l'avait accordée ? Je vous ai peu vus. J'ai annoncé au Palais une humeur sauvage : en général, je n'ai point confraternisé ; je l'avoue ; mais outre que les orages qui m'ont accueilli au premier pas que j'ai fait dans cette carrière n'étaient pas propres à m'inspirer un désir bien vif d'y former des liaisons, mes occupations et mon genre de vie m'en éloignaient encore davantage. Réfléchissez un instant aux contradictions qui l'ont empoisonnée et au nombre d'ouvrages qui m'en ont distrait, et vous cesserez d'être ou étonnés ou indisposés de la retraite dans laquelle je me renferme, même à votre égard.

Je vous ai peu vus, mais mon cœur ne vous a pas quittés un instant ; mais j'ai beaucoup médité et beaucoup pratiqué les devoirs qui nous sont communs ; mais j'ai prévenu dans toutes les actions publiques, par des démarches, par des avances honnêtes, tous ceux de nous envers lesquels on m'a reproché d'avoir poussé trop loin la chaleur permise dans les combats judiciaires ; qu'il en paraisse un seul qui se plaigne et je vais lui prouver qu'il a été l'agresseur.

43.36 **Février-mars 1775.** Séguier prononce le réquisitoire et la radiation est ordonnée (4 février 1775). Linguet fait opposition. Plaide maladroitement. L'arrêt du 29 mars 1775 le confirme. C'était la première fois que le parlement radie un avocat et ce faisant enlève à l'Ordre sa compétence. Jurisprudence qui malheureusement, au XIXe siècle, va s'étendre.

Si la démesure de Linguet a causé sa perte, Gerbier s'est montré tenace dans son acrimonie, le barreau jaloux et de Gerbier et de Linguet.

Celui-ci privé de sa profession, de cette parole à la fois d'or et d'acide, s'exile et, blessé, publie des mémoires vengeurs.

Il retourne à Paris pour réclamer ses honoraires au duc d'Aiguillon et il prononce pour lui-même avec des accents superbes, aux applaudissements du public, la dernière plaidoirie de sa carrière.

43.37 **9 messidor an II (1794).** Le sort s'acharne. Linguet est guillotiné le 9 messidor an II (20 juin 1794). Quant à Gerbier, il parvient tout de même au bâtonnat en 1786, quelque temps avant la disparition de l'Ordre.

43.38 **Parmi les avocats du XVIIIe siècle.** Parmi les avocats du XVIIIe siècle, Henrion de Pansey, Tronson du Coudray et de La Reynerie furent très appréciés de la clientèle et du grand public, Boucher d'Argis, auteur de la première *Histoire des avocats*, le bâtonnier Doulcet, qui vaut d'être cité ne serait-ce que par l'éloge que fit de lui Gerbier et où l'on trouve toute sa pompe en deux phrases :

> La simplicité de ses mœurs égale l'élévation de ses talents. Son mérite le plaçait à notre tête et sa modestie le rapprochait des derniers d'entre nous.

Toute la génération de ceux qui vont faire ou qui vont subir la Révolution est déjà présente à la barre : Berryer père, Portalis, Merlin (de Douai), Le Chapelier (de Rennes), Vergniaud (de Bordeaux), Dupaty (de La Rochelle), Tronchet (le dernier bâtonnier), Camus, Target, tous vont s'illustrer d'une façon ou d'une autre pendant les années terribles.

5

LIVRE V

La disparition des avocats durant la Révolution

51

CHAPITRE I

Un substitut de la plaidoirie devant les juridictions pénales « le mémoire »

1 Le mémoire

51.11 **La généralisation des mémoires.** La pratique du mémoire est née de l'impossibilité pour un inculpé de se faire assister et de bénéficier d'une procédure à caractère contradictoire (ordonnance de Villers-Cotterêts). Un seul moyen était apparu : le mémoire. Rédigé généralement par un avocat, dans le style de l'époque, et répandu dans le public pour tenter de créer une dynamique favorable.

Lors du procès de Fouquet[1], son ami Pellisson publie trois mémoires dans son intérêt, mémoires remarquables au fond, quant au style et au choix des arguments, choix dicté par la volonté de frapper l'opinion. Celle de Madame de Sévigné fut mise à vif. Les mémoires corrosifs de Linguet avaient aussi soulevé feu et flammes.

L'habitude du mémoire se généralise en même temps et au même rythme que les premiers organes d'information. Un public de plus en plus nombreux se sensibilise aux questions judiciaires, entre autres au secret inquiétant de l'instruction, aux procédés utilisés pour créer l'aveu, à la solitude absolue de l'inculpé et à son impuissance dramatique.

Bien au-delà de cette question, les écrits de toutes sortes qui caractérisent l'époque dite des Lumières s'emparent avec de plus en plus de frénésie de l'opinion publique. La bourgeoisie prend conscience de la nécessité de ne plus accentuer telles ou telles pratiques que l'absolutisme royal avait fait passer quasiment dans les mœurs.

1. Sur le « mémoire des si » v. s[s] n[o] *31.73*.

51.12 **L'affaiblissement du parlement.** Ce n'est pas tant le roi, en sa personne qui est en cause, ni même la monarchie, mais des pratiques et des institutions que l'on découvre soudain comme irrationnelles, dépassées, odieuses. Les philosophes vont se charger de divulguer largement ces scandales et d'en réclamer l'abolition.

Les mémoires deviennent un vecteur particulièrement efficace que Beaumarchais, Voltaire et les avocats contestataires vont répandre à profusion dans le public. Un vecteur infiniment plus dangereux que si on avait redonné la liberté à la procédure pénale. Ainsi sera affaibli, sans qu'il s'en rende compte, le parlement lui-même, au point qu'il s'effondrera avant le roi.

2 Caron de Beaumarchais (1732-1799)

51.21 **L'affaire Goëzman (1773-1774).** En 1773, Pierre Augustin Caron de Beaumarchais qui, outre son talent littéraire, est un homme d'affaires accompli, se trouve embastillé pour répondre de procédés financiers douteux. Il mène son procès en artiste et retourne l'affaire à son profit.

Le dossier est entre les mains du conseiller Goëzman. Faute de pouvoir se faire assister en matière pénale, Beaumarchais tente d'avoir un entretien avec ce magistrat. Il achète le secrétaire de Goëzman pour 15 louis et lui confie une enveloppe pour le magistrat contenant 100 louis ainsi qu'une montre rehaussée de diamants pour Madame. L'entrevue est accordée. Cependant, Beaumarchais perd son procès. L'histoire ajoute que le magistrat rendit les 100 louis et la montre mais que l'entremetteur garda son pourboire. Malheureusement pour Goëzman, il y avait une convention écrite d'obtention d'audience.

Immédiatement, Beaumarchais exploite le scandale. Goëzman répond par une plainte

51.21a Pierre Augustin Caron de Beaumarchais.

51.21b Mémoires de Caron de Beaumarchais.

en tentative de corruption et calomnie. Le Tout-Paris s'empare de l'affaire. Le parlement (Maupéou) est déconsidéré. L'arrêt du 26 février 1774 comporte la destitution de Goëzman, l'amende à son épouse, enfin la restitution du pourboire. De son côté, Beaumarchais est condamné à une amende. Le cortège des magistrats sort de l'audience à la suite du premier président de Nicolaï. Beaumarchais se trouve dans la foule et regarde passer les magistrats. Le président ordonne son expulsion. Beaumarchais court au Parquet porter plainte. Il distribue des mémoires à la fois spirituels et caustiques où il critique violemment les magistrats corrompus et se fait apparaître comme la victime. Un nouvel arrêt du même jour ordonne la destruction des mémoires (26 février 1774). Cet événement contribuera dans l'esprit du jeune Louis XVI à déconsidérer le parlement Maupéou et à rappeler le parlement d'antan. Celui-ci annulera les arrêts du 26 février 1774.

3 Voltaire et la Justice

51.31 **Quatre grands scandales jettent l'opprobre sur le caractère inquisitorial de la procédure pénale.** Voltaire respectait le roi et craignait Dieu mais supportait mal la justice. Il l'a livrée en pâture à la philosophie des Lumières. Il se faisait conseiller par un certain nombre d'avocats qui mettaient le doigt sur quelques affaires flairant le scan-

MÉMOIRE
POUR
LE COMTE DE LALLY,
Lieutenant-Général des Armées du Roi, Grand-Croix de l'Ordre Royal & Militaire de Saint-Louis, ci-devant Colonel d'un Régiment Irlandois de ſon nom, Commiſſaire du Roi & Commandant en Chef dans l'Inde.

CONTRE Monſieur le Procureur-Général.

A PARIS,
De l'Imprimerie de GUILLAUME DESPREZ, Imprimeur du Roi & du Clergé de France.
M. DCC. LXVI.

51.32a Mémoire pour le comte de Lally par son fils.

dale. On remettait à Voltaire le « sac » de ces procès : il y puisait la matière de satires corrosives publiées et répandues dans un public préparé et tout disposé à frémir. C'est ainsi que de Mauléon, de Beaumont et Dupaty furent ses principaux pourvoyeurs.

Dupaty surtout, avocat à La Rochelle, puis magistrat et président au parlement de Bordeaux. C'est lui qui, non content de fournir à Voltaire des exemples typiques, sapait la justice qu'il servait par ailleurs, par des mémoires acides et pleins de talent.

Voltaire et son groupe d'avocats ont monté sur pièce quatre grands scandales qui n'ont pas manqué de jeter l'opprobre sur la justice et en particulier sur le caractère inquisitorial de la procédure pénale des ordonnances de Villers-Cotterêts et de Colbert : Lally Tollendal, Calas, Sirven, chevalier de la Barre.

51.32 **L'affaire Tollendal (1766).** Thomas Lally baron de Tollendal commande en chef le corps expéditionnaire français aux Indes (1758). Les opérations contre les Anglais durent quatre ans. Après quelques succès, il capitule à Pondichéry (1762). À son retour, il est mis à la Bastille pour trahison, condamné à mort et exécuté en 1766.

Dix ans ont passé. Son fils demande sa réhabilitation et la révision du procès. C'est lui-même qui rédige le mémoire à la fois douloureux et indigné.

Mon père demande qu'on lui accorde les moyens de proposer les reproches justifiés par écrit, qu'il a à fournir contre les témoins; le droit lui en était acquis par l'ordonnance; on le lui refuse.

Il demande qu'on lui accorde un délai de huit jours pour mettre sa défense en état; l'humanité seule criait qu'on le lui accordât : on le lui refuse.

Il demande communication des pièces trouvées chez le sieur de Leyrit, et de toutes celles apportées et déposées au greffe de la cour, jointes au procès, à la requête du procureur général, sa partie, et qui ne lui ont pas été représentées; l'ordonnance l'y autorisait : on la lui refuse.

Il demande qu'on reçoive les écrits justificatifs. L'ordonnance prescrit de recevoir même les faits : on le lui refuse.

Il demande que, pour la partie militaire, on le renvoie pardevant un conseil de guerre; l'ordonnance, les lois militaires, les règles, l'usage, la raison le demandaient avec lui : on le lui refuse.

Il demande enfin que sa défense soit lue en la cour, c'est-à-dire qu'il demande qu'on ne le juge point sans l'entendre. Sa défense avait été produite le samedi soir : le mardi matin, il était condamné à mort; avant qu'elle parût, le ministère public avait conclu à mort.

L'arrêt du 25 mai 1778 casse l'arrêt de mort et renvoie devant le parlement de Dijon. Mais la cour confirme l'arrêt de 1766. Le roi saisit son Conseil qui casse cette décision (30 juillet 1780).

51.33 **L'affaire Calas (1762).** Le fils Calas est découvert par sa famille mort dans la boutique de marchand drapier du père. Celui-ci, ardent protestant, se voit convaincu d'avoir assassiné son fils sous prétexte qu'il aurait cherché à embrasser la religion catholique. Dans un premier temps, le père déclare que son fils a été assassiné, puis il prétend qu'il s'est pendu. On a en effet retrouvé la corde et la poutrelle sous laquelle elle pendait, poutrelle qui avait été posée sur les battants entrouverts de la porte de la boutique. La chaise qui a nécessairement dû servir au jeune homme à se hisser dans le nœud de la corde n'a pas été retrouvée. Enfin, sous les soubresauts de l'agonie la poutrelle n'aurait pas pu tenir.

Un doute existe sur la thèse de la pendaison volontaire. Le père Calas est mis à la question (écartèlement des membres) et refuse de reconnaître le crime. Il sera passé à la roue. L'arrêt de condamnation du 9 juin 1762 rendu par la cour de Toulouse fait l'objet de mémoires en révision de la part de Voltaire. Les mémoires sont publiés et lus dans les salons. C'est presque déjà Zola et l'affaire Dreyfus ! Le roi fait annuler l'arrêt par son Conseil.

51.34 **L'affaire Sirven (1764).** L'affaire Sirven est analogue au procès Calas. Sirven était soupçonné d'avoir assassiné sa fille qui avait abjuré la foi protestante. Mais Sirven, passé à l'étranger, est condamné à mort par contumace. Voltaire s'est aussi emparé de cette affaire pour la soumettre à l'opinion publique.

51.35 **L'affaire du chevalier de La Barre (1765-1766).** Le chevalier de La Barre, jeune étudiant d'Abbeville, dans un moment d'excitation partagé avec d'autres amis, va couvrir un calvaire d'inscriptions provocantes. Lui seul est arrêté, les autres s'étant enfuis. Malgré de nombreuses interventions on ne réussit pas à le sauver : il est exécuté. Par de nombreux mémoires, Voltaire aura assumé sa défense.

52

CHAPITRE II

Les faiblesses du pouvoir Les grèves des avocats font la force du parlement

1 Le « geste » de Louis XVI

52.11 **Les « gestes » sont parfois fatals (1774).** Le geste de joyeux avènement de Louis XVI (1774) consista à rétablir l'ancien parlement dans ses droits et prérogatives. Sans doute n'avait-on pas appris au jeune roi ce qu'avait coûté à la France le rétablissement du droit de remontrance acheté par le parlement contre un titre de régent[1]. Le ministre Maurepas et le garde des Sceaux Miromesnil sont chargés d'apporter ce « cadeau » à la France.

Le 12 novembre 1774, les anciens magistrats sont rappelés. Les avocats officiers sont supprimés. Les procureurs rétablis dans leur rôle séculaire. Le droit d'enregistrement est réservé à la Grand'Chambre et on lui fait savoir « secrètement » que le droit de remontrance est « toléré ». En revanche, la grève est rigoureusement prohibée…

30 novembre. Le 30 novembre, soit 18 jours plus tard, le parlement se donne les gants de refuser d'enregistrer l'ordonnance du 12 novembre, celle-là même qui le rétablit. Les remontrances suivent ce refus. Il y est proclamé que nul texte de loi ne peut être enregistré sans avoir préalablement reçu l'accord du parlement et ce, en toutes matières… C'est un véritable coup d'État. Le parlement s'octroie le pouvoir législatif y compris en matière religieuse. Le pouvoir monarchique ne réagit pas.

De 1776 à 1789. De 1776 à 1789, la guerre d'usure entre les deux pouvoirs rivaux va conduire en treize ans à l'impuissance absolue du roi

1. V. s[o] n[o] *41.11*.

52.11a *Le retour du parlement en 1774.*

qui, pour payer les frais considérables de l'aide apportée par la France aux nouveaux États-Unis, pendant la guerre d'Indépendance, se verra interdire toute levée de taxe et en conséquence dans la nécessité de faire appel à un troisième pouvoir : les États généraux. Le geste de Louis XVI et de Miromesnil aura été suicidaire.

2 La crise : la guerre d'usure entre les deux pouvoirs

52.21 **Mars 1776.** Les édits financiers de Turgot sont rejetés par le parlement malgré les ordres du roi. Les remontrances se succèdent. Maurepas cède.

À cette époque, le bâtonnier Lambon, inquiet du style corrosif de la plupart des mémoires qui circulent dans le public, demande au parlement la formalité obligatoire de la signature d'un avocat responsable sur chaque mémoire. Le parlement accepte.

52.11b Lit de justice en la Grand'Chambre en présence de Philippe Égalité.

52.22 **Juin-août 1787 - Crise Galonné.** Les édits financiers de Galonné sont rejetés par le parlement qui réclame un état des finances. Le roi ordonne l'enregistrement. Les princes se mettent du côté du parlement qui, enhardi, demande la convocation des États généraux. Le roi passe outre et fait transcrire.

Deuxième coup d'État du parlement (7 août 1787). Il déclare illégale la transcription d'office par le roi. Le roi a commis une illégalité ! C'est la première accusation contre le pouvoir monarchique. Retentissement immense.

Galonné et Gerbier. Galonné et Gerbier – qui, décidément, se sera toujours montré un adversaire du parlement – demandent pour la première fois que les notables participent à l'effort financier pour payer les dettes de guerre. De la part de Gerbier quelle audace ! Les magistrats sont des notables (la noblesse de robe) et voilà qu'avec lui les avocats prennent une position jugée inamicale par le parlement.

10 août 1787. Le parlement ordonne la mise en accusation de Galonné pour… abus d'autorité. Le lendemain, le Conseil du roi casse l'arrêt. Les magistrats manifestent dans le Palais. Ils sont aussitôt exilés à Troyes.

15 août grève des avocats. Les grèves des avocats se multiplient en province mais contre les magistrats (Bordeaux, Rouen). Depuis 1715, tout exil est suivi de grève et la justice arrêtée.

Défaite du pouvoir. Le 19, Galonné cède et le parlement victorieux se croyant tout-puissant, rentre à Paris. Les édits financiers sont définitivement rejetés.

52.23 **Novembre 1787 - Janvier 1788 - Crise Brienne.** L'État ne peut plus gouverner sans finance. Pour tourner le barrage du parlement, Brienne imagine de substituer l'emprunt à l'impôt.

Le parlement, aveugle, va recommencer l'obstruction et cette fois rendre impérieuse la venue du troisième pouvoir : les États généraux.

19 novembre 1787. Les édits d'emprunt sont présentés à l'enregistrement. Refus. Le duc d'Orléans présent provoque l'opposition au roi manifestant pour la première fois la politique de trahison contre son cousin. Louis XVI l'exile et fait arrêter deux conseillers. Il ordonne la destruction de la minute d'audience. Suivent les remontrances et les députations au roi et la célèbre parole de celui-ci : « On ne doit pas solliciter de ma justice ce que l'on ne doit attendre que de ma bonté. »

4 janvier 1788. Assemblée du parlement, le ton monte.

9 janvier 1788. Le 9 est transmise la réponse au roi : « On a porté une grande atteinte à la liberté de vos sujets. Votre majesté ne permet pas qu'on le demande à sa justice. Mais la bonté qui la remplacerait ne pourrait que blesser leur délicatesse et la nôtre. »

Ainsi, en présence d'un roi qui se trompe de qualificatif (la « bonté »), on découvre un parlement qui parle le langage de Montesquieu et de la séparation des pouvoirs.

3 La foule - Les princes - Les avocats

52.31 **Réunion révolutionnaire du parlement (12 avril) - Suite de la crise Brienne.** « La liberté publique attaquée dans son principe, le despotisme substitué à la loi de l'État, la magistrature réduite à n'être plus que l'instrument du pouvoir arbitraire ».

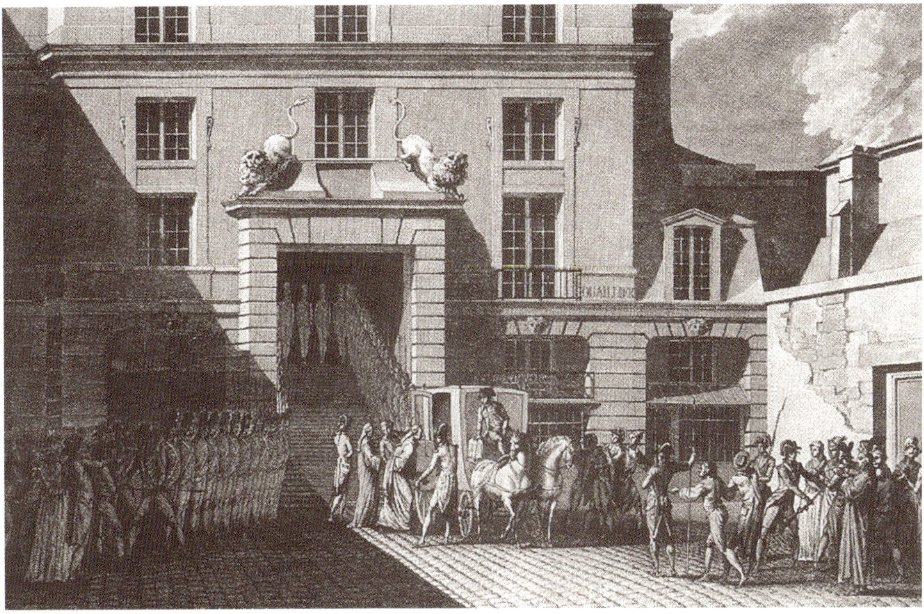

52.32a *Arrestation de d'Éprémesnil et Montsabert en mai 1788.*

Tous les mots portent et portent en eux-mêmes un sens nouveau que ni Louis, ni la France monarchique ne pouvaient comprendre. Ce sont les mots clés de la Révolution dont le parlement est le principal vecteur. Ils catalysent toutes les révoltes contenues dans les « mémoires » des procès.

Au sein du parlement, il y a deux « meneurs » qui font monter le ton : d'Éprémesnil et Goislard de Montsabert.

52.32 **Premier coup de force du roi (5 mai).** Le 5 mai, le parlement siège en Assemblée générale en présence des princes. Les deux conseillers d'Éprémesnil et Montsabert prennent la parole. La foule envahit le Palais. Cette foule qui souffre d'une réelle famine amenée par la guerre d'Indépendance. Elle est un explosif qu'il suffit d'allumer. Les deux magistrats prétendent qu'on a voulu les arrêter. Émotion.

On envoie une délégation au roi. Quelques instants plus tard, la garde investit le Palais avec ordre d'arrêter d'Éprémesnil et Montsabert. Le président refuse de les désigner.

> Nous sommes tous Messieurs d'Éprémesnil et Montsabert. Arrêtez-nous.

Les deux conseillers se rendent alors d'eux-mêmes.

52.33 **Le deuxième coup de force du roi (8 mai).** Le roi convoque un lit de justice à Versailles et annonce la création, au sein du parlement, d'une chambre spéciale dite d'enregistrement possédant à la fois le sceau d'enregistrement et le droit de remontrance et composée de conseillers inamovibles. Sur lit de justice l'enregistrement est de droit (institution d'une sorte de législateur conseil).

Le roi propose, en matière pénale, l'abolition de la question, de la sellette[1] et la suppression des tribunaux d'exception ; en matière civile, l'institution généralisée des « bailliages » ou tribunaux de première instance. En attendant la mise en place de ces nouvelles institutions, le parlement est mis en vacances. Les magistrats furieux inondent la France de libelles qui mettent l'agitation à son comble. Et comme un déclic immédiat, les avocats se mettent en grève et la justice s'arrête.

52.34 **Le roi cède.** En présence de ce vent de fronde, le roi cède. Il renvoie Brienne, appelle Necker et rétablit le parlement.

52.35 **La convocation des États généraux (23 septembre 1788) - Le grand divorce.** Le 23 septembre 1788, le roi, en présence d'un parlement rétif et dans l'impasse législative absolue, décide de convoquer les États généraux. Les magistrats, surpris, se réunissent en assemblée générale en présence des princes le lendemain. Ils commettent alors eux aussi l'erreur qui va amener leur perte : ils décident que la composition des États sera celle des précédentes assemblées où la représentation de la noblesse et du clergé y est favorisée par rapport à celle du tiers état. Or, la magistrature du parlement fait partie de la noblesse de robe. Le parlement avait souhaité une exemption d'impôt au profit de la noblesse. Gerbier avait au contraire proposé d'imposer les notables[2].

1. Pour une définition v. s^s n° *52.51*.
2. V. s^s n° *52.22*.

52.36a Les tours du Palais en 1790.

52.36 **La fureur du barreau et divorce avec le parlement.** Les avocats décident alors de défendre leurs propres droits, ceux de la bourgeoisie. Ils vont encadrer le mouvement populaire et se sentir pour la première fois une ferveur politique indépendante des magistrats, créatrice et inspiratrice. L'avocat rentre dans la politique au lieu de rester à l'ombre du parlement-frère.

Il couvre la France de libelles pourfendant les privilèges, spécialement les offices. La magistrature est déconsidérée auprès du peuple. Elle s'est mise du côté des privilèges et va périr avec eux. Le 23 septembre 1788 les jeux sont faits.

4 Les avocats à l'orée de la Révolution

52.40 **Le barreau de Paris comporte 600 avocats.** Trois avocats illustrent le barreau de Paris : Berryer père, Bonnet et Bellart. Bonnet et

52.41a François Tronchet.

Bellart illustreront avec éclat le barreau de la Restauration.

L'Ordre est par ailleurs composé d'avocats dont beaucoup sont très connus du public. Par leur attitude courageuse pendant la Terreur (les avocats du Marais), ils porteront tout le panache tragique de la « défense » au pied de l'échafaud.

52.41 **François Tronchet (1723-1806).** François Tronchet est beaucoup plus érudit qu'orateur. En sa qualité de bâtonnier, Louis XVI va le choisir comme défenseur. Il réussit à traverser la Révolution. Napoléon lui confère la présidence de la commission d'élaboration du Code civil et, à sa mort en 1806, le fait inhumer au Panthéon.

52.42 **Pierre-Nicolas Berryer (1757-1780-1841).** Pierre-Nicolas Berryer[1], dit Berryer père, est le premier grand avocat d'affaires, au physique impressionnant et à la voix puissante. La haute finance et le grand commerce de l'époque s'adressent à lui[2]. Il s'illustra dans un grand nombre de procès entre la fin du XVIIIe siècle et le début du XIXe : il

1. *Souvenirs de M. Berryer*, doyen des avocats de Paris de 1774 à 1838, Ambroise Dupont, 1939.
2. V. ss nos *71.22* et *82.31*.

52.42a Pierre-Nicolas Berryer, dit Berryer père.

défendit la femme du magistrat Brolzard[1], le maire d'Anvers[2], les avocats du Marais[3] ainsi que le maréchal Ney[4].

52.43 **Louis-Ferdinand Bonnet (1760-1783-1839).** Le physique ingrat de Louis-Ferdinand Bonnet est rattrapé par une présence à l'audience et des répliques saisissantes. Très instruit, il est d'un caractère à la fois vif et enjoué. Il sera bâtonnier en 1816. Il plaidera pour Lanefranque[5] et pour le général Moreau[6].

52.44 **Nicolas Bellart (1761-1785-1826).** Nicolas Bellart[7] avait les yeux de feu, une éloquence chaleureuse agréable et très aisée, sans oublier son courage. Devant le tribunal révolutionnaire, alors que la peur rôde sous la menace de l'échafaud, il défend Madame de Rohan : « Ils sont des monstres (les juges) s'ils la condamnent. »

1. V. s° n° *53.41*.
2. V. s° n° *61.44*.
3. V. s° n° *53.32*.
4. V. s° n° *62.61*.
5. V. s° n° *53.83*.
6. V. s° n° *53.86*.
7. *Œuvres de N. F. Bellart, procureur général à la Cour royale de Paris, Mémoires et plaidoiries*, t. I, J.-L.-J. Brière, 1827.

L'avocat d'une dame, Julie Jacquemin, avait mal plaidé. Bellart était aussi son conseil. Il se lève et, sans préparation, prononce un plaidoyer auquel rien ne résiste. La cliente est acquittée.

Il aura un rôle politique déterminant au moment de la Restauration en préparant et facilitant l'entrée de Louis XVIII à Paris[1]. Il plaidera contre Brolzard[2].

52.45 **Guy Target (1735-1752-1806).** Guy Target a été choisi comme défenseur par Louis XVI en raison de son succès dans quelques affaires importantes : la Rosière de Salency, le Collier de la Reine[3].

Target présente le modèle typique de la plaidoirie à la veille de la Révolution : un balancement classique des phrases et des périodes, une tendance sentimentale qui perdurera pendant la Révolution. Target restera ainsi dans l'histoire des avocats pour avoir refusé son office au roi.

Dans l'affaire de la Rosière de Salency, une bourgade et un seigneur se disputent le droit « honorifique » de couronner la rosière. On y retrouve l'abbé Prévost et Chateaubriand.

DU PLAIDOYER DE TARGET POUR LA ROSIÈRE DE SALENCY

Il est un lieu sur terre où la vertu simple et naïve reçoit encore quelques honneurs publics ; ce lieu est loin de la politesse et du luxe des villes. C'est un village de Picardie. Là s'est maintenue, à travers les révolutions de douze siècles, une cérémonie touchante qui fait couler des larmes, une solennité auguste par sa vénérable antiquité et par ses salutaires influences ; là le pur éclat des fleurs qui couronnent tous les ans l'innocence en est à la fois le prix, l'encouragement et l'emblème. L'ambition y dévore aussi les jeunes cœurs ; mais c'est une ambition douce : la conquête est un chapeau de rosés. L'appareil d'un jugement public, la pompe de la fête, le coucours qu'elle attire, les regards fixés sur la pudeur, qui s'en honore en rougissant, la simplicité du prix, image des vertus qui l'obtiennent, la tendre amitié des rivales qui, en relevant le triomphe de leur reine, cachent au fond de leur âme honnête, la timide espérance de régner à leur tour, tous ces traits ensemble donnent à ce spectacle unique un appareil imposant et gracieux, qui fait palpiter tous les cœurs, fait briller dans tous les yeux les larmes de la vraie volupté, et change en passion la sagesse.

1. V. s[s] n° *62.21*.
2. V. s[s] n° *53.41*.
3. V. s[s] n° *52.52*.

52.46 **Nicolas Férey (1735-1807).** Nicolas Férey est le seul avocat à avoir bénéficié de la Légion d'honneur sous l'Empire. Il contribuera au rétablissement de l'Ordre par son approche du pouvoir et par le legs de sa bibliothèque[1].

52.47 **Gaspard-Gilbert Delamalle (1752-1834).** Gaspard-Gilbert Delamalle a marqué de son talent plusieurs grandes affaires parmi lesquelles l'affaire Mirabeau. Il deviendra le premier bâtonnier après le rétablissement de l'Ordre en 1810.

52.48 **Claude Chauveau-Lagarde (1756-1841).** Par son style et sa clarté, Claude Chauveau-Lagarde s'est illustré comme l'un des premiers avocats pénalistes du Marais et surtout l'avocat courageux de Marie-Antoinette, de Madame Élisabeth et de Charlotte Corday. Pour sauver Charlotte Corday il a tenté de plaider contre sa volonté.

52.49 **Romain de Sèze (1748-1828).** Romain de Sèze est l'avocat de Louis XVI. En 1815, il sera nommé premier président de la Cour de cassation, pair de France et membre de l'Académie française[2].

52.50 **Jean-Baptiste Billecoq (1763-1829).** Jean-Baptiste Billecoq est un avocat au style oratoire très pur qui fut le défenseur des généraux Moreau et Pichegru et de La Rivière dans le procès Cadoudal[3].

5 Les grands procès d'avant-Révolution

52.51 **Le procès Lardoise (1785).** Trois paysans sont accusés de vol et violences sur le sieur Thomassin et sa femme. Un jugement du bailli de Chaumont de 1785 les condamne aux galères.

Dupaty se saisit de l'affaire et rédige un mémoire énergique en faveur des condamnés. Il y soutient la « sellette ». Le prévenu est assis en présence du juge sur la sellette, qui, seule, permet à l'accusé privé d'avocat de se défendre. Or, Lardoise en avait été privé. Ce mémoire fait

1. V. s[s] n° *53.32*.
2. V. s[s] n° *53.32*.
3. V. s[s] n° *53.86*.

une profonde impression dans toute la France. L'avocat général Séguier lui répond en se fondant sur l'ordonnance de Villers-Cotterêts (1539). Il réfute la nécessité d'un défenseur.

L'arrêt du parlement du 20 octobre 1785 condamne Lardoise au supplice de la roue. Devant l'émotion, le roi casse l'arrêt et renvoie devant le parlement de Rouen qui absout. Pourtant, la culpabilité fut établie[1].

DU MÉMOIRE DE DUPATY POUR LARDOISE

Un temps perdu dites-vous, que ce moment sacré où, pour la première et dernière fois, les malheureux accusés, souvent après des années entières de prison et de procédure, comparaissent enfin devant les magistrats suprêmes qui, d'un mot et dans une minute, vont leur permettre de vivre ou leur ordonner de mourir. Un temps perdu ! que cet instant que la loi accorde aux accusés, à l'extrémité du procès, pour se plaindre à l'autorité souveraine des irrégularités, des injustices et des vexations qu'ils n'ont éprouvées que trop souvent dans les premières prisons et les premiers tribunaux de la justice criminelle. Un temps perdu ! que ce moment unique où ils peuvent montrer enfin aux arbitres de leur destinée leur innocence, non plus muette, falsifiée, morte, dans les papiers ou menteurs ou infidèles, mais pure, éloquente, vivante sur leur front, dans leurs regards, dans leur contenance, dans leur langage, dans ces accents de la nature qui disent mieux la vérité que tous les discours. Un temps perdu ! que celui où vous-mêmes, n'ayant vu jusque-là l'accusé que dans l'ombre de la procédure, n'ayant entendu sa voix que dans le lointain des cachots, vous pouvez enfin le voir en face et l'entendre parler de près. Un temps perdu ! que celui où tout près du jugement définitif, la vue du danger qui menace peut faire faire un effort à la raison où à la mémoire en faveur de l'innocence. Un temps perdu ! qu'un interrogatoire où vous pouvez vous assurer de la sincérité et de la fidélité des autres interrogatoires, réparer les omissions ou les négligences des premiers juges, trop fréquentes en effet, et trop nombreuses… »

SUR L'ORDONNANCE DE VILLERS-COTTERÊTS

En effet sire, votre intention n'est-elle pas que les pauvres et les malheureux, les premiers sujets d'un bon roi, ne soient plus privés, par le défaut d'un conseil, de la ressource ouverte aux puissants et

1. V. s° n° *53.13*.

aux riches, d'appeler des tribunaux inférieurs, des tribunaux de vos sujets à vos tribunaux souverains ? Votre intention n'est-elle pas que vos Français recouvrent enfin le droit de la défense que Dieu même a donné à tous les hommes avec la vie, et dont jouissaient à Rome même les esclaves ? Votre intention n'est-elle pas que la justice mette autant de zèle et de diligence à rassembler les preuves de l'innocence qu'à recueillir celles du crime ! à constater le corps du délit ; à sauver les traces de l'une ou l'autre des subornations et du temps ? Votre intention n'est-elle pas que l'honneur et la vie des citoyens ne soient plus à la merci des passions et de l'ignorance de cette foule obscure des premiers juges (souvent officiers de vos sujets) ? Qu'ils ne soient plus les maîtres, dans les procédures criminelles qu'ils fabriquent dans les ténèbres, de blanchir le coupable, ou de noircir l'innocent, comme il leur plaît de marquer, à leur gré, au glaive de votre justice criminelle, toutes les victimes ? »

52.52 **Le procès du Collier de la Reine (1785).** La dame de La Motte imagine un chantage sur un collier de diamants exposé en vitrine d'un bijoutier. Elle réussit d'abord à le faire présenter à Marie-Antoinette qui en refuse l'achat : « Nous avons plus besoin de vaisseaux que d'un bijou. »

La Motte fait alors croire au cardinal de Rohan qu'il aura les faveurs de la reine s'il lui procure ce bijou. Elle présente au cardinal un faux document portant la signature de la reine. Le cardinal se fait livrer le bijou et le confie à La Motte. Rohan est aussitôt conduit la nuit dans un bosquet de Versailles où une jeune personne censée être Marie-Antoinette attendait. En même temps La Motte s'enfuyait à l'étranger avec le collier. À la première échéance, le bijoutier réclame le prix à la reine et on découvre la machination. Mais la calomnie dresse le peuple de France contre l'« Autrichienne ». Par arrêt du 31 mai 1786 La Motte, rattrapé entre-temps, était fouetté et emprisonné.

Le cardinal abusé et ridiculisé, défendu par Target, était relaxé.

Quelques autres procès ont, de façon moins surprenante, captivé le public.

52.53 **Le procès Lafontaine-Solar (1775).** Le jeune enfant Joseph, sourd-muet, fils de la comtesse de Solar, est confié à un sieur Cazeaux pour l'amener en cure à Barège. L'enfant décède pendant le séjour. La mère meurt à quelque temps de là. Or, en avril 1775, on découvre près de Péronne un jeune enfant sourd-muet abandonné. L'abbé de l'Épée le recueille et le soigne. L'opinion croit qu'il s'agit du jeune Solar. On arrête Cazeaux.

Tronson du Coudray conseille l'inculpé et demande une confrontation de l'enfant dans le milieu Solar. Refus. L'avocat sauve Cazeaux qui se marie ensuite avec une fille de Solar.

DU PLAIDOYER DE COUDRAY POUR CAZEAUX

> Or, c'est cette instruction si parlante, si démonstrative, si consolante pour l'innocent, si utile à la justice et si conforme à la loi ; c'est cette instruction qu'on refuse. Un citoyen gémit depuis dix mois dans les prisons ; il propose à ses juges une exception évidemment péremptoire qui anéantit sur le champ le corps du délit, et c'est cette exception qu'on rejette ! Vingt mille témoins attendent sur les lieux la représentation de l'enfant, pour désigner d'un seul cri et à l'instant l'innocent et l'imposteur, et on refuse le transport de cet enfant à un malheureux souffrant et dans les fers, qui le demande au nom de l'humanité et de la loi ! Qu'on le mène cet enfant, redit-il sans cesse, qu'on le mène à Alby, à Toulouse, par tous les lieux où sa mémoire est encore récente ; si on le reconnaît pour le vrai Solar, je monte sur l'échafaud… Ce cri de son désespoir, Messieurs, est la démonstration la plus éloquente de son innocence ; et je ne conçois pas, je ne puis pas concevoir la raison possible, je ne dis pas probable mais possible d'un refus si barbare. Je conçois encore moins comment des juges, qui ont toujours la loi devant eux, et qui ont surtout un compte si rigoureux à vous rendre, ont pu ainsi la négliger ou la méconnaître.

52.54 **Le procès Kornmann (1789).** Le banquier Kornmann épouse une jeune fille de nationalité suisse. Quelque temps après il la trompe et la fait enfermer. Elle s'enfuit et demande la séparation de corps. Le mari s'entoure de faux témoins d'un prétendu adultère, dont Beaumarchais. Bonnet plaide pour la jeune femme et gagne.

53

CHAPITRE III

La chute du parlement et la disparition des avocats Les grands procès et la Terreur

1 La chute du parlement

53.11 **Les Cahiers de doléances.** À la suite de la convocation des États généraux par le roi, on rédige dans toute la France des cahiers de doléances. Les idées que va recueillir la Constituante y sont inscrites : rédaction des Codes, nomination des juges par le roi, présence de l'avocat au pénal, suppression des supplices, instauration du jury criminel, fusion avocats-procureurs.

Ce sont un peu partout des avocats qui dirigent les réunions et assument l'inspiration et la rédaction des cahiers. Ils affirment à ce moment un véritable ascendant sur le peuple qui, tout naturellement, en fait ses représentants. Ils vont dominer le tiers état en nombre (165 juristes sur 300) et en influence et tout naturellement vont servir d'encadrement à la nation en ébullition jusqu'à ce qu'ils soient eux-mêmes submergés.

53.12 **L'Assemblée nationale constituante.** Le 5 mai 1789, les États généraux se réunissent et, de ce jour, les événements dramatiques vont se dérouler sans que rien ni personne ne puisse les contrôler. Le 17 juin, les députés s'érigent en « Assemblée nationale constituante » ce qui revient à enlever le pouvoir au roi. Le 14 juillet, le peuple donne de la voix en prenant la Bastille (où se trouvaient quatre détenus) et en marquant ainsi haut et fort que la « tyrannie » avait disparu.

L'une des premières grandes décisions de la Constituante est de mettre le parlement en vacances. Il « enregistre » cette fois sans mot dire le décret du 7 septembre 1790. Le parlement ne se réunira plus.

53.12a Bailly, maire de Paris, met les scellés sur le Palais de justice.

Ainsi, il a été mis fin à 472 ans d'existence, à 75 ans d'ambition législative et à une lutte tenace et constante contre le roi, marquée par un orgueil insensé. Le vide était fait. L'Assemblée va puiser dans la réforme Maupéou, que Louis XVI avait rejetée, les fondements de la justice moderne.

53.13 **Les fondements de la justice moderne (loi des 17-24 août 1790).** Le décret du 8 octobre 1789 avait déjà aboli le supplice que tant de procès avaient dévoilé au grand public et autorisé la présence muette de l'avocat pendant l'instruction, ainsi que la plaidoirie à l'audience.

La première application de ce texte de 1789 se trouve dans la seconde affaire Lardoise. Celui-ci, qui avait fait l'objet d'un retentissant procès en 1785, récidive et comparaît suivant la nouvelle procédure. Après sa libération en 1786, Dupaty l'avait installé chez de braves gens. Il s'empresse de voler de l'argenterie dans une auberge et s'enfuit. On le retrouve avec son butin. Il prétend que c'est l'aubergiste qui l'avait mis dans son sac. Le personnage de Jean Valjean, dans *les Misérables* de Hugo, rappelle Lardoise. Après le bailli de Meaux, le parlement de Paris lui inflige six mois de prison.

Intervint alors la loi organique des 17-24 août 1790 complétée par le décret du 11 septembre 1790. Elle institue une justice moderne à l'image de celle imaginée par Maupéou :

– justices de paix;
– tribunaux de première instance (545);
– appel d'un tribunal à l'autre;
– Tribunal de cassation;
– tribunaux de commerce (et institution de la procédure d'arbitrage);
– tribunaux criminels (décret du 13 mars 1791) avec institution du jury criminel (décret du 30 avril 1790);
– Haute Cour pour les délits et crimes de fonctionnaires.

En même temps est organisée l'élection des juges par le peuple parmi les juristes professionnels. La défense des criminels est autorisée à l'audience. L'influence des avocats constituants est déterminante. La défense est présente à l'instruction[1].

Ainsi tombaient d'un seul coup la vieille procédure pénale inquisitoire et secrète de l'ordonnance de Villers-Cotterêts et son accompagnement de supplices. Les avocats de la Constituante mettaient sur pied un instrument efficace durable et moderne.

2 L'énigme de la chute du barreau

53.21 **La suppression de l'Ordre et des avocats (loi du 16 août - 2 septembre 1790).** Comment est-il possible que la Constituante, dominée par les avocats, ait pu d'un trait de plume supprimer non seulement l'Ordre mais les avocats (loi 16 août-2 septembre 1790) ? A-t-on jamais vu une assemblée se détruire elle-même !

Le rapporteur de cette loi était un avocat, le Lyonnais Nicolas Bergasse (1750-1832). On a d'abord expliqué cette situation par l'abolition des corporations. L'Ordre est en effet une corporation puissante et autoritaire. Il est logique qu'il ait suivi le sort général.

Mais les avocats?

1. V. ss no *82.11*.

Les députés avocats étaient « avocats au parlement de Paris » et l'histoire a façonné les liens très forts qui les unissaient aux magistrats, liens séculaires, marqués par des attaches de toutes sortes tant professionnelles que familiales ou politiques. On ne concevait pas les avocats sans leur parlement et le parlement ne subsistait que grâce à la grève répétée des avocats. Aussi bien ceux-là même qui suppriment le parlement usé, se suppriment-ils du même coup.

Par ailleurs, la multiplicité des justices qu'ils conçoivent ne justifie plus l'existence d'un corps unique d'avocats soudé à son parlement. Le terme même d'avocat paraissait signifier un privilège, une certaine parcelle de puissance qui n'appartenait plus qu'à la nation.

Enfin, Rome était à la mode et le sacrifice collectif sur l'autel de la patrie ne manquait pas de grandeur. L'Académie française s'est sabordée de la même façon.

53.22 **Le rapport Bergasse.** Sur le rapport de Nicolas Bergasse[1], l'*unanimité* des avocats se sacrifie donc à la Nation.

> DU RAPPORT SUR L'ORGANISATION DU POUVOIR JUDICIAIRE, PAR BERGASSE LE 17 AOUT 1789
>
> Toute partie aura le droit de plaider sa cause elle-même, si elle le juge convenable et afin que le ministère des avocats soit aussi libre qu'il doit l'être, les avocats cesseront de former une corporation ou un ordre, et tout citoyen ayant fait les études et subi les examens nécessaires, pourra exercer cette profession : il ne sera plus tenu de répondre de sa conduite qu'à la loi.

Sans une protestation. Sans que le bâtonnier en exercice, Tronchet, n'émette la moindre objection. Le titre d'avocat est supprimé. Chaque individu qui a quelques études peut devenir « défenseur officieux » devant les multiples juridictions créées. Les biens de l'Ordre sont confisqués. La bibliothèque est dispersée au profit du tribunal de cassation – où elle est encore, malgré les nombreuses protestations de l'Ordre, après 1810 – et d'autres organismes publics.

Une voix, une seule, inattendue, s'est élevée en faveur de la profession, celle de Robespierre…

Les « avoués » sont créés pour représenter, rédiger les actes et plaider concurremment avec les « défenseurs officieux ». Il fallait bien confier la

1. http://www.justice.gc.ca/fra/apd-abt/gci-icg/rev2/rev2.pdf/.

postulation à des juristes de métier, en présence du vide d'avocats. Les avoués seront pourtant supprimés le 13 brumaire an II (3 novembre 1793) puis rétablis le 27 ventôse an VIII (18 mars 1800).

53.23 **La monarchie constitutionnelle** va durer un an (1er octobre 1791 au 20 septembre 1792). À l'appel de Robespierre le peuple envahit et prend les Tuileries, enfin s'empare de l'Hôtel de Ville. Le roi est déposé. Le massacre d'août 1792 entraînera la chute de la fragile monarchie, l'arrestation du roi, la création des premières juridictions d'exception : tribunaux criminels révolutionnaires sans appel ni pourvoi (loi 17 août 1792), enfin le procès de Louis XVI.

Le gouvernement de la Convention va promouvoir la Terreur qui sévira jusqu'en juillet 1794.

3 Le procès de Louis XVI

53.31 **Le choix des défenseurs.** Louis XVI désigne le dernier bâtonnier en exercice Tronchet[1] et Target[2] – celui-ci en raison de son expérience de la barre. Mais, le choix est mal accueilli par les intéressés :

> Le bâtonnier fait savoir qu'il ne sera que le porte-parole de l'accusé sans avoir à se commettre lui-même.

Et Target refuse aussi, prétextant son état de santé. Il a pourtant plaidé de longues années encore… Il meurt en 1807.

> DU REFUS DE TARGET DE DÉFENDRE LOUIS XVI
>
> D'après le décret de ce matin, il devient embarrassant pour moi d'avoir un avis sur les faits imputés à Louis XVI. Je dois au moins m'abstenir de prononcer. *Je* satisferai à ce devoir. Mais âgé de plus de soixante ans, fatigué de maux de nerfs, de douleurs de tête et d'étouffements qui durent depuis treize ans et que quatre années de travail excessif ont aigri à un point inconcevable, je conserve à peine les forces suffisantes pour remplir pendant six heures chaque journée les fonctions pénibles de juge, et j'attends avec quelque impatience le moment d'être déchargé par de nouvelles élections. C'est assez dire qu'il ne m'est pas possible de me charger de la

1. V. s[o] n[o] *52.41*.
2. V. s[o] n[o] *52.45*.

défense de Louis XVI. Je n'ai absolument rien de ce qu'il faut pour un tel ministère; et, par mon impuissance, je trahirais à la fois le client accusé et l'attente publique. C'est à l'instant même, pour la première fois, que j'apprends cette nomination qu'il m'était impossible de prévoir. Je refuse donc cette mission par conscience. Un homme libre et républicain ne peut consentir à remplir des fonctions dont il se sent assurément incapable.

Un article inséré au journal *Le Constitutionnel* le 4 juin 1817, et reproduit dans *les Annales du barreau français* en tête des plaidoiries de Target, cherche à le justifier, en disant qu'« un peu de faiblesse rendit à ses yeux plus obligatoires les scrupules que sa conscience lui avait inspirés ».

53.32 **Les avocats du Marais.** Le groupe des anciens avocats qui composait l'Ordre, qu'on appellera bientôt les avocats du Marais, se réunit aussitôt et relève l'outrage (Bellart, Berryer père, Bonnet, Chauveau-Lagarde...). Le groupe se met à la disposition de Louis XVI et décide que celui qui serait désigné aurait le soutien de groupe tout entier.

Nous mettons nos vies à la disposition de la Convention !

Louis XVI choisit de Sèze à la place de Target. Il est regrettable qu'il n'ait pas désigné Bellart dont beaucoup pensent qu'il eût été le meilleur. Il s'était d'ailleurs mis à la disposition de Louis XVI. En même temps, il accepte la proposition de Malesherbes qui, par une lettre courageuse, offre son concours à la Convention. Malesherbes est d'abord un grand magistrat n'ayant passé au barreau que le temps du stage. Il avait été ministre de Louis XVI.

DE LA LETTRE DE LAMOIGNON-MALESHERBES, 11 DÉCEMBRE 1792

J'ignore, dit-il, si la Convention donnera à Louis XVI un conseil pour le défendre, si elle lui en laissera le choix. Dans ce cas, je désire que Louis XVI sache que, s'il me choisit pour cette fonction, je suis prêt à remplir ce devoir. Je ne vous demande pas de faire part à la Convention de mon offre, car je suis bien éloigné de me croire un personnage assez important pour qu'elle s'occupe de moi. Mais j'ai été appelé deux fois aux conseils de celui qui fut mon maître dans le temps que cette fonction était ambitionnée par tout le monde; je lui dois le même service, lorsque c'est une fonction que bien des gens trouvent dangereuse. Si je connaissais un moyen possible pour lui faire connaître ma disposition, je ne prendrais pas la liberté de m'adresser à vous.

53.32a Romain de Sèze.

Un certain nombre d'avocats ont décidé d'écrire des « mémoires » en faveur du roi, pour tenter de convaincre l'opinion.

53.33 L'organisation de la défense de Louis XVI. Le roi décide que le texte de la plaidoirie devra lui être soumis. Pour respecter sa volonté, les trois défenseurs décident de rédiger un texte signé par le roi.

Chaque conventionnel sait bien que c'est au principe monarchique qu'on en veut, non pas à la personne de Louis.

Le président Vergniaud et nombre de députés souhaitent l'exil, tout en soutenant l'accusation de principe. Mais la peur et le sang ont déjà envahi l'enceinte de l'Assemblée. Couthon dit :

> On a mis la République en danger quand on a accordé des défenseurs au tyran !

Un passant exprimant en public des sentiments d'indulgence, est exécuté.

L'acte d'accusation est interminable. Il est remis avec les pièces innombrables du dossier, le 17 décembre, au groupe des défenseurs. L'audience étant prévue pour le 27 décembre. Dix jours ! Les protestations des avocats n'y font rien. En quatre jours et quatre nuits le groupe fait le tri, étudie et rédige le plaidoyer, aussitôt soumis au roi.

Il fallait répondre aux accusations de Robespierre.

DES ACCUSATIONS DE ROBESPIERRE

> Il n'y a point de procès à faire. Louis n'est point un accusé, vous n'êtes point des juges ; vous n'êtes et ne pouvez être que des hommes d'État et représentants d'une Nation. Vous n'avez point une sentence à rendre pour ou contre un homme, mais une mesure de salut public à prendre, un acte de salut public à exercer. Louis doit mourir parce qu'il faut que la patrie vive.

Et de Saint-Just.

DES ACCUSATIONS DE SAINT-JUST

> J'entreprends, citoyens, de prouver que le roi peut être jugé [...].
>
> Je dis que le roi doit être jugé en ennemi, que nous avons moins à le juger qu'à le combattre, et que, n'étant plus rien dans le contrat qui unit les Français, les formes de la procédure ne sont point dans la loi civile, mais dans la loi du droit des gens. [...]
>
> On s'étonnera un jour qu'au XVIIIe siècle, on ait été moins avancé que du temps de César : Là le tyran fut immolé en plein Sénat, sans autres formalités que vingt-trois coups de poignard et sans autre loi que la liberté de Rome. Et aujourd'hui l'on fait avec respect le procès d'un homme assassin d'un peuple, pris en flagrant délit, la main dans le sang, la main dans le crime ! [...]
>
> Les mêmes hommes qui vont juger Louis ont une République à fonder : ceux qui attachent quelque importance au juste châtiment d'un roi ne fonderont jamais une République. [...]
>
> Parmi nous, la finesse des esprits et des caractères est un grand obstacle à la liberté ; on embellit toutes les erreurs et, le plus souvent, la vérité n'est que la séduction de notre goût. [...]
>
> Pour moi je ne vois point de milieu : cet homme doit régner ou mourir.

La formule « cet homme doit régner ou mourir » est digne d'un héros cornélien. La parole de Saint-Just est sèche. Michelet raconte que lorsqu'il eut terminé son réquisitoire « il se tourna vers la salle et dirigea sur elle, son dur et meurtrier regard, au point qu'il n'y eut personne qui ne sentit le froid de l'acier ».

53.34 **Le plaidoyer de la défense en trois parties.** Le plaidoyer comporte trois parties.

53.35 **Les motifs d'irrecevabilité.** En vertu de la Constitution du 3 septembre 1791 la personne du roi est inviolable. Au moins doit-il

53.34a La défense de Louis XVI.

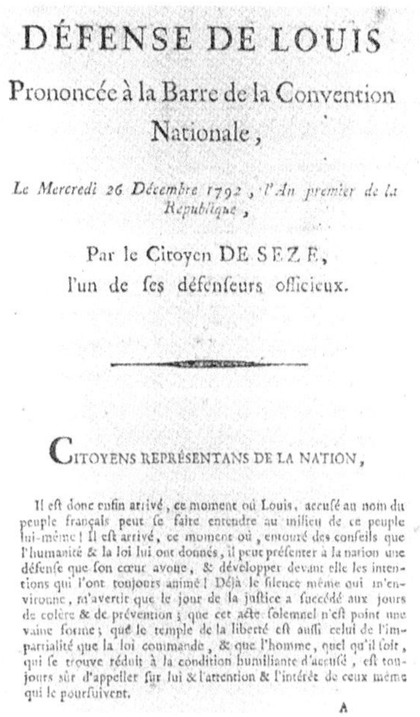

DÉFENSE DE LOUIS

Prononcée à la Barre de la Convention Nationale,

Le Mercredi 26 Décembre 1792, l'An premier de la République,

Par le Citoyen DE SEZE,
l'un de ſes défenſeurs officieux.

CITOYENS REPRÉSENTANS DE LA NATION,

Il eſt donc enfin arrivé, ce moment où Louis, accuſé au nom du peuple français peut ſe faire entendre au milieu de ce peuple lui-même! Il eſt arrivé, ce moment où, entouré des conſeils que l'humanité & la loi lui ont donnés, il peut préſenter à la nation une défenſe que ſon cœur avoue, & développer devant elle les intentions qui l'ont toujours animé! Déjà le ſilence même qui m'environne, m'avertit que le jour de la juſtice a ſuccédé aux jours de colère & de prévention; que cet acte ſolemnel n'eſt point une vaine forme; que le temple de la liberté eſt auſſi celui de l'impartialité que la loi commande, & que l'homme, quel qu'il ſoit, qui ſe trouve réduit à la condition humiliante d'accuſé, eſt toujours ſûr d'appeller ſur lui & l'attention & l'intérêt de ceux même qui le pourſuivent.

A

bénéficier des droits de tout citoyen de se défendre. Or, l'assemblée de la Convention est tout à la fois instructeur, accusateur et juge, ce qui est contraire au droit.

DE LA PLAIDOIRIE DE SÈZE

Si vous ôtiez à Louis XVI l'inviolabilité du roi, vous lui devriez au moins les droits du citoyen... Or, si vous voulez juger Louis comme citoyen, je vous demanderai où sont les formes conservatoires que tout citoyen a le droit imprescriptible de réclamer?

Citoyens, je vous parlerai avec la franchise d'un homme libre : je cherche parmi vous des juges et je n'y vois que des accusateurs. Vous voulez prononcer sur le sort de Louis, et c'est vous-mêmes qui l'accusez! Vous voulez prononcer sur le sort de Louis et vous avez déjà émis votre vœu! Vous voulez prononcer sur le sort de Louis et vos opinions parcourent l'Europe! Louis sera donc le seul Français pour lequel il n'existera ni aucune loi, ni aucune forme, il n'aura ni les droits de citoyen, ni les prérogatives de roi; il ne jouira ni de son ancienne condition, ni de la nouvelle. Quelle étrange et inconcevable destinée!

53.36 **Les chefs d'accusation.** La multiplicité des griefs interdit une réponse car elle serait trop longue et inaudible. Survol des principaux griefs, essentiellement celui du massacre du 10 août (par les Suisses aux Tuileries).

Vous voulez que le sang répandu crie vengeance contre lui ! Contre lui qui à cette époque-là même, n'était venu se confier à l'Assemblée nationale que pour empêcher qu'il ne fût versé. Contre lui qui de sa vie n'a donné un ordre sanguinaire ! Contre lui qui, le 6 octobre, empêcha à Versailles ses propres gardes du corps de le défendre. Contre lui qui, à Varennes, a préféré revenir captif plutôt que de s'exposer à occasionner la mort d'un seul homme. Contre lui qui, le 20 juin refusa tous les secours qui lui étaient offerts et voulut rester seul au milieu du peuple. Vous lui imputez le sang répandu ! Ah ! Il gémit autant que vous sur la fatale catastrophe qui l'a fait répandre ; c'est là sa plus profonde blessure, c'est son plus affreux désespoir. Il sait bien qu'il n'en est pas l'auteur mais il en a été peut-être la triste occasion : il ne s'en consolera jamais. Et c'est lui que vous accusez ! Français, qu'est donc devenu ce caractère national, ce caractère qui distinguait vos anciennes mœurs, ce caractère de grandeur et de loyauté ? Mettriez-vous votre puissance à combler l'infortune d'un homme qui a eu le courage de se confier aux représentants de la nation elle-même ? N'auriez-vous donc plus de respect pour les droits sacrés de l'égalité ? Ne croiriez-vous devoir aucune pitié à l'excès du malheur et ne regarderiez-vous pas un roi qui cesse de l'être comme une victime assez éclatante du sort, pour qu'il pût vous paraître impossible d'ajouter encore à la misère de sa destinée ? Français, la révolution qui vous régénère a développé de grandes vertus ; mais craignez qu'elle n'ait affaibli dans vos âmes le sentiment de l'humanité, sans lequel il ne peut y en avoir que de fausses. Entendez l'Histoire qui dira à la Renommée : Louis était monté sur le trône à vingt ans ; il donna sur le trône l'exemple des mœurs ; il n'y porta aucune faiblesse coupable ni aucune passion corruptrice. Il fut économe, juste, sévère ; il s'y montra toujours l'ami constant du peuple. Le peuple désirait la destruction d'un impôt désastreux qui pesait sur lui, il le détruisit ; il commença par l'abolir lui-même dans ses domaines ; le peuple sollicitait des réformes dans la législation criminelle pour l'adoucissement du sort des accusés, il fit des réformes ; le peuple voulait que des millions de Français que la rigueur de nos usages avait privés jusqu'alors des droits qui appartiennent aux citoyens, acquissent ces droits ou les recouvrassent, il les en fit jouir par ses lois ; le peuple voulait la liberté, il la lui donna. [...]

Citoyens je n'achève pas... Je m'arrête devant l'Histoire. Songez qu'Elle jugera votre Jugement et que Le sien sera celui des siècles. »

53.37 **L'homme.** Les qualités de Louis XVI pendant son règne sont exaltées. Les députés sont laissés en présence du jugement de l'histoire.

53.38 **L'ont-ils bien défendu ?** La plaidoirie lue par Romain de Sèze est peut-être décevante[1]. Mais qui pouvait prendre la responsabilité d'improviser un corps à corps avec Robespierre et Saint-Just d'une part, avec la salle surchauffée d'autre part, et enfin avec les juges conventionnels, tandis que chacun risquait sa tête ?

L'histoire retiendra, par les gazettes de l'époque (*Le Moniteur*), le « pesant silence » qui accompagna la plaidoirie, ce qui est une marque d'hommage.

Voici comment Carbon de Sèze, avocat au barreau de Paris et membre du conseil de l'Ordre, raconte les instants qui ont suivi la fin de l'audience, tels qu'ils furent vécus par son prestigieux aïeul[2].

DU DISCOURS DE CARBON DE SÈZE AU BARREAU DE PARIS EN 2012

Louis s'avança vers Romain de Sèze, lui ouvrit ses bras et tint à l'embrasser. Puis le roi pris une de ses chemises sur un meuble, la chauffa lui-même dans ses mains pour la donner à Romain de Sèze qui était en nage. [...]

On connaît la suite : l'exécution de Louis le 21 janvier, suivie de celle de Malesherbes.

Tronchet parvint à s'enfuir.

Romain de Sèze fut incarcéré à la Force, la pire prison de Paris, où nulle humiliation n'était épargnée, et qui plus est, il fut emprisonné à la Souricière, lieu sordide.

Dans cet enfer où tous les jours les prisonniers sont mis en rang de manière à remplir les charrettes pour la guillotine, avant même que les audiences ne soient tenues, Romain de Sèze connut un épisode très touchant pour les avocats que nous sommes. Plusieurs fois, alors qu'il avançait dans la file ne tentant pas de se dérober, un *sans-culotte* venait, le saisissait et le ramenait dans sa geôle.

Lorsqu'il fut transféré, le 11 pluviôse an II (30 janvier 1794) à la prison de Picpus, il s'arrêta devant ce *sans-culotte* et lui demanda la raison de son geste :

C'est très simple, vous ne vous rappelez pas de moi, mais quand vous étiez jeune avocat, vous m'avez défendu gratuitement.

1. R. de Sèze, *Convention nationale. Défense de Louis, prononcée à la barre de la Convention nationale, le mercredi 26 décembre 1792, l'an premier de la République, par le citoyen Deseze, l'un de ses défenseurs officieux, Imprimé par ordre de la Convention nationale*, Imprimerie nationale, 1792.
2. C. de Sèze, discours du 25 septembre 2012 au barreau de Paris, disponible auprès de l'Ordre des avocats du barreau de Paris.

53.39 **La séance de la Convention (27 décembre 1792) – Présidence de Vergniaud.** 721 députés dont un certain nombre d'anciens avocats (Treilhard) et le cousin du roi, Philippe Égalité.

On passe au vote.

Votants 721.

Majorité 361.

– 1re question
  Sur la culpabilité de Louis Capet 693 voix.

– 2e question
  Sur la peine de mort 366 voix.

Cinq voix !

Louis XVI fait alors remettre une déclaration au président. Il déclare qu'il doit à son honneur et à sa famille de ne pas souscrire à un jugement qui l'inculpe d'un crime qu'il ne peut se reprocher. Il fait donc appel à la Nation.

Les trois défenseurs vont successivement se lever.

De Sèze déclare que l'Assemblée compte dix-neuf absents qui doivent être décomptés en faveur de Louis, enfin qu'une majorité de cinq voix justifie l'appel à la Nation.

Tronchet fait valoir que le nouveau Code pénal exige pour la mort une majorité des deux tiers.

Malesherbes demande que la sentence soit renvoyée au lendemain, ne serait-ce que pour vérifier le décompte des voix.

La séance est levée.

Le verdict de mort sera prononcé par Vergniaud le 17 janvier 1793. Vergniaud et Treilhard avaient proposé l'appel au peuple de France. De nombreux députés s'étaient joints à ce vœu. En vain. Les menaces de mort rôdaient sur l'Assemblée.

Louis XVI fut exécuté le 21 janvier 1793 sur l'échafaud installé à l'angle nord-ouest de la place de la Révolution (la Concorde).

4 Les ex-avocats apprennent la défense pénale

53.41 **Depuis 1790, la justice pénale est ouverte à la défense.** Les anciens avocats – s'ils ont perdu le titre – n'ont point perdu le sens de la défense et font leurs premiers pas dans la justice pénale. Non sans peine. Les tribunaux sont entre les mains de jurys populaires excités par l'ambiance révolutionnaire de la rue.

L'apprentissage d'une telle justice n'est pas facile. Et il va devenir de plus en plus dangereux. On a vu combien la défense de Louis XVI a été compromise. Ses trois défenseurs ont payé cher leur dévouement.

L'affaire Favras (1790). L'une des affaires pénales les plus marquantes fut l'affaire Favras. Le marquis de Favras avait été arrêté pour activités contre-révolutionnaires. Dans sa cellule, il confie au procureur général Talon un mémoire confidentiel concernant l'affaire de la fuite de la famille royale à Varenne, mémoire compromettant pour les frères de Louis XVI puisque la fille de Talon, la comtesse du Cayla s'en servit pour obtenir de Louis XVIII la séparation de corps interdite alors par la loi.

Favras sera défendu avec courage par Thélorier dans une atmosphère de violences. Il ne put empêcher le verdict de mort.

L'affaire Gras (1791). Le premier grand plaidoyer pénal est l'œuvre de Bellart plaidant en appel pour Joseph Gras, veuf, 48 ans, qui avait par jalousie assassiné sa maîtresse, veuve Lefèvre, en lui portant vingt-deux coups de couteau. La sentence de mort fut infirmée et le meurtrier condamné à la détention perpétuelle. Il fut transféré à Bicêtre où il périt dans les massacres de septembre.

L'affaire de la veuve Michel (1791). C'est également Bellart qui défend la veuve Michel contre les héritiers de son mari contestant la légitimité, du dernier-né, d'une grossesse de dix mois et vingt jours. Cette fois, Bonnet, défendant les héritiers, l'emporte.

L'affaire Brolzard (1792). C'est aussi Bellart qui plaide pour l'amant de la jeune femme du magistrat Brolzard, défendu par Tronson du Coudray, et réussit à obtenir le rejet de la plainte en adultère, aidé de Berryer père plaidant pour la jeune femme, Mademoiselle Rouillet.

> DE LA PLAIDOIRIE DE BELLART CONTRE BROLZARD
>
> Eh quoi ! M. de Brolzard, qui a tant parlé des droits de l'honneur, en ignore-t-il tous les devoirs ? L'honneur lui permettait-il, à lui flétri par les excès, à lui arrivé à la vieillesse avant le temps, d'unir son sort à celui d'une jeune femme de quinze ans, brillante d'existence et de vertu ? L'honneur lui permettait-il de la tromper dans la plus importante des conventions humaines, en lui promettant un époux contre sa propre conscience ? Ah ! Sans doute si elle s'est oubliée jusqu'à porter à d'autres des sentiments que son mari refusait, elle est bien coupable envers elle-même, et tout le monde a droit de la mépriser. Tout le monde mais non pas son mari.

Lui, il devrait gémir d'avoir ôté à la vertu un cœur fait pour elle et qui, dans une union mieux assortie, ne s'en serait pas écarté. Il devrait, cause unique de ses désordres, la voir, non pas sûrement avec complaisance, mais avec compassion. Et puisque la nature, si elle eût établi entre ces deux époux des rapports de son choix, n'eût pas pu en établir d'autres que ceux de fille et de père, c'est en père aussi que M. de Brolzard eût dû se comporter avec sa femme ; et par des soins et des avis paternels qu'il eût dû tâcher de la ramener au respect d'elle-même et de ses devoirs…

5 Les avocats du Marais

53.51 **La création du tribunal criminel révolutionnaire (décret du 10 mars 1793).** La Révolution étend de plus en plus ses ravages. En même temps, les tribunaux d'exception que sont les tribunaux révolutionnaires perdent de plus en plus toute mesure et deviennent la proie de la rue. Le décret du 10 mars 1793 crée le tribunal criminel révolutionnaire réservé à ceux qu'on traite de « contre-révolutionnaires ». La défense y est « autorisée » voire tolérée.

Le « Marais » avait été un quartier privilégié et depuis longtemps, y demeuraient nombre d'avocats. La fureur révolutionnaire les trouve encore là, privés de leur titre, mais de plus en plus conscients du devoir de leur tâche et prêts à en prendre les risques quels qu'ils soient, fût-ce l'arrestation et la mort.

Au petit matin, quelque garde venait cogner à la porte de l'un d'eux, lui annonçant que tel avait été arrêté la veille, qu'il allait être jugé vers midi et qu'il était désigné pour la défense. Se lever, courir au tribunal criminel pour parcourir les liasses de l'accusation, plaider dans une ambiance surchauffée, la salle ouverte à une foule de gens vociférants et en armes, entendre le verdict de mort, embrasser le condamné avant que la charrette grinçant sur le pavé des rues, ne l'emporte à la guillotine. Puis attendre et risquer d'être emmené le lendemain, non plus pour défendre mais pour être jugé de façon tout aussi expéditive et condamné à mort.

53.52 **En tout environ 150 avocats.** Ces avocats se réunissent régulièrement le soir chez Férey dans cette bibliothèque immense qu'il possède et qu'il léguera en 1810 à l'Ordre renaissant grâce à lui, cette bibliothèque

53.52a Claude Chauveau-Lagarde.

où bientôt la Conférence du stage renaîtra aussi[1]. Autour de la table, les anciens : le doyen Lesparat, Delamalle[2], Berryer père[3], Delacroix-Frainville, Tronson du Coudray, mais aussi les brillants nouveaux venus : Bonnet, Chauveau-Lagarde[4], Bellart[5]. Quelques autres marqués par le seul courage du devoir : Billecoq, Gairal, Duveyrier, Gicquel, Fournel, en tout environ 150 avocats.

C'est un groupe d'autant plus étonnant qu'à la suite de la suppression de l'Ordre, une quantité d'anciens avocats avaient gagné la magistrature. Ceux qui ont la défense dans le cœur sont là. Les avocats du Marais étaient convenus de maintenir les règles d'honneur et de discipline de l'Ordre et de former des jeunes dans l'amour de leur profession. Chaque année, ils publient leur « tableau », « Liste de jurisconsultes et de défenseurs », suivant la très ancienne coutume du Palais de distinguer consultants et plaidants.

1. V. s[s] n° *61.41.*
2. V. s[s] n° *52.47.*
3. V. s[s] n° *52.42.*
4. V. s[s] n° *52.48.*
5. V. s[s] n° *52.44.*

53.61 **Un procès sans pièces (14-15 octobre 1793).** La reine sera jugée sans pièces car les dossiers ont été égarés. L'accusation préparée par Fouquier-Tinville est remise quelques heures avant l'audience aux deux avocats désignés, Chauveau-Lagarde et Tronson du Coudray.

L'accusateur a trié sur le volet les jurés. La foule est là : mi-injurieuse, mi-émue. Tous les arguments y passeront depuis l'aide qu'attendait la reine de sa famille jusqu'à celle d'inceste sur ses enfants. La reine se défend avec courage et calme. Chauveau-Lagarde plaide avec émotion. Il tente de faire valoir le sacrifice déjà imposé au roi. Il parle avec tant de foi qu'à la fin de sa plaidoirie, Fouquier-Tinville le fait arrêter et jeter en prison. Au lendemain de l'audience, Chauveau-Lagarde, craignant la mort, a trahi la reine. Il sera sauvé grâce à Thermidor et à la chute des tyrans. Tronson du Coudray, sachant ce qui l'attend, se lève, prêt au sacrifice suprême. Il plaide lui aussi avec calme et tente de sauver la reine.

Cependant, le tribunal la condamne à mort. Tronson du Coudray espérant se sauver déclare : « Mon ministère à l'égard de la veuve Capet est terminé. » Il est immédiatement traîné en prison. Sous le Directoire il sera déporté pour… ses opinions royalistes et mourra en Guyane.

53.62 **La condamnation à mort (16 octobre 1793).** Dans la nuit, Marie-Antoinette écrit à ses enfants et au petit matin, elle est amenée les bras liés derrière le dos, place de la Révolution (Concorde). Elle se prête au supplice sans défaillance.

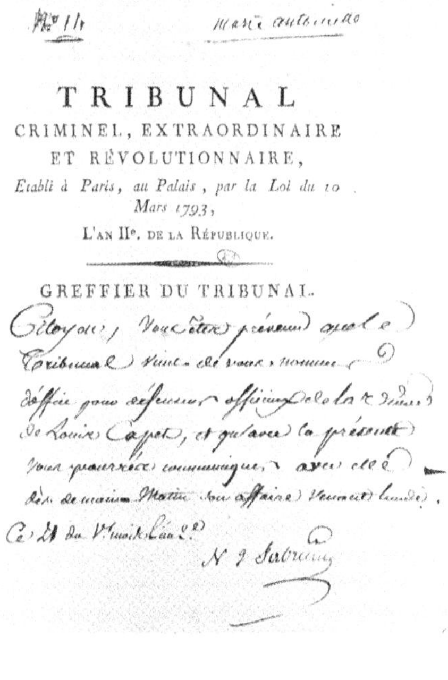
N° 11 Marie Antoinette

TRIBUNAL
CRIMINEL, EXTRAORDINAIRE
ET RÉVOLUTIONNAIRE,
Etabli à Paris, au Palais, par la Loi du 10 Mars 1793,
L'AN IIe. DE LA RÉPUBLIQUE.

GREFFIER DU TRIBUNAL.
Citoyen, vous êtes prévenu que le Tribunal vient de vous nommer d'office pour défenseur officieux de la veuve de Louis Capet, et qu'avec la présente vous pourrez communiquer avec elle dès demain matin son affaire venant lundi.
Ce 21 du 1er mois l'an 2e.
N J Fabricius

53.61a Convocation de Marie-Antoinette.

53.62a Marie-Antoinette amenée à l'échafaud à sa sortie de la Conciergerie.

7 La Terreur

53.71 **Le silence de la défense (1793-fin 1794).** L'accusateur public Fouquier-Tinville, habitué à pousser l'accusé dans la charrette, sans le moindre semblant de défense, devient procureur de la République. Alors, le verdict de mort va tomber à cadence redoublée. Pour éviter la plaidoirie d'un avocat du Marais, il exige de celui-ci le « certificat de civisme ».

Les avocats ont bien essayé de l'obtenir ne faisant rien contre la République, mais il suffisait d'une plaidoirie courageuse et ce certificat leur était refusé. À leur tour, dans ce cas, ils prenaient le chemin de la mort.

L'exigence de ce certificat et la crainte de ne pas l'obtenir deviennent, au début de 1794 (la Grande Terreur), l'obstacle définitif. La défense égale la mort. En avril 1794, l'avocat Danton est traîné devant

Fouquier-Tinville. Sa grande voix fait trembler le tribunal. Il est guillotiné sans chef d'accusation.

Le député Couthon se plaint que tyrans et conspirateurs puissent obtenir un défenseur qui se permette de les justifier et de critiquer la Révolution. Il traite les défenseurs de « mercenaires » et demande leur interdiction.

Pour ce qui est des accusés, le tribunal désignera lui-même d'office les défenseurs parmi les patriotes. Une loi du 23 prairial an II (11 juin 1794) vint régulariser cette pratique. Ce fut la fin des « avocats du Marais » : « La loi donne pour défenseurs aux patriotes calomniés des jurés patriotes. Elle n'en donne point aux conspirateurs. »

53.72 **Les avocats qui ont failli.** Après avoir célébré ceux des avocats qui ont élevé leur profession à la hauteur de leur sacrifice, il faut rappeler qu'après Target (qui a refusé de défendre Louis XVI)[1], Tronson du Coudray[2] et Chauveau-Lagarde (qui ont, après leur plaidoirie, renié Marie-Antoinette)[3], quelques-uns ont trahi leur devoir.

Jean-Baptiste Treilhard (1742–1810). Jean-Baptiste Treilhard, député de la Convention, vote la mort du roi mais en demandant le sursis. Il devient membre du sinistre Comité de salut public. C'est lui que Napoléon désigna, pour son érudition, pour la rédaction du Code civil.

Marie-Jean Hérault de Séchelles (1759-1794). Marie-Jean Hérault de Séchelles « organise » les tribunaux révolutionnaires avec leur procédure expéditive « pour mettre le pays à la raison ». Il fait aussi partie du Comité de salut public.

Louis-Michel Pelletier de Saint-Fargeau (1760-1793). Pelletier de Saint-Fargeau vote la mort du roi et meurt assassiné le jour de l'exécution du roi.

Jean Nicolas Billaud-Varenne (1756-1819). Le cas de Billaud-Varenne, jeune et brillant avocat, est particulier. Tout d'abord, il s'oppose à ce que le roi bénéficie d'un défenseur et vote la mort. Il s'acharne sur Marie-Antoinette en la faisant renvoyer devant le tribunal révolutionnaire. Mais le 9 thermidor an II (27 juillet 1794) il est violemment pris à partie par Robespierre. Il riposte avec une force prodigieuse. Saint-Just se met

1. V. s[s] nº *51.31*.
2. V. s[s] nº *53.61*.
3. V. s[s] nº *53.61*.

aux côtés de Robespierre et Tallien aux côtés de Billaud-Varenne. Ce dernier, par son éloquence, fait pencher la foule de son côté. Robespierre, Couthon et Saint-Just sont immédiatement guillotinés ainsi que 80 députés et meneurs.

Le tribunal révolutionnaire va fonctionner à plein jusqu'en décembre mais cette fois contre les artisans de la Terreur. Il disparaîtra alors pour toujours. La Révolution s'achève ainsi. Pour une part grâce à l'éloquence de Billaud-Varenne. Mais il sera déporté et mourra à Cayenne.

Antoine Quentin Fouquier-Tinville (1746-1795). Fouquier-Tinville sera guillotiné en juillet 1795 après avoir été jugé par le sixième tribunal révolutionnaire le 21 floréal an III (10 mai 1795).

DU JUGEMENT RENDU CONTRE FOUQUIER-TINVILLE

> La déclaration du jury porte à l'unanimité qu'il est constant qu'il a été pratiqué au tribunal révolutionnaire, dans le courant de l'an II, des manœuvres et complots, en faisant périr, sous la forme déguisée d'un jugement, une foule innombrable de Français de tout âge et de tout sexe ; en jugeant dans deux, trois ou quatre heures au plus, trente, quarante, cinquante et jusqu'à soixante individus à la fois ; en faisant préparer des charrettes dès le matin, et longtemps avant la traduction des accusés à l'audience ; en ne désignant pas dans les actes d'accusation les qualités des accusés d'une manière précise, de sorte que, par cette confusion, le père a péri pour le fils et le fils pour le père ; en ne donnant pas aux accusés connaissance de leur acte d'accusation, ou en le leur donnant au moment où ils entraient à l'audience ; en livrant, avant la rédaction du jugement, la signature au greffier sur des papiers blancs, de sorte qu'il s'en trouve encore plusieurs dans le préambule et au vu desquels se trouvent rappelées grand nombre de personnes qui toutes sont exécutées, mais contre lesquelles ces jugements ne renferment aucune disposition ; en n'écrivant pas ou ne faisant pas écrire la déclaration du jury au bas des questions qui lui étaient soumises ; lesquelles deux dernières prévarications, suite nécessaire de la précipitation criminelle des juges dans l'exercice de leurs fonctions, ont pu donner lieu à une foule d'erreurs et de méprises, dont une se trouve parfaitement constatée ; en refusant la parole aux accusés et à leurs défenseurs, en se contentant d'appeler les accusés par leurs noms, âge et qualités, et en leur interdisant toute défense ; en faisant rendre, sous prétexte d'une révolte qui n'exista jamais, des décrets pour les mettre hors des débats ; en ne posant pas les questions soumises au jury en présence des accusés ; en choisissant les jurés au lieu de les

53.72a Procès de Antoine Quentin Fouquier-Tinville.

prendre par la voie du sort ; en substituant aux jurés de service d'autres jurés de choix ; en jugeant et condamnant les accusés sans témoins et sans pièces, et en n'ouvrant pas celles qui étaient envoyées pour leur conviction ou leur justification ; en ne voulant pas écouter les témoins qui étaient assignés ; en mettant en jugement des personnes qui ont été condamnées et exécutées avant la comparution des témoins et l'apport des pièces demandées et jugées nécessaires pour effectuer leur mise en jugement ; en faisant conduire sur le lieu destiné au supplice d'un grand nombre d'accusés, et rester exposé pendant le temps de leur exécution, le cadavre d'un accusé qui s'était poignardé pendant la prononciation du jugement ; en donnant une seule déclaration sur tous les accusés en masse ; en proposant de saigner les condamnés jusqu'à la mort ; en corrompant la morale publique sur les propos les plus atroces et les discours les plus sanguinaires ; en entretenant des liaisons, des correspondances et des intelligences avec les conspirateurs déjà frappés du glaive de la loi.

53.81 **Chauveau-Lagarde.** C'est encore Chauveau-Lagarde[1] qui, avant le procès de la reine, plaide pour Madame Élisabeth sœur du roi. Un très courageux plaidoyer, où il fut constamment interrompu pour oser défendre l'accusée et corrompre ainsi l'opinion. Lui qui avait défendu avec une audace inouïe Charlotte Corday après l'assassinat de Marat. Il est de ceux – rares – qui ont, pour sauver certains de leurs clients, plaidé à rebours de leurs idées. Trahison qu'il a imposée à Charlotte Corday qui n'en fut pas quitte pour autant puisque guillotinée.

> DE LA PLAIDOIRIE DE CHAUVEAU-LAGARDE POUR CORDAY
>
> L'accusée, dit-il, avoue avec sang-froid l'horrible action qu'elle a commise ; elle en avoue avec sang-froid la longue préméditation, elle avoue les circonstances les plus affreuses ; en un mot, elle avoue tout, et ne cherche pas même à se justifier. Voilà, citoyens jurés, sa défense tout entière. Ce calme imperturbable et cette entière abnégation de soi-même, qui n'annoncent aucun remords, et, pour ainsi dire en présence de la mort même, ce calme et cette abnégation sublimes sous un rapport, ne sont pas dans la nature ; ils ne peuvent s'expliquer que par l'exaltation du fanatisme politique qui lui a mis le poignard à la main.

C'est Chauveau-Lagarde toujours qui plaide pour les Girondins (octobre 1793). Il réclame en vain les pièces de l'accusation à Fouquier-Tinville. Il sera mis dans l'impossibilité matérielle de plaider. Mais l'année du silence – 1794 – met provisoirement fin à son ministère. Après Thermidor le groupe des avocats du Marais ressuscite si l'on peut dire et plaide dans des conditions beaucoup plus saines, donnant cette fois libre cours à l'apprentissage du plaidoyer criminel.

53.82 **Le procès de demoiselle de Cicé (3 nivôse an IX).** L'attentat du 3 nivôse an IX (24 décembre 1800) avait fait de très nombreuses victimes. Demoiselle de Cicé, sur recommandation d'un prêtre, avait hébergé sieur Corbon, l'un des auteurs de l'attentat. Les perquisitions avaient révélé la présence dans son appartement de lettres codées.

Bellart plaide et obtient, contre toute attente, l'acquittement.

1. V. s[s] n[o] *52.48*.

53.83 **L'affaire Lanefranque (an IX).** À peine le docteur Lanefranque avait-il épousé demoiselle Pénicaud que celle-ci le quitte pour suivre un dénommé Racle et accoucher neuf mois plus tard. La femme n'hésite pas à demander le divorce puis la nullité du mariage.

Lanefranque se fait défendre par Bonnet qui fait un plaidoyer superbe.

DU PLAIDOYER DE BONNET POUR LANEFRANQUE

Quel est le nouvel adversaire que j'aie à combattre dans une cause de cette nature ? Est-ce un père outragé dont l'autorité a été méconnue, et qui vient réclamer devant vous ses droits violés, qui vient demander vengeance à la justice ? Non, citoyens juges ; nous connaissons ces sortes d'actions : elles sont respectables, elles méritent la faveur de la justice ; elles sont souvent suivies du succès. Est-ce donc une victime de l'apparence d'un mariage ? Enfin, est-ce un tuteur, une famille assemblée ? Non, citoyens juges ; c'est un étranger ; un étranger qui veut intervenir dans une cause en nullité de mariage ! Quel est donc ce téméraire qui ose hasarder une telle tentative ? Où sont ses droits ? Quels sont ses titres ? Tu demandes, époux infortuné, quel est cet étranger ? Et bien ! c'est lui qui t'a abreuvé d'amertumes, c'est celui qui te calomnie d'une manière atroce, qui a répandu contre toi des libelles diffamatoires, c'est celui qui t'a ravi à jamais ton bonheur. Cet étranger c'est le suborneur de ta femme et le ravisseur de ton fils. Tu demandes quels sont ses droits et ses titres. Ses *droits* sont d'avoir enlevé de la maison conjugale et paternelle une femme tendrement chérie, une épouse alors adorée, c'est de l'avoir soustraite à l'autorité paternelle, aux devoirs du mariage ; c'est d'avoir multiplié avec elle les fruits de leur désordre commun. Ce sont ces fruits malheureux d'un désordre avoué, notoire, qu'il publie d'une voix triomphante ; voilà quels sont ses droits. Ses *titres*, ce sont ses crimes. Ah ! citoyens juges, l'imagination est épouvantée d'un pareil système. J'en appelle à vos souvenirs, j'en appelle à vos cœurs. La première fois que vous avez entendu parler du projet de cette honteuse intervention, n'a-t-elle pas excité dans vos cœurs une révolte involontaire ? Un étranger, que dis-je ? Le suborneur d'une femme mariée, s'ériger en demandeur contre son époux ! C'est lui qui le poursuit, c'est lui qui l'attaque, qui l'interroge avec audace, et lui demande compte de chaque formalité de son mariage. Et quand on lui demande sa qualité, il répond hautement qu'il est le séducteur de l'épouse ; et quand on lui demande la représentation de ses titres, il produit isolément les fruits de son adultère. Il existe en France et dans nos tribunaux régénérés une action de cette nature ! Ah ! Citoyens juges, je conviens qu'un procès pourrait exister d'après des principes sévères, mais certains, entre le citoyen

Racle et le citoyen Lanefranque, mais ce ne serait pas un procès civil, ce serait un procès criminel, où le citoyen Racle serait l'accusé, et le citoyen Lanefranque l'accusateur. C'est là, dans un tel procès, que le citoyen Racle accusé de rapt pourrait figurer, c'est dans un tel procès qu'il paraîtrait dans l'attitude d'un coupable qui demande grâce, qu'il invoquerait l'indulgence de l'homme qu'il a outragé et des tribunaux chargés de le punir.

53.84 **L'affaire Dralin (an IX).** Pendant la Révolution, les parents de la petite Claire (8 ans) la confient à de proches parents et émigrent. Les protecteurs de l'enfant, à leur tour, s'en vont et laissent Claire à l'intendant Dralin qui est en même temps nommé tuteur. À 15 ans, Claire est séduite par le fils Dralin et se trouve enceinte. Les parents de Claire reviennent et refusent le mariage. Le jeune homme assigne.

Bellart plaide pour la famille et gagne. Après le procès, Claire passe outre, se marie avec Dralin… qui la tue et se suicide.

53.85 **L'affaire Mac-Mahon (an XII).** La femme de Mac-Mahon obtient le divorce motivé par l'absence de son mari pendant dix ans.

À son retour, Mac-Mahon assigne en nullité de jugement et prend Bellart comme consultant et Delamalle pour plaider. La femme se fait défendre par Bonnet et gagne.

53.86 **Le procès de l'attentat de Cadoudal (an XII).** Le premier Consul atteint dans sa personne et déjà tout-puissant, entendait faire un exemple et avait institué un tribunal d'exception présidé par un homme de confiance (Hémar). Il s'agissait de juger les auteurs, Cadoudal principalement, et les complices, les généraux Pichegru et Moreau, l'aide de camp de La Rivière… Pichegru meurt en prison.

Lorsque le procès s'ouvre, toute la France retient son souffle. Bonnet, qui défend le général Moreau, fait un plaidoyer très courageux.

DU PLAIDOYER DE BONNET POUR MOREAU

Le général Moreau est dans les fers ! Par les plus grands et les plus signalés services, par les plus brillantes victoires, par les conquêtes les plus importantes, par le salut de plusieurs armées, on n'acquiert pas sans doute le droit de trahir son pays, de renverser un gouvernement, d'exciter la guerre civile ; on n'acquiert pas le droit exécrable de déchirer le sein de sa patrie ; loin de nous le système d'une aussi affreuse compensation ; mais ces exploits, ces conquêtes, ce dévouement héroïque et sans bornes, tant de valeur, un si grand nombre de victoires, tant de préjugés heureux, vingt-cinq ans de probité qui les accompagnent, seront-ils perdus pour la justification d'un illustre accusé ? Non Messieurs, la raison, la justice et le sentiment proscrivent un système dicté par l'irréflexion et par l'ingratitude. « Ces souvenirs tutélaires, qui planent sur la tête de l'accusé, ne sont pas encore des justifications mais ils sont un présage plus que vraisemblable. »

Comme l'avocat écorche le pouvoir, Hémar le reprend :

> Toutes les fois qu'on s'écarte de l'intérêt de la partie, on manque à son devoir, on est un traître.

Verte réplique de Bonnet.

> Permettez-moi de vous le dire, Moreau a assez bien prouvé qu'il n'était pas un traître à sa patrie ; aucun de nous n'a fait à cet égard de preuves assez sublimes. Ni vous ni moi, Monsieur le procureur général, n'avons dirigé les plans de campagne de l'an IV et de l'an V ; ni vous ni moi n'avons battu, en tant de rencontres les ennemis de notre pays, ni vous ni moi n'avons déjoué par des victoires les conspirations de Pichegru ; ni vous ni moi n'avons anéanti ceux qui voulaient combattre la patrie et la trahir, ni vous ni moi n'avons fait l'admirable retraite d'Allemagne ou celle d'Italie, et sauvé trois armées, ni vous ni moi n'avons, par des actions, par des victoires, en battant plusieurs armées ennemies, payé aussi largement à la patrie notre tribut d'affection et de dévouement.

Aux côtés de Bonnet se trouve aussi Bellart. Il rédige un mémoire éclatant qui se répand dans le public. L'inculpé de La Rivière aide de camp du comte d'Artois, est défendu par Billecoq. Comme il était constamment arrêté dans sa plaidoirie par Hémar, il l'interpelle.

> DE LA PLAIDOIRIE DE BILLECOQ
>
> J'ai lu dans le Code pénal que la plus grande latitude est donnée à la défense. Prenez-y garde magistrat.
>
> Prenez-y garde, magistrats, un nouveau gouvernement vient d'être fondé ; le chef de ce gouvernement aura besoin d'amis, craignez de consacrer par un jugement de mort cette maxime : Que la fidélité à la puissance déchue peut être condamnée comme un crime. J'ai achevé cette défense et peut-être puis-je dire que j'ai rempli ma mission. Je vous en conjure, rendez à sa patrie, rendez à sa famille, rendez à ses amis un homme qui, j'ose le dire, alors même qu'il est placé sur le banc des accusés, a droit à votre estime

> par ses qualités, par ses vertus, par celles même qui ont causé son infortune ; un homme qui est devenu l'objet d'un intérêt universel dans tous les pays de l'Europe où sa personne est connue.

Bonaparte, furieux de ces débats et du mémoire, veut déporter les trois avocats. C'est Cambacérès qui les sauve et qui, sous l'Empire, restera constamment au soutien des avocats. L'empereur en aura gardé à l'égard du barreau un sentiment de méfiance. Pour Cadoual et de La Rivière, le verdict fut la mort, commuée pour ce dernier en détention perpétuelle, et en deux ans de détention pour Moreau.

9 Le rétablissement de la justice

53.91 **L'organisation de cours privés de droit.** C'est encore le groupe des avocats du Marais qui avait concouru à l'organisation de cours privés destinés à enseigner le droit car ces avocats étaient conscients qu'il était nécessaire, malgré tout, d'organiser la relève.

Deux institutions avaient été créées pour combler le vide laissé par une Université dévastée par la guerre civile. À l'« Académie de législation » et à l'« Université de jurisprudence » les meilleurs juristes dispensaient leur enseignement. Leurs cours étaient non seulement très fréquentés mais réputés. Tout particulièrement les grands avocats consultants Tronchet et Portalis y dispensaient-ils leur science dont bientôt l'Empereur allait se servir.

53.92 **Le vote du texte libérateur (1795).** Le tribunal criminel extraordinaire, appelé révolutionnaire, est supprimé par un décret du 12 prairial an III (31 mai 1795), deux ans et deux mois après sa création par la loi du 11 mars 1793[1] à l'instigation de Danton : « Soyons terribles pour dispenser le peuple de l'être. »

L'avocat Pierre-Antoine Merlin de Douai (1754-1838) contribue au vote de ce texte libérateur :

- chacun a le droit d'avoir un défenseur choisi librement ;
- l'autorité d'instruction est dorénavant séparée de l'autorité de jugement ;

1. E. Campardon, *Histoire du Tribunal révolutionnaire de Paris, d'après les documents originaux conservés aux Archives de l'empire*, Librairie de Poulet-Malassis, 1862.

– les peines classiques organisées par l'Assemblée constituante redeviennent légales.

Il faudra encore attendre quelques mois pour que soient rétablis dans leur intégralité les décrets de l'Assemblée constituante instaurant les juridictions pénales.

Enfin, la constitution du Directoire (1795) redonne vie à la totalité du système judiciaire établi en 1790-1791. La seule différence se trouve dans les créations de tribunaux d'appel, alors que le constituant de 1790 avait institué l'appel paritaire. Le droit commun judiciaire hérité de Maupéou redevient la règle et se trouve même intégré au niveau constitutionnel.

Dès le début de l'année 1795, les avocats « défenseurs », au nombre de 305, avaient repris librement leur tâche. La loi du 27 ventôse an VIII (18 mars 1800) rétablit les avoués, qui avaient été institués à la chute du barreau en 1790 puis supprimés pendant la Grande Terreur de même que les défenseurs officieux avaient été interdits a tout prévenu. Les avoués partageaient le monopole de plaidoirie avec les défenseurs officieux mais étaient attachés à un seul ressort. Nommés par l'État, ils étaient tarifés.

53.93 **Un monde vient de s'éteindre.** Celui d'une France qui, pendant sept siècles s'est forgée un destin, à force de souffrances, de luttes, de victoires. La Révolution semble tout anéantir. La France va ressortir différente : son unité est faite, elle ne va plus lutter contre les féodalités : elles sont anéanties ; elle ne va plus chercher sa langue : elle la possède dans son équilibre le plus parfait.

Dorénavant ce qu'il lui faut c'est la liberté moderne c'est-à-dire le gouvernement d'une nation devenue majeure.

Les avocats qui ont, pour une grande part, fait la France et contribué au succès d'une monarchie puissante, ont été confinés dans leur Ordre dès que le roi fut devenu la France. Par leurs grèves, répétées, ils ont alors soutenu l'entorse à la toute-puissance monarchique qu'était devenu le pouvoir judiciaire, participant ainsi au principe moderne de la séparation des pouvoirs.

Une fois l'Empire passé, ils reprendront directement les rênes du pays dans l'opposition d'abord, ensuite en s'emparant du pouvoir républicain.

6

LIVRE VI

La puissance de l'Ordre au XIXe siècle
L'élaboration de la liberté politique

61

CHAPITRE I

La reconstitution de l'Ordre

1 Napoléon et les avocats La codification

61.11 **La renaissance de l'ordre.** Il est étonnant de constater, d'un côté, quelle a été sous l'Empire la grande misère des avocats, mais d'un autre, comment l'Ordre a pu en même temps renaître, renaissance qui très vite se manifestera avec éclat.

61.12 **Les avocats sont confrontés à un système autoritaire.** Les avocats libérés du danger de mort qu'ils encouraient sous la Terreur, se trouvent confrontés à un système autoritaire qui ne tolère pas la critique pas plus que la libre plaidoirie. L'Empereur se souvient avec aigreur de cet étonnant concert de voix pour critiquer son gouvernement au moment du procès de l'attentat de Cadoudal [1], ce duo Bellart-Bonnet qui avait osé tenir tête avec audace et tant de talent au tribunal d'exception qu'il avait pourtant composé à sa guise, duo qu'il a bien failli envoyer à Cayenne si… Cambacérès ne l'en avait dissuadé.

Cambacérès était très lié aux avocats qui l'avaient secouru à un moment où il était dans une situation difficile, secours qu'il rendra au centuple. L'Empereur n'a pas non plus oublié que trois avocats sur deux cents avaient accepté le nouveau régime.

61.13 **Le Code civil (1804).** Tout de même, dans son grand dessein de continuer l'œuvre de Louis XIV et d'unifier le droit français, il s'adresse

1. V. s[s] n° *53.86*.

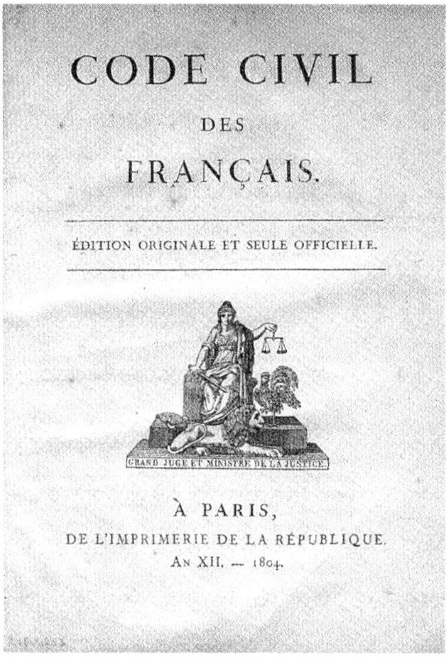

CODE CIVIL
DES
FRANÇAIS.

ÉDITION ORIGINALE ET SEULE OFFICIELLE.

GRAND JUGE ET MINISTRE DE LA JUSTICE

À PARIS,
DE L'IMPRIMERIE DE LA RÉPUBLIQUE.
AN XII. — 1804.

61.13a Code Napoléon.

aux avocats consultants les plus célèbres pour constituer une commission de rédaction : il désigne Tronchet, Malleville, Bigot de Préameneu, Portalis et Férey. Cette équipe va œuvrer en s'inspirant des grands juristes Domat et Pothier inspirés eux-mêmes du Code Justinien.

Le Code qui en sortira a donc une racine profondément romaine mise au goût du jour en particulier en ce qui concerne le droit de propriété. L'Empereur assiste en personne à un certain nombre de réunions. Le Code civil, dit Code Napoléon (1804), aura un impact universel et sera, en dehors de l'épopée, la plus brillante et la plus durable des conquêtes de Napoléon.

61.14 **Les autres codes (1806-1810).** Les autres Codes soumis à diverses commissions également compétentes, vont successivement paraître : le Code de procédure civile en 1806, le Code de commerce en 1807, le Code d'instruction criminelle en 1808, enfin, le Code pénal en 1810.

Cependant, l'Empereur vouait aux avocats une hostilité de tous les instants et s'il admettait les consultants, ne pouvait souffrir les plaidants. Il n'a remis la Légion d'honneur, dont il est le fondateur, à aucun avocat sauf un, un seul par qui va venir la restauration de l'Ordre, Férey.

Cambacérès avait déjà obtenu (loi du 13 mars 1804) que soit rétabli le ministère de l'« avocat » avec tableau, costume – exactement le costume actuel, la robe avait été rétablie dès 1802 – et l'ancienne déontologie, mais avec, à la clé, le serment politique en faveur du régime.

2 Le don de Férey à la bibliothèque de l'Ordre des avocats

61.21 **Nicolas Férey (1735-1807).** Nicolas Férey était un consultant et avait réussi à capter l'amitié de Napoléon. Était-ce ou non arrangé avec Cambacérès, toujours est-il que Férey, possesseur d'une bibliothèque considérable, décida d'en faire don… à l'*Ordre des avocats* qui n'existait pas. Il y ajoutait un capital pour compléter le fonds et pour l'installer.

SUR LE DON DE FÉREY À L'ORDRE DES AVOCATS

> Je donne et lègue, sous le bon plaisir du gouvernement, à l'Ordre des avocats, sous quelque nom que sa majesté l'Empereur et roi jugera à propos de le rétablir les livres de droit que j'ai à Paris, en quoi je comprends les douze volumes in-folio et les vingt-neuf in-4° des mémoires et consultations que j'ai réunis avec le plus grand soin, […].
>
> Je donne en outre, à l'Ordre des avocats, la somme de 3 000 francs une fois payés, pour aider à acheter d'autres livres qui seront jugés nécessaires ; à ajouter 600 francs de rentes sur l'État, en tiers consolidé, à prendre dans les rentes de pareille nature qui m'appartiennent ;
>
> Le legs que je viens de faire n'est qu'une faible marque de la reconnaissance dont je suis pénétré pour les bontés et l'attachement que mes chers confrères n'ont cessé de me témoigner dans tous les temps, et que l'acquit d'une dette sacrée de ma part envers un Ordre auquel, à l'aide d'un travail assidu de plus de cinquante ans, et toujours borné au cercle des connaissances requises pour ma profession, faute de santé et de dispositions naturelles, j'ai été redevable de l'estime dont ceux mêmes dont je n'ai pas eu l'avantage de partager la confiance, ont bien voulu m'honorer, et qui, sur le rapport des personnes distinguées par les grandes places auxquelles leur mérite et leurs lumières les ont appelées auprès du monarque, a porté en outre sa majesté l'Empereur et roi à donner à l'Ordre des avocats, dans l'un de ses plus anciens membres, une décoration pour laquelle la plupart de mes confrères m'étaient préférables.

61.22 **La validation du legs de Férey (décret du 14 mars 1818).** Férey décède en 1807 et un décret impérial du 14 mars 1818 valide le legs (ce qui n'était pas évident). Le 5 février 1810, un certain nombre d'avocats organise un service solennel en l'église Saint-Paul, au centre du Marais où demeurent les principaux avocats. Bellart prononce l'éloge funèbre de Férey.

DE L'ÉLOGE FUNÈBRE DE FÉREY PAR BELLART

Jadis, sous le titre de *Bibliothèque des avocats*, existait un établissement dédié au double culte de la science et de l'honneur.

C'était là que, dans des réunions hebdomadaires, de jeunes émules venaient apprendre à régler leur bouillante ardeur à la voix de ces vieux chefs, qui expliquaient comment il fallait tempérer le zèle par la modération, et ployer sa fierté au joug d'une discipline salutaire.

C'était là que la gloire et la probité, les qualités brillantes et les modestes vertus, confondues dans la fraternité la plus touchante, apportaient l'hommage de leurs succès divers, dont chacun était orgueilleux, dont personne n'était jaloux, parce que c'était le *bien de tous*.

On y voyait ces orateurs chargés des plus grands intérêts, ces jurisconsultes livrés aux travaux les plus savants, oublier et leur grande clientèle et leurs graves études, pour écouter avec simplicité, pour débrouiller avec patience les récits diffus et souvent inintelligibles de villageois, de femmes du peuple, de pauvres, tous sortants d'auprès d'eux, éclairés sur leurs droits, mieux disposés à la paix, souvent même assistés dans leurs besoins.

M. Férey regrettait cet établissement détruit par la Révolution ; sa passion était de le relever. Par son testament, il nous le rend autant que cela fut en lui. Il a fait davantage, et soumettant, comme il le devait, à l'approbation du souverain le legs dont il gratinait "l'*Ordre des Avocats*, sous quelque nom, dit-il dans son testament, qu'il plaise à sa majesté l'Empereur et roi de le rétablir", il a déposé ainsi aux pieds du monarque, qui l'honora de ses bontés, le vœu d'en obtenir, à ses derniers moments, une de plus dans le rétablissement de l'Ordre dont il conserva soigneusement les maximes.

Dernières paroles d'un mourant, vous ne serez pas oubliées ! Celui qui, veillant avec sollicitude sur toutes les parties de l'harmonie sociale, a déjà rétabli la discipline dans un grand nombre de professions diverses, jettera, quand le temps en sera venu, un coup d'œil sur la nôtre. Elle n'est pas indigne des regards du héros, puisqu'il aime la gloire, ni des regards du législateur, puisqu'elle est consacrée au culte des lois. Le vœu de M. Férey, auquel nous osons joindre le nôtre, sera exaucé…

3 Le décret du 14 décembre 1810 de rétablissement de l'Ordre des avocats

61.31 **Le projet de décret rétablissant l'Ordre des avocats.** Cambacérès en personne se trouve dans le chœur en l'Église Saint-Paul au service

61.32a Convocation pour la première assemblée de l'Ordre reconstitué en 1810.

MONSIEUR ET CHER CONFRÈRE,

MONSIEUR le Procureur-Général, par son arrêté pris au Parquet de la Cour Impériale, le 9 de ce mois, m'ayant nommé Bâtonnier provisoire, à l'effet de convoquer et de présider la première Assemblée générale de l'Ordre, pour l'élection des Membres parmi lesquels seront pris ceux qui composeront le Conseil de Discipline, aux termes du décret impérial du 14 Décembre 1810, et le Bâtonnier sera choisi ; j'ai l'honneur de vous inviter à vous rendre à l'Assemblée qui aura lieu Lundi 22 Avril, en la quatrième Chambre du Tribunal de Première Instance, à midi précis.

Votre affectionné Confrère,

DELAMALLE.

solennel de Férey. Il avait déjà soumis à l'empereur un projet de décret rétablissant l'Ordre.

DÉCRET DU 14 DÉCEMBRE 1810 (PROJET)

> Lorsque nous nous occupons de l'ordre judiciaire et des moyens d'assurer à nos cours la haute considération qui leur est due, une profession dont l'exercice influe puissamment sur la distribution de la justice, a fixé nos regards. Nous avons en conséquence ordonné le rétablissement du Tableau des avocats, comme un des moyens les plus propres à maintenir la probité, la délicatesse, le désintéressement, le désir de la conciliation, l'amour de la vérité et de la justice, un zèle éclairé pour les faibles et les opprimés, bases essentielles de leur état.

L'empereur aurait alors pris sa plume et écrit cette note en titre du projet de décret :

> Tant que j'aurai l'épée au côté, jamais je ne signerai un pareil décret. Je veux qu'on puisse couper la langue à un avocat qui s'en sert contre le gouvernement.

Après l'hommage à Férey, Cambacérès revient à la charge.

61.32 **Le décret du 14 décembre 1810.** Sur l'insistance de Cambacérès, il signe le décret mais non sans l'assortir de véritables chaînes : les avocats seront asservis dans :

– leur tableau, dressé par le procureur général et approuvé par le garde des Sceaux;
– leur encadrement, par la désignation de la totalité du conseil de l'Ordre ainsi que du bâtonnier par le procureur général;
– leur ressort, par l'interdiction à l'avocat de plaider ailleurs que dans son ressort;
– leur serment, politique;
– leur discipline, par l'appel des décisions de l'Ordre devant la Cour, sanction directe par le garde des Sceaux;
– leur liberté, par l'interdiction de réunion et de grève;
– leurs honoraires, par l'obligation de mentionner les honoraires au pied des actes; ainsi se trouve pour la première fois imposée l'ordonnance de Blois qui avait provoqué la célèbre grève de 1602.

Telles sont ces entraves imposées aux avocats. Fallait-il accepter? En 1790 les avocats, libres, bâtonnier en tête, avaient disparu sans mot dire. La Révolution avait bâillonné, déporté ou assassiné les défenseurs officieux. L'Empire les rétablit chaînes aux pieds. Il est certain que cette longue frustration, jointe à l'impossibilité d'exercer librement leur métier, va créer au cœur des avocats un besoin de liberté, liberté totale qui va marquer profondément leur démarche politique pendant tout le XIXe siècle.

4 Les élections de 1811

61.41 **L'Ordre des avocats rétablit le bureau de consultation et la Conférence du stage.** Le procureur général accepte la désignation de Delamalle comme bâtonnier. Homme du monde, éloquent et célèbre, il brille aussi par une habileté exceptionnelle ce qui ne l'avait tout de même pas empêché de faire partie de la cohorte des avocats du Marais. Au conseil de l'Ordre sont élus par leurs confrères puis nommés par le procureur général les deux grands de l'époque Bellart et Bonnet qui avaient été voués jadis au bagne de l'empereur. On retrouve aussi Billecoq et Delacroix-Frainville.

Le premier ouvrage de l'Ordre est de rétablir le bureau de consultation gratuite pour les pauvres et la Conférence du stage. Celle-ci va se réunir dans la nouvelle bibliothèque en cours d'aménagement où sont réunis le fonds légué par Férey et environ 2 000 volumes de l'ancienne bibliothèque dépouillée en 1790 et récupérés à l'Arsenal.

Le bâtonnier obtient encore de Cambacérès le rétablissement du monopole de plaidoirie (décret du 2 juillet 1812). Les avoués ne pourront plaider que les causes sommaires et les incidents, sauf les anciens avoués (par le droit acquis).

61.42 **Le barreau pendant l'Empire.** Au rétablissement de l'Ordre on décompte 320 avocats. En 1790, ils étaient 60 défenseurs officieux (anciens avocats). Le barreau reste surtout marqué par les grands noms de Bellart[1] et Bonnet[2].

Il revient à Bellart d'avoir « inventé » la plaidoirie criminelle dès que le législateur de la Révolution a autorisé la défense. Sa plaidoirie la plus connue est celle de l'affaire Gras[3].

À l'époque, les avocats plaidaient à partir de mots préparés, en improvisation maîtrisée, à la limite de l'émotion et du droit. Mais ils plaidaient beaucoup trop long !

La présence de Berryer père et de Chauveau-Lagarde, comme celle de Dupin aîné vont apporter à l'Ordre l'émancipation des premiers grands avocats politiques.

61.43 **Le procès Tonniges (1810).** Tonniges laisse sa fortune, par testament mystique, à la descendance de l'un de ses deux neveux, Frédéric. Benjamin, l'autre neveu déshérité, attaque. Arrestation du notaire et de Frédéric. L'affaire vient devant une juridiction présidée par un magistrat déjà rencontré dans le procès Cadoudal[4], Hémar. Magistrat bien en cour et prompt à interrompre les avocats.

Chauveau-Lagarde et Billecoq sont pour Frédéric, Bonnet pour Benjamin. Billecoq provoque l'humeur d'Hémar qui l'interrompt constamment : « Il est inutile de fatiguer la cour ! »

Le procureur général en rajoute en demandant contre cet avocat l'interdiction d'exercer pendant un an. Billecoq doit le lendemain plaider pour lui-même et revendiquer sa liberté de parole sans laquelle reste vaine toute plaidoirie.

L'arrêt annule le testament, condamne le notaire et ne suit pas sur les réquisitions contre Billecoq.

1. V. s[s] n[o] *52.44*.
2. V. s[s] n[o] *52.43*.
3. V. s[s] n[o] *53.41*.
4. V. s[s] n[o] *53.86*.

61.43a Ferdinand Bonnet.

61.44 **Le procès du maire d'Anvers (1813).** Le maire d'Anvers est accusé de détournement.

Il est défendu par Berryer père qui le fait acquitter. Napoléon, mécontent, ordonne son incarcération et le Sénat annule la décision. L'abdication de l'Empereur met fin aux poursuites.

62

CHAPITRE II

Les avocats façonnent la liberté à l'époque de la Restauration

1 Les avocats façonnent la liberté

62.11 **L'avocat entre dans la saison de la politique.** L'Ancien Régime a façonné l'État. Il est temps de dessiner les libertés publiques.

Les avocats n'oublient pas le statut de liberté surveillée que leur avait imposé l'Empire. Ils ont aussi en mémoire les geôles et les échafauds de la Révolution. Entre les deux, une voie s'ouvre à eux : celle de la liberté des citoyens.

Le barreau va en rechercher une définition pendant tout le siècle, croire l'avoir trouvée quelque temps, puis la voir s'enfuir, la cerner un peu plus à droite, un peu plus à gauche, dans les monarchies constitutionnelles, dans les républiques. Mais chaque fois qu'il aura cru la saisir, elle sera piétinée : délits de presse, de réunions, d'opinions. Alors, il volera à son secours, quitte à secouer le peuple, à inciter les barricades et à provoquer un nouveau régime. La saison de la politique est arrivée. L'avocat y rentre, se fait élire, investit le parlement, brigue les postes ministériels, mais aussi freine brusquement lorsque les libertés sont touchées. L'avocat conduit alors les journées d'émeute, voire, de révolutions[1].

62.12 **L'avocat-roi.** Après l'avocat bourgeois, écarté du pouvoir par la monarchie absolue, mais poussant à la fronde par le parlement, après vingt ans de tyrannie où sa liberté est terrassée, il devient l'avocat-roi. Roi parce que désormais c'est surtout lui qui façonne la France au creuset de

1. J.-L. Debré, *La justice au XIXe siècle : Les Républiques des avocats*, Perrin, 1984.

Ambroise Tardieu direxit.

62.21a Nicolas Bellart.

la liberté, lui qui va faire et défaire les régimes politiques, lui enfin qui va atteindre aux sommets de l'art de l'éloquence.

2 La restauration

62.21 **Bellart accueille Louis XVIII (1814).** Fin mars 1814, alors que Napoléon fait ses adieux à la France sur le perron de Fontainebleau, Bellart, qui avait été tant poursuivi par les foudres de l'Empereur, prend l'initiative de demander au Conseil général de la Seine dont il fait partie, d'afficher dans Paris une proclamation réclamant le retour des Bourbons. Ce sera la première initiative en faveur de la Restauration. Le roi en saura gré à Bellart et à l'Ordre des avocats.

Le 3 mai 1814, Louis XVIII fait une déclaration solennelle au château de Saint-Ouen ouvrant l'ère de la monarchie constitutionnelle, puis il rentre à Paris. L'un de ses premiers gestes sera de recevoir le conseil de l'Ordre, dont le bâtonnier est Delacroix-Frainville, de Sèze en tête. Il n'ignore pas que les avocats ont toujours refusé l'Empire et qu'ils voient dans la monarchie retrouvée, le régime qui donnera enfin les libertés au citoyen, grâce à la Charte.

Louis XVIII s'adresse au conseil de l'Ordre et rappelle la gloire immortelle qu'ont acquise les avocats pendant les années terribles. Dans les jours qui suivent, de Sèze est nommé Premier président de la Cour de cassation. En tant que tel, il désignera nombre d'avocats à tous les hauts postes de la magistrature. Enfin, Bellart demande au roi de briser les dernières chaînes qui existent encore, celles du décret de 1810. Les Cent Jours, de mars à juin 1815, vont révéler les « trahisons » de plusieurs généraux.

62.22 **Les espoirs nés de la Charte s'effritent.** Cependant très rapidement, naissent les difficultés et à chaque fois les espoirs nés de la Charte vont s'effriter :

- les actions en réintégration des émigrés dans leurs biens, alors que Louis XVIII avait promis de respecter la propriété des biens nationaux ;
- les prétentions d'une Église restaurée dans sa puissance, à inspirer la politique ;
- les premières réactions fiévreuses et inquiètes de la presse, les réunions politiques des premiers opposants et les coups de barre du régime.

Voici que le barreau commence à s'inquiéter, à se diviser quelque peu. Bellart insiste pour obtenir la suppression des entraves de l'Ordre. Le ministère s'empresse de ne pas répondre à sa demande : les chaînes que Napoléon avait forgées contre les avocats sont un acquis qu'il serait peut-être bon de conserver. L'avocat – de nature libérale – reste à contrôler...

62.23 **Les premières escarmouches.** Les anciens parmi les avocats sentaient toute la gêne de la situation. Bellart, l'un des leurs et des meilleurs, devenu procureur général est, de ce fait, conduit lui-même à assumer la surveillance d'un Ordre qu'il chérissait.

Les jeunes, résolument hostiles à Bellart, manifestent leur souhait d'une libération de la défense. Le ton monte d'un degré à l'occasion de l'affaire Manuel. Celui-ci, sur le point de devenir député, de tempérament très remuant, habile à faire du bruit, dirige un cabinet d'affaires à Aix-en-Provence. Il demande à s'inscrire au barreau de Paris. Le barreau d'Aix, interrogé, ne répond pas sur l'opportunité de l'inscription si bien que Paris temporise. Manuel en profite pour ameuter les esprits et les jeunes prennent parti pour lui. Parmi eux les deux frères Dupin et le jeune Mauguin. Grands talents. Ils mènent le combat des jeunes et Dupin aîné va brandir le drapeau de l'opposition.

Le bâtonnier Billecoq en 1821 présente au procureur général Bellart une liste de candidats au conseil de l'Ordre ne comportant que des jeunes. Le procureur se voit contraint d'annuler les élections et ordonne une enquête. Le bâtonnier refuse de s'y prêter. Dès lors, on reconduit le conseil de 1821 pour l'année 1822. Pour en sortir, le garde des Sceaux imagine d'accorder quelques satisfactions.

3 L'ordonnance du 20 novembre 1822

62.31 **Un premier pas vers l'indépendance de l'Ordre (ordonnance du 20 novembre 1822).** L'ordonnance du 20 novembre 1822 constitue un premier pas vers l'indépendance de l'Ordre. Elle apporte cinq satisfactions :

- la suppression des quittances d'honoraires au bas des actes ;
- la suppression du pouvoir disciplinaire du garde des Sceaux ;
- le rétablissement intégral des usages du barreau ;
- la constitution d'un barreau à partir de six avocats ;
- les droits des anciens avoués sur la plaidoirie supprimés d'où une séparation absolue des professions d'avocat et d'avoué.

Les avantages arrachés par les avocats étaient de taille. Cependant, les jeunes s'aperçurent bien vite que le législateur avait organisé un contrôle sur la composition de l'Ordre. Le Conseil était désigné parmi les avocats anciens (les plus favorables au pouvoir). Et l'avocat restait interdit de plaider hors de son ressort. Le Conseil était élu parmi les deux avocats les plus anciens de chaque colonne.

62.32 **Un faux pas.** Bellart se trouvait malgré lui entraîné dans une spirale sans fin. Et Dupin marquait des points, tandis que le jeune barreau devenait insolent à l'égard de la magistrature.

Un arrêt d'avril 1829 de la cour d'assises marque alors pour la première fois de l'histoire de la justice en France, non seulement que magistrats et avocats ont rompu leur alliance, mais qu'ils peuvent être confrontés.

Deux jeunes avocats avaient refusé de plaider. La cour ordonne leur renvoi devant le conseil de l'Ordre et l'arrêt comporte une articulation désagréable pour le moins et par tant inadmissible. Le conseil se réunit en assemblée disciplinaire et rejette le recours. L'affaire va en Cour Suprême toutes chambres réunies. Elle ordonne la suppression de la délibération du conseil de l'Ordre. Opposition devant la même juridiction. Lors de l'assemblée générale des chambres réunies, le conseil de l'Ordre en son entier fait acte de présence. Malgré cela par son arrêt du 21 juillet 1829, la Cour Suprême persiste et signe.

Le grand Bellart, mort depuis 1826, n'aura pu infléchir l'arrêt. Il marque une déchirure entre deux professions jadis liées par la parenté, l'amitié, la confiance, un respect mutuel.

62.33 **La constitution des barreaux de province (conséquence heureuse de l'ordonnance du 20 novembre 1822).** La constitution des barreaux de province est une conséquence heureuse de l'ordonnance du 20 novembre 1822. Jusqu'ici, sous l'Ancien régime, les avocats étaient inscrits auprès des parlements car ils étaient au contact de la haute justice et de la politique. Ceux attachés aux baillis et prévôts avaient certes leur grande utilité mais ils suivaient le mouvement général venu des parlements, sans en avoir le moins du monde l'initiative.

La Révolution avait tout balayé puisque les « défenseurs officieux » n'avaient aucun statut.

Le décret de 1810 reconstitue les grands barreaux, outre celui de Paris, ceux de Toulouse, Lyon et Bordeaux. Certes, il y a un peu partout des avocats mais ils restent isolés et les avoués qui partagent le monopole désertifient leurs cabinets.

L'ordonnance de 1822 en instituant des barreaux disposant du monopole de plaidoiries à partir de six avocats, permet aux barreaux départementaux de se créer et de vivre et, dès lors, les avoués n'ont plus la barre. Mais ceux-ci, profitant du malaise entre magistrats et avocats, exercent un recours pour conserver le droit de plaider au moins devant les juridictions pénales. La Cour de cassation dans son arrêt du 12 janvier 1828, leur reconnaît ce droit.

Pendant un siècle encore les avoués, pour gêner la constitution des barreaux de villes moyennes, envoyaient leurs dossiers aux avocats des grandes villes. Célèbre est la lutte du barreau de Versailles pour l'existence. Dans les années 1830, le quorum de six est atteint mais pas pour longtemps. Ce n'est qu'en 1840 qu'un barreau se formera définitivement.

Ces dissensions entre les deux professions laissèrent de profondes blessures.

4 Les grands avocats pendant la Restauration

62.41 **Évolution de la plaidoirie.** Sous l'Ancien Régime, l'avocat ne plaidait pas d'affaires criminelles en application de l'ordonnance de Villers-Cotterêts. La Révolution brusquement lui ouvre l'ambiance très spéciale

62.43a André Dupin, dit Dupin aîné.

des jurys populaires, leur atmosphère dramatique. Les avocats les plus courageux, ceux-là même qui avaient du talent, ont eu beaucoup de mal à s'adapter. Même Bellart et Bonnet.

La Restauration va les mettre en présence des grandes affaires politiques.

62.42 **Pierre-Nicolas Berryer (1757-1841).** Pierre-Nicolas Berryer[1], dit Berryer père, a la facilité d'une présence imposante. Souvent, il engage mal l'action sur une plaidoirie toute prête. Mais soudain, il s'en dégage, repousse ses feuilles et d'une voix superbe, improvise. C'est là qu'il gagne.

62.43 **Dupin aîné (1783-1865).** André Dupin, dit Dupin aîné, ne rédige avec grand soin que l'exorde qu'il lit. Ensuite, il plaide sur quelques notes avec intelligence et force de conviction. Aucune déclamation, rompant ainsi avec le style généreux de Bellart et Bonnet. Il cherche à amener progressivement la décision. Il convainc le grand public mais surtout le duc d'Orléans, futur Louis-Philippe, pour lequel il plaidera l'affaire de la restitution du Palais-Royal et de l'immense fortune immobilière qu'il entend récupérer. Le succès de ces procédures va donner au duc l'assise financière nécessaire pour préparer son avènement.

1. V. s[s] n[o] *52.42*.

62.44 **Dupin jeune (1798-1816-1846).** Philippe Simon Dupin, le jeune frère d'André Dupin, dit Dupin jeune, arrive aussi à la barre. Doué d'une dialectique incomparable qu'il distille avec une facilité prodigieuse et avec une grande hauteur de vue, il apparaît comme l'un des plus brillants de sa génération.

62.45 **Chaix d'Est-Ange - Delangle - Mauguin - Barthe.** Les jeunes avocats Chaix d'Est-Ange[1], Delangle, Mauguin et Barthe apportent aussi leur talent à un barreau décidément brillant.

5 La documentation

62.51 **Le perfectionnement de l'outil de travail des avocats.** Il revient à deux avocats, Désiré Dalloz (1795-1869) et son frère Armand, de donner à leurs confrères un *Répertoire* de droit complet autant que pratique, qui va devenir rapidement l'outil de travail indispensable. Depuis deux siècles paraissait (irrégulièrement) le *Journal des audiences*[2]. Il ne constituait cependant pas pour les praticiens un périodique commode à consulter, sinon une information quotidienne et fragmentée.

Désiré Dalloz prend la direction du *Journal des audiences* et, en 1824, lui substitue le *Recueil périodique de jurisprudence générale* ou *Jurisprudence générale du royaume* comportant les ordonnances royales, les arrêts de jurisprudence et la doctrine, soit en notes sous les arrêts, soit en articles sur les sujets d'actualité. De 1825 à 1997 la collection comporte 172 volumes.

De son côté, Jean-Baptiste Sirey (1762-1845) avait édité un *Répertoire de la jurisprudence* qui a été également précieux pour les praticiens (à partir de 1820).

Sirey et Dalloz furent les grands successeurs de Dumoulin (vers 1550) (mise en ordre raisonnée du droit coutumier français), de Cujas (1522) et de Pothier (1760) (présentation moderne du droit romain).

La bibliothèque de tout avocat comportait aussi les deux dictionnaires, l'un de droit, l'autre de jurisprudence composé à l'orée de la Révolution. Bientôt, à son tour, Armand Dalloz va mettre au point un *Dictionnaire général et raisonné de jurisprudence* qui va compléter la bibliothèque ordinaire de l'avocat.

1. V. s[s] n° *71.24*.
2. V. s[s] n° *43.25*.

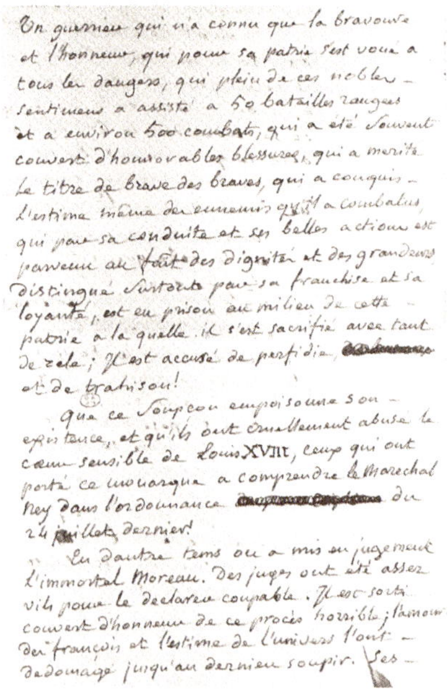

Un guerrier qui n'a connu que la bravoure
et l'honneur, qui pour sa patrie s'est voué à
tous les dangers, qui plein de ces nobles
sentimens a assisté à 50 batailles rangées
et à environ 500 combats, qui a été souvent
couvert d'honorables blessures, qui a mérité
le titre de brave des braves, qui a conquis
l'estime même des ennemis qu'il a combattus,
qui par sa conduite et ses belles actions est
parvenu au faîte des dignités et des grandeurs
distingué surtout par sa franchise et sa
loyauté, est en prison au milieu de cette
patrie à laquelle il s'est sacrifié avec tant
de zèle ; il est accusé de perfidie,
et de trahison !
Que ce soupçon empoisonne son
existence, et qu'ils ont cruellement abusé le
cœur sensible de Louis XVIII, ceux qui ont
porté ce monarque à comprendre le Maréchal
Ney dans l'ordonnance du
24 juillet dernier !
En d'autre tems on a mis en jugement
l'immortel Moreau. Des juges ont été assez
vils pour le déclarer coupable. Il est sorti
couvert d'honneur de ce procès horrible ; l'amour
des françois et l'estime de l'univers l'ont
dédommagé jusqu'au dernier soupir. Ses –

62.61a Plaidoyer pour le maréchal Ney.

6 Les procès

62.61 **Le procès du maréchal Ney (1815).** Le maréchal Michel Ney choisit Berryer père[1], Dupin aîné et Delacroix-Frainville. Il est cité à comparaître devant le Conseil de guerre qui se déclare incompétent après une plaidoirie de Berryer (décision du 10 novembre 1815).

L'affaire renvoyée devant la cour des pairs nécessite la rédaction par Bellart, devenu procureur général, du réquisitoire. Il revient à Dupin de plaider sur les irrecevabilités :

– il soulève d'abord l'absence de règles formelles d'organisation de la cour mais celle-ci rejette (arrêt du 13 novembre 1815) ;
– il plaide ensuite l'irrégularité de ce dernier arrêt qui n'est pas signé de tous les magistrats, ainsi que l'invalidité de l'acte d'accusation.

Ces moyens sont rejetés à nouveau. Berryer se lève à son tour pour soulever un moyen majeur d'irrecevabilité tiré de la Convention de Paris du 3 juillet 1815 qui interdit toute poursuite d'épuration. Bellart répond que le roi n'est pas signataire de cet acte. Alors, Dupin coupe et déclare que Ney, originaire de Sarrelouis, n'est pas français.

Mais le maréchal bondit :

> Je suis Français et je mourrai Français.

1. V. s^s n^o *52.42*.

Berryer rappelle les états de service du maréchal et son amour de la patrie. La cour, suivant le réquisitoire de Bellart, rend son verdict de mort.

Face au peloton d'exécution Ney criera : « Soldats, Tirez droit au cœur ! »

62.62 **Le procès du général Cambronne (1816).** C'est le jeune Berryer qui se voit confier la charge de défendre le général Cambronne : un plaidoyer superbe en présence du procureur général Bellart. Celui-ci, oubliant ce qu'il fut, dépose une plainte contre le jeune avocat devant le conseil de l'Ordre, qui la rejette.

62.63 **Le procès du général Canuel (1816).** Simon Canuel, gouverneur de Lyon, réprime la première révolte des Canuts avec sévérité : 11 condamnations à mort. La veuve de l'une des victimes, soutenue par le colonel Fabvier et le commissaire de police Sainneville, porte plainte en soutenant qu'en présence d'une simple agitation, Canuel avait provoqué les émeutiers pour motiver la répression.

Berryer fils plaide pour la plaignante, Dupin aîné et Mauguin respectivement pour Sainneville et Fabvier. Mauguin fait impression avec son plaidoyer à la fois harmonieux et brillant. L'arrêt du 24 avril 1819 condamne pourtant Sainneville et Fabvier pour calomnie.

62.64 **Le procès Conti (1819).** À l'orée de la Révolution, le prince de Conti vend sa propriété de l'Isle-Adam au comte de Provence, devenu roi de France. Les événements de l'époque empêchent le règlement financier de l'opération.

Dupin aîné est chargé de réclamer au roi le paiement. L'avocat général prétend que le bien n'appartient plus au roi mais fait partie des biens de la Couronne. Le procès est gagné par Dupin.

62.65 **Le procès des quatre sergents de La Rochelle (1821).** Le carbonarisme, sociétés secrètes d'anarchistes, a fait des adeptes parmi les sous-officiers d'un régiment de Saumur. Des réunions de conspirateurs paraissent ourdir des complots contre l'État. Le régiment est déplacé à La Rochelle. Les réunions continuent. Vingt-cinq militaires sont arrêtés, parmi lesquels quatre sergents.

La défense est donnée aux jeunes avocats Chaix d'Est-Ange, Delangle et Barthe. La cour de Paris rend son arrêt le 16 juillet 1821 et prononce quatre condamnations à mort.

62.66 Les procès de presse et d'opinion. Le régime est de plus en plus attaqué par la presse ou dans des libelles. Le Parquet décide de sévir et intente un certain nombre de procès.

À tort, car à chaque fois les avocats apprennent à se servir de la barre comme d'une tribune amplifiée, provoquant de plus en plus d'agitation dans le pays. Le barreau prend manifestement le parti de l'opposition ne pouvant admettre que les libertés fussent bafouées. Le régime va apprendre à ses dépens qu'il n'est pas bon de brimer les libertés défendues dans la presse car les avocats font alors caisse de résonance.

En 1818, l'écrivain Fiévée est attaqué pour avoir critiqué la Charte. Le plaidoyer d'Hennequin en sa faveur est typique de l'état d'esprit des avocats quant aux libertés publiques.

62.67 La censure est décrétée (loi du 30 mars 1820). La loi du 30 mars 1820 décrète la censure à la suite de l'assassinat du duc de Berry, héritier du trône. En cas de récidive, le journal fautif peut être suspendu. Cette disposition apparaît aux avocats comme attentatoire aux libertés tant attendues et promises par la Charte.

Par cette loi d'exception, le régime va directement s'affronter aux avocats qui deviennent les porte-drapeaux de la liberté et rassemblent derrière eux, par leurs plaidoiries retentissantes, toute l'opposition bourgeoise. Dès que le texte de loi de 1820 est connu, les avocats Odilon Barrot et Joseph Mérilhou ouvrent une souscription d'aide aux journalistes. La Fayette et Laffitte s'y joignent. Le Parquet poursuit pour menées illégales. Tous les signataires de la souscription seront acquittés.

Toutefois, la censure et les suspensions de journaux vont bâillonner la presse, provoquer de nombreux procès et agiter l'opinion. Ainsi en est-il des procès des journalistes Paul-Louis Courrier, pamphlétaire, et Bertin l'Aîné, directeur du *Journal des débats*, fervent royaliste défendu par Dupin, condamné par le tribunal correctionnel en première instance et acquitté en appel [1], pour un article célèbre qui se termine par : « Malheureuse France ! Malheureux roi ! »

1. Y. Ozanam, « Les avocats parisiens dans le premier tiers du XIXe siècle : entre passé et présent, la recherche d'une identité collective », dans H. Leuwers, J.-P. Barrière et B. Lefebvre (dir.), *Élites et sociabilité au XIXe siècle*, « Histoire et littérature de l'Europe du Nord-Ouest », Irhis, 2001.

62.68 **L'affaire du *Courrier français* (1830).** Le journal du *Courrier français* attaque vivement les fameuses ordonnances qui viennent de paraître (et qui vont entraîner la révolution).

Le Parquet poursuit... mais les barricades et la chute du régime vont remplacer la décision de justice.

62.69 **Le procès des congrégations (1828).** Les congrégations n'hésitent pas à poursuivre ceux qui les critiquent. Montlosier ose adresser au roi une plainte contre les jésuites. Il est maladroitement traduit en justice.

Dupin aîné est son avocat. Il va donner à l'affaire un retentissement inouï, d'abord par la rédaction d'un mémoire signé par quarante avocats, puis par un plaidoyer retentissant où il reprend les arrêts rendus sous Louis XV contre les jésuites, arrêts qui n'ont jamais été rapportés. L'arrêt du 18 août 1828 adopte le point de vue de l'avocat.

7 Les banquets

62.71 **Les journées dites les Trois Glorieuses (27, 28 et 29 juillet 1830).** L'opposition que souhaite la République est loin d'enflammer l'opinion qui se souvient des conséquences tragiques du premier essai qui en avait été fait. Pour tenter de raffermir le mouvement on imagine de réunir les citoyens les plus influents autour de banquets où la bonne parole leur serait distillée en particulier par les avocats. Le pouvoir commet l'erreur de tomber dans le piège et d'interdire les banquets.

En mars 1830, un banquet de 700 invités est organisé et Dupin signe une adresse à Charles X demandant que, dans l'esprit de la Charte, les vœux du peuple soient reçus et écoutés de manière permanente par le pouvoir. En présence de l'agitation, la chambre est dissoute et les élections, pourtant censitaires – le droit de vote n'est accordé qu'à ceux qui payent un cens (impôt) élevé –, amènent une majorité d'opposition. Parmi les députés, Dupin. La nouvelle Chambre est à son tour dissoute par les ordonnances du 25 juillet 1830 qui aggravent la censure et modifient les conditions de vote. Les barricades répondent à ces maladresses d'un pouvoir qui, surtout sous Charles X, n'a œuvré que dans un esprit de monarchie absolue, dit des Trois Glorieuses.

62.72 **De la monarchie absolue à la monarchie constitutionnelle.** À la Chambre, Dupin déclare que les ordonnances sont contraires à la Charte donc illégales et entraîne un groupe de députés opposants à offrir au duc d'Orléans une sorte de régence appelée « lieu-tenance générale du royaume ». Le duc s'empresse d'accepter et de créer un Conseil provisoire où siège son avocat le député Dupin.

Mais celui-ci a bien soin de marquer ses points : « Le duc est choisi quoique Bourbon sans que sa naissance lui donnât un droit quelconque. »

Les bourgeois de Paris reconduisent la monarchie car ils redoutent, et Dupin le premier, un retour à la République. Mais cette monarchie sera constitutionnelle. Un premier pas de fait vers la liberté.

63

CHAPITRE III

L'idylle et la brouille des avocats sous la monarchie de Juillet

1 Le lever de rideau

63.11 **Le barreau retrouve son éclat (ordonnance du 27 août 1830).** Ainsi, par le jeu des circonstances, ces avocats meurtris par vingt ans de souffrances jouent-ils le jeu sincère de la recherche du système de gouvernement qui pourra prendre en compte la liberté et la volonté des citoyens. Les velléités de la Restauration et ses erreurs ont été le levain qui a dressé un bon nombre d'avocats de grand talent contre le régime. Mais pas plus que la bourgeoisie dont ils font partie, ils ne souhaitaient la République. L'avènement du roi des Français suscite les plus grands espoirs. Dupin présente Louis Philippe à la Nation. Louis Philippe rend aux avocats leur service et leur donne l'accès aux honneurs et aux pouvoirs.

Pour commencer, le roi accorde au barreau ce qu'il réclame depuis la chute de l'Empire : la liberté pleine et entière et la suppression de toutes entraves du Parquet ou du ressort (ordonnance du 27 août 1830).

Le nombre des avocats parisiens passe de 300 à 650 membres. Le Palais de justice, complètement rénové, comporte une salle des pas perdus où bruissent les avocats dossiers en mains. Le Châtelet est démoli ainsi que l'Hôtel du premier président (remplacé par la préfecture de police) et la bibliothèque nouvelle aménagée au voisinage des locaux de l'Ordre, accueille la Conférence du stage.

En cette année 1830, le barreau a recouvert tout son éclat et l'Ordre va lui donner une qualité et une prestance que marqueront fortement les règles déontologiques.

63.12 **L'avocat maître du jeu politique.** Louis Philippe commence par faire exactement le même geste que celui de Louis XVIII pour Bellart : il nomme Dupin procureur général près la Cour de cassation. Les principaux avocats orléanistes se voient attribuer les plus hauts postes de la magistrature ou bien des portefeuilles ministériels : Delangle, premier président à Paris, Bonnet et Trépier, conseillers à la Cour de cassation, Sénart, procureur général, Merilhou, Hébert (Rouen) et Daviel successivement gardes des Sceaux.

Le nouveau régime a compris les leçons du précédent : il vaut mieux avoir les avocats avec soi que dans l'opposition. On les couvre d'honneurs. Même l'Académie française s'empresse de suivre le mouvement : il y aura dorénavant toujours un représentant du barreau en son sein. Et malgré les vicissitudes de la politique qui vont vite apparaître, toujours le régime cherchera l'appui du barreau en lui concédant le pouvoir. Par ailleurs, les avocats y ont pris goût et envahissent le parlement. Le barreau devient le passage obligatoire du *cursus honorum*.

2 Un Ordre puissant

63.21 **Dernier volet de la libération du barreau (ordonnance du 27 août 1830).** Le dernier volet de la libération du barreau de toute entrave intervient un mois après l'intronisation de Louis Philippe. L'ordonnance du 27 août 1830 fait sauter les anciens verrous :

– le procureur général n'a plus la prérogative de contrôler les élections ;
– le bâtonnier et le conseil sont élus directement par l'assemblée générale du barreau ;
– les avocats ne sont plus assignés à résidence dans leur ressort. Ils peuvent plaider dans toute la France ;
– la liberté d'expression dans la plaidoirie.

De ce jour, l'Ordre et son bâtonnier vont prendre sur les avocats un ascendant et dans le pays une importance singulière qui apportent au barreau tout entier un prestige et une puissance incomparables.

63.22 **Une déontologie fondée sur l'honneur.** Aux cours privés de droit créés au lendemain de la Terreur, se sont ajoutées les facultés réouvertes après Thermidor. On y introduit des disciplines toutes nouvelles : le droit commercial, le droit administratif. Les études couvrent un cycle de trois ans. Lorsque le jeune licencié se présente au stage, il apprend à compter avec des règles professionnelles strictes qui ont l'avantage de créer une sorte

63.21a Le bâton du bâtonnier, caricature de 1850.

d'aristocratie de la défense : « L'avocat a une mission, non une profession ».

L'incompatibilité avec le commerce est étendue à l'interdiction absolue de préparer des contrats commerciaux et de manier des fonds. Toutes choses qui vont donc échapper aux avocats dans un monde qui s'ouvre à l'économie de marché.

L'incompatibilité avec la fonction publique s'étend à l'interdiction de toutes démarches administratives. La prohibition du lien de subordination interdit toute forme de salariat. Le prêtre étant salarié ne saurait entrer au barreau ; la candidature de Lacordaire a été rejetée. La collaboration est un acte gratuit qui honore le stagiaire.

L'Ordre veille tout spécialement à la tenue qui doit être décente dans la ville comme au Palais. On s'habille en noir, gilet, veston, cravate blanche et haut-de-forme. L'Ordre veille sur le logement qui doit être convenable et orné d'un mobilier appartenant au stagiaire.

L'admission est accordée ou refusée par le conseil de l'Ordre (appel de la décision devant la cour d'appel). Une fois admis, le stagiaire est présenté au serment prêté devant le premier président de la cour sur conclusions du Parquet (chargé de « vérifier les lettres » c'est-à-dire les diplômes de droit). Dès lors, le jeune avocat est inscrit au barreau. Il porte le qualificatif de « maître ». Avant François Ier ce titre était réservé aux clercs. Le stage se poursuit trois ans et comporte la collaboration dans un cabinet d'avoué ou d'avocat et la participation obligatoire à la Conférence du stage.

63.23 **Le serment.** Le serment ne comporte plus l'étonnant engagement de ne plaider que les « causes justes », formule remontant à saint Louis. Aujourd'hui, cette obligation serait apparue tout à fait insolite car toute cause injuste ou non, doit avoir son avocat. Non pour la justifier si elle est injuste mais pour la cadrer dans la règle de droit et son contexte humain. Le serment rappelle au jeune la défense gratuite des pauvres et pour les autres la modération des honoraires et l'interdiction romaine du pacte de *quota litis*, c'est-à-dire l'interdiction pour l'avocat de partager financièrement avec son client le gain du procès selon un pourcentage déterminé.

La connotation religieuse du serment a longtemps persisté. Au XVIe siècle le jeune avocat prêtait serment à la foi catholique; au XVIIe siècle, à la défense de l'église gallicane et de la couronne; à la Révolution, le serment est devenu civique; à l'Empire, la fidélité à l'Empereur; sous la Restauration, la fidélité au roi. Le postulant lève la main droite et jure sur la croix.

3 Le conseil de l'Ordre et la sanction disciplinaire

63.31 **L'Ordre est essentiellement une juridiction disciplinaire.** Outre ses fonctions administratives, l'Ordre est essentiellement une juridiction disciplinaire dont la jurisprudence sera des plus strictes. Il est composé à Paris de 20 membres (5 à 15 en province suivant l'importance numérique du Tableau). Il faut ajouter les anciens bâtonniers membres à vie et le doyen. Les membres du conseil sont élus par l'assemblée générale du barreau. Sa fonction est triple : constitution du Tableau, administration du barreau, discipline.

La saisine appartient à l'Ordre, mais aussi au Parquet. L'instruction est faite par un membre du conseil. L'audience est solennelle présidée par un bâtonnier entouré des membres du conseil. L'avocat poursuivi peut se faire défendre par l'un de ses confrères. Après vote du conseil, en cas de culpabilité la sanction infligée va de la simple réprimande à la suspension (un an maximum), à l'interdiction (dix ans maximum), enfin à la radiation.

La question de l'appel a toujours touché la sensibilité du barreau : il s'estime souverain, indépendant de tout contrôle judiciaire. Mais le duel Gerbier[1]-Linguet[2] avait fait tellement de bruit, terminé qu'il fut par la radiation de Linguet, qui avait fait appel devant le parlement... Ce fut

1. V. *s*s no *43.31*.
2. V. *s*s no *43.36*.

la seule entorse que celui-ci se soit permise, sous l'Ancien Régime, à l'indépendance absolue de l'Ordre. Mais ce précédent ne fut pas oublié : il a fait jurisprudence.

L'ordonnance du 20 novembre 1822 (art. 24) ne consacre que partiellement l'indépendance puisqu'elle autorise l'appel en cas de sanction majeure. Pour le reste, y compris l'inscription au Tableau, l'Ordre est souverain. Ce ne sera que beaucoup plus tard – à partir de 1860 – que la Cour de cassation s'autorisera à une appréciation très extensive de l'article 24 : elle adopte le recours à l'appel pour un refus d'inscription au Tableau (arrêt du 6 mars 1860), puis pour des sanctions disciplinaires mineures (arrêt du 4 février 1872) sous prétexte qu'elles portent atteinte à la liberté du travail qui est d'ordre public.

63.32 **La plaidoirie est un sanctuaire.** Le monopole de la plaidoirie existe depuis l'ordonnance de février 1328. Même si à plusieurs reprises ce monopole a été brisé par les procureurs devenus avoués sous la Révolution, puis a disparu avec l'Ordre, et enfin rétabli en 1822. L'ordonnance de 1830 a supprimé la localisation de la plaidoirie au ressort duquel est attaché l'avocat : il plaide partout. Sauf la plaidoirie en cour d'assise qui est encore réservée aux avocats du ressort (ordonnance de 1830), à moins d'une autorisation exceptionnelle donnée par le président.

L'esprit du temps est marqué par la barrière infranchissable que les Ordres mettent à la plaidoirie (et en même temps la postulation) devant les juridictions inférieures. Il y a une certaine indignité à plaider devant le juge de paix, le tribunal de commerce (ici s'ajoute la fameuse connotation commerciale), enfin le conseil de préfecture, indignité aussi à courir l'expertise ou l'expropriation.

Les conseils de l'Ordre de Bordeaux et de Paris sévissent sur tous ces points (arrêt du conseil de l'Ordre de Paris, 22 avril 1856). Car, outre le caractère « dégradant » de ces déplacements en série ou de ces affaires mineures, l'avocat privé de l'office de l'avoué ne saurait être mandataire du client. Or, il faut une procuration pour plaider devant certaines juridictions inférieures telles que le conseil de préfecture. La procuration est absolument interdite à l'avocat.

63.33 **Une immunité totale.** Lorsqu'il plaide l'avocat est entouré des plus grandes protections jusqu'à l'immunité. Une décision du conseil de l'Ordre de Paris du 2 avril 1829 met en place le principe. Cependant, le pouvoir disciplinaire du magistrat demeure en l'audience pour outrage, injure et diffamation. En d'autres termes, l'avocat risque encore la suspension ou la radiation dans la salle d'audience.

Il faudra attendre une loi du 15 juin 1982[1], dite loi Badinter, pour que les juges ne puissent sur-le-champ sanctionner un avocat qui leur semble avoir commis un délit d'audience.

63.34 **Une tenue de circonstance.** La sacro-sainte plaidoirie exige une tenue de circonstance. L'avocat plaide en robe à larges manches et traîne relevée, toque à quatre cornes en tête (remplaçant le bonnet carré antérieur à la Révolution), hermine à 1, 2 ou 3 rangs selon le grade universitaire obtenu, chaperon noir attaché sur l'épaule par un macaron et rabat blanc. Si l'hermine figure la science, la toque – celle des clercs et hommes d'Église – signifie la plénitude du savoir. Au Moyen Âge les clercs étaient les seuls avec les avocats à savoir lire et écrire. Les décorations sont proscrites, seulement figurées sur les portraits. L'austère robe noire, sans la moindre distinction marque le caractère quasi religieux du ministère.

Rentrant à l'audience pour plaider, l'avocat salue et remet sa toque. Il plaide couvert. Sauf lorsqu'il lit des textes. Cette tenue de tous les avocats sans distinction, y compris le bâtonnier, marque qu'ils représentent la Défense dans son caractère sacré, son apostolat, derrière lesquels s'efface l'homme.

C'est en cette tenue qu'avant l'audience il a déambulé dans la Salle des pas perdus, dossier sous le bras, dans le brouhaha pittoresque sans s'apercevoir qu'un rapin le « croquait » d'un crayon génial mais acerbe. Daumier a rendu la silhouette de l'avocat du XIXe siècle, immortelle. C'est aussi en cette tenue qu'il va prendre place à l'audience. S'il n'y a plus la marque d'honneur des « fleurs de lys » (elle a disparu en 1790 avec le parlement et l'Ordre), le premier banc est réservé à la défense (demandeur à gauche). Les stagiaires sont au deuxième banc et l'avoué concerné par le procès, en arrière. Le Parquet (du mot parc) s'installe entre estrade et barre. C'est l'oreille dure d'un premier président qui les a hissés au niveau de la cour.

Outre la robe et la toque obligatoires, gare à la tenue car la moustache est inconvenante au point que certains juges se permettent de sévir. Des avocats d'Ambert (Puy-de-Dôme) s'étaient avisés de porter la

1. Loi n° 82-506 du 15 juin 1982 relative à la procédure applicable en cas de faute professionnelle commise à l'audience par un avocat, *JO* du 16 juin 1982, p. 1899.

moustache même les jours d'audience. Le président du tribunal les interdit de plaidoirie. L'affaire va en cour de Riom et en Cour de cassation. Les sages décident de laisser le port de la barbe à l'appréciation… des juges. Il a fallu un avocat de la stature de Gambetta pour que cet attribut masculin en impose et s'impose.

63.35 **La rentrée annuelle de la cour (le 12 novembre).** Au 12 novembre est fixée chaque année la rentrée de la cour. Après la messe du Saint-Esprit (qui a subsisté jusqu'à la séparation des églises et de l'État) un cortège se forme en grande tenue qui débouche dans la Grand'Chambre de la cour. On procède à la lecture du Tableau et chacun prête serment.

4 La place de l'avocat dans la Cité

63.41 **Les honoraires et la publicité.** L'avocat qui, grâce à son talent, se fait connaître, devient un grand bourgeois qui brigue les honneurs, le parlement, et, quelque maroquin. Il y arrive fréquemment aidé par un Pouvoir qui le redoute et qui l'encense. Mais si le talent n'est pas convaincant ou que la fortune n'y remédie pas, le stagiaire a parfois bien du mal. Aussi, les jeunes qui n'appartiennent pas à ce milieu, n'osent-ils s'y aventurer.

C'est que l'Ordre ne manque pas de donner la couleur : « L'honoraire est un don spontané de la reconnaissance du client. » Cette phrase s'inscrit en lettres d'or au fronton du barreau. Ce qui veut dire que l'avocat reçoit l'honoraire que l'avoué obtiendra du client. Mais il n'est pas question qu'il puisse le réclamer en justice. Il n'est pas question non plus qu'il en remette quittance ou qu'il en inscrive le chiffre au bas des actes – la fameuse grève des avocats de 1602 fut la raison d'être du *Dialogue* de Loisel. Le pacte de *quota litis* est une fois de plus prohibé.

Pour parachever ce tableau d'une noble austérité, il est interdit de poser un panneau sur sa porte et même d'utiliser du papier à en-tête d'aspect commercial.

Les *médias* sont déjà fort puissants et véhiculent la célébrité. Mais tout article de presse signé d'un avocat en tant que tel et toute publicité sont interdits. Noblesse oblige. En revanche, ils se font photographier librement. Beaucoup s'improvisent journalistes occasionnels et tous écrivent.

Enfin l'avocat plaide gratuitement pour les pauvres.

Les avocats avaient à bien des égards, le droit de protester lorsque, pour la première fois, l'État voulut leur imposer une patente (loi du

15 mai 1850). En effet, leur trésorerie n'était pas assurée en raison de toutes les restrictions déontologiques en termes de « commerce ».

63.42 **Les avocats dominent le siècle avec leur déontologie et leurs talents.** De ce tableau ressort certainement une tenue, une grandeur faite de renoncements de toutes sortes qui ont donné à l'avocat, dans le cours du XIXe siècle une stature inégalée et un prestige inouï. En ville, l'avocat doit être en veston noir, redingote noire et haut-de-forme. On l'appelle « maître ». Il est très respecté.

Sans doute faut-il y ajouter l'art. Jamais la parole de l'avocat n'avait été jusque-là si élégante, efficace, vive et rapide quand il le faut, tout juste émouvante parfois. Nulle afféterie, ni longueur, redondance ou sensiblerie. Le ton est toujours exact, au service d'une présence physique. Les orateurs du barreau du XIXe siècle, nimbés de l'élitisme de la profession, sont parvenus au sommet, à l'égal des orateurs grecs ou romains.

Il est certain que la rigueur de la déontologie ajoutée à l'excellence des talents ont fait des avocats la classe sociale qui a dominé le siècle.

63.43 **La Conférence du stage (dès 1811).** La Conférence du stage illustre singulièrement ce grand barreau. Son origine cumule deux obligations traditionnelles : l'assistance aux pauvres, l'apprentissage du stage. Les *Consultants* habiles aux joutes judiciaires formaient le corps enseignant. Mais depuis la parution des Codes, ils ont définitivement disparu.

En 1811, est rétablie la « Conférence des anciens » comportant une participation égale de stagiaires et d'avocats « anciens » en vue d'assurer la consultation gratuite[1].

En 1815, la « Conférence de charité » se substitue à la précédente composée de 10 secrétaires sous la présidence du bâtonnier et en présence de nombreux avocats qui s'y inscrivent. Elle a également pour objet la consultation gratuite. À chaque réunion un secrétaire est chargé d'un rapport. Mais à la rentrée solennelle des cours et tribunaux l'un d'eux est désigné pour faire un exposé sur un sujet juridique spécialement choisi. Puis ce seront deux secrétaires qui présenteront l'affirmative et la négative.

À partir de 1830, les secrétaires sont élus par la Conférence puis, en 1832, par le conseil de l'Ordre. Désormais, si l'assistance des pauvres

1. Sur l'éloge de Féray par Bellart v. s^s^ n° *61.22* (rétablissement de la Conférence).

ainsi que l'instruction des stagiaires sont toujours de rigueur, l'art de la parole – si prisé dans les grandes audiences – prend le dessus. Peu à peu, les deux discours de rentrée acquièrent une teinte aimable et presque mondaine bien que souvent impertinente.

La présence des stagiaires à ces conférences est obligatoire. C'est le seul exercice, avec celui de l'assistance aux audiences, auquel ils soient contraints.

La Conférence est consacrée par le décret du 22 mars 1852.

Cette progression en même temps que cette évolution ne vont pas sans quelques accrocs. Déjà, en 1830, le sujet traité avait fait flamber le Palais en deux camps opposés et créé un orage dans la presse : « Un maire peut-il faire ouvrir d'office les portes de l'église pour un enterrement refusé par le curé ? »

C'est grâce à la Conférence que l'accueil des jeunes était alors assuré. Hors de là, une hiérarchie implacable régnait, réprimant toute familiarité.

C'est la loi du 22 janvier 1851 qui enleva à la Conférence sa raison d'être institutionnelle : l'Assistance judiciaire était étatisée. Dès lors, la Conférence est devenue la sélection des talents dans le cadre d'une association reconnue d'utilité publique en 1890.

Jean-Denis Bredin l'a décrit[1].

> DE LA PRÉFACE DE JEAN-DENIS BREDIN SUR LA CONFÉRENCE DES AVOCATS
>
> Qu'est-ce que la « Conférence » ? […] Un concours d'éloquence où se mesurent, d'année en année, les jeunes avocats, pour que soient désignés – et classés de un à douze – les « meilleurs » d'entre eux, ceux du moins qui sont tenus pour tels ? Une sorte de club confraternel, sinon fraternel, qui réunit ses survivants, une fois par an, pour célébrer les morts, dîner ensemble, évoquer les souvenirs chers, et rendre hommage à l'éloquence ? Une survivance exquise du temps où l'éloquence régnait au parlement et au prétoire, un musée où se contemplent les bustes de grands orateurs, de ceux qui sont demeurés au Palais, de ceux qui sont venus à la politique, de ceux qui sont partis n'importe où ? Ou au contraire le dernier haut lieu de la Parole, d'une parole survivant à toutes les épreuves, s'adaptant à chaque époque, et toujours triomphante ?

1. J.-D. Bredin, préface de *La Conférence des avocats de Paris. Une école d'éloquence. Deux siècles de discours de Louis XVI à nos jours*, sélectionnés par S. Lataste, Ordre des avocats de Paris, 2010.

Il y a quelque fierté pour un secrétaire de la Conférence à parcourir l'annuaire des anciens. On y retrouve, promus par le Verbe, beaucoup de ceux qui marquèrent l'histoire de notre pays, celle du barreau, celle de la magistrature, celle des Lettres, celle des Églises, celle de toutes les professions, de toutes les vocations auxquelles la parole destine.

Voici Poincaré et Millerand – deux présidents de la République – que le talent et le hasard ont réunis dans la même promotion, en 1882. Voici Ambroise Colin et Louis Barthou, dans celle de 1886. Voici Fernand Labori[1] et Henri Robert, secrétaires ensemble, dans cette promotion de 1887 qui donna tant au barreau. Voici, en 1889, Viviani et Jeanneney. Voici Lucien Baudelot secrétaire en 1896, Paul Boncour en 1897, Léon Bérard en 1901, Pierre Masse en 1906, Georges Chresteil en 1907, Jacques Charpentier en 1909, Paul Reynaud en 1910, Pierre Cot en 1921, Maurice Allehaut en 1926, Edgar Faure en 1928, René Bondoux en 1931, Georges Izard en 1934, Stephen Hecquet et Jacques Mercier en 1947... pour ne citer que les morts, et n'en citer que quelques-uns. Ne regardons pas que les noms, évoquons aussi les discours, ces discours que les anciens secrétaires aiment tant, ceux qu'ils font tout jeunes, – discours de « rentrée » des premier et second secrétaires – et les « notices » qu'ils lisent plus tard, éloges de ceux qui s'en sont allés, évocations mêlées du souvenir et de la mort où notre association n'a cessé d'exceller. Voici en 1868 Jules Grévy, bâtonnier – qui sera lui aussi président de la République – vantant l'utilité sociale des avocats. Voici en 1883 le premier secrétaire Raymond Poincaré – qui fait patiemment son destin – prononçant l'éloge de Dufaure. Voici en 1888 le jeune avocat Fernand Labori, second secrétaire, faisant revivre pour ses confrères le procès du collier de la reine. Voici en 1927 Maurice Allehaut nous parlant de Labori et à force d'éloquence se confondant à lui. Voici en 1930 le jeune Philippe Serre, qui sera ministre, évoquant Viviani qui fut président du Conseil. Et voici en 1948 Stephen Hecquet prononçant l'éloge du bâtonnier Albert Salle « né quinquagénaire », « partout s'accompagnant lui-même », Hecquet scandalisant le Palais, portant au sommet l'une de nos meilleures traditions, l'insolence..., et tant d'autres, avant et après.

Notre association, heureusement, ne compte pas que ses gloires. Elle fête aussi ceux qui n'ont rien attendu, ou rien reçu de la notoriété, ceux dont le nom, et la vie, n'occupent pas deux lignes, ceux qui n'ont fait que leur métier d'avocat, souvent mieux que les

1. V. sᵉ nº *82.33*.

autres, ceux qui nous ont quittés sans plus donner de nouvelles, ceux qui s'effacèrent ou que la vie dispersa. « Ce qui est beau d'un homme », lançait en défi Stephen Hecquet, dans son éloge d'Albert Salle, « c'est ce qu'il a raté ». La Conférence, en son ensemble plus que bicentenaire, est la rencontre d'apparentes réussites, et d'apparents échecs, de nos gloires, de nos vertus secrètes, de nos étrangetés, de nos silences aussi, tous assemblés par le goût de l'éloquence, la chance d'un concours, et souvent par l'amitié.

5 Les procès notoires

63.51 **L'ordonnance du 27 août 1830.** L'histoire judiciaire de la monarchie de Juillet tient essentiellement dans le cadeau royal fait aux avocats par l'ordonnance du 27 août 1830 : la plénitude de l'indépendance dont la liberté totale d'expression. Ce fut la clé du prodigieux et prestigieux développement du barreau dont on a vu les effets jusqu'au milieu du XXe siècle. Quelques affaires peuvent retenir l'attention.

63.52 **Le procès des ministres de Charles X.** Après chaque révolution ou chaque séisme, le parti vainqueur épure et fait fonctionner les juridictions d'exception tenues par des magistrats aux ordres. L'instruction de ce procès avait été confiée à une commission parlementaire et le jugement à une Cour de justice. Le seul grief consistait en l'utilisation de la force armée lors des « Trois glorieuses » [1]. Les principaux avocats de la défense furent Crémieux et Martignac qui plaidèrent dans l'ambiance d'une foule considérable. La cour condamna à la détention perpétuelle. Louis-Philippe Ier gracia les inculpés six ans plus tard.

63.53 **L'affaire du barreau de Melle (1830).** Le président du tribunal de Melle s'attachait à poursuivre les avocats de vexations diverses. Ceux-ci font grève. Le président décide de transformer le tribunal en audience disciplinaire et les condamne à diverses sanctions d'ordre administratif mais perçues comme injustifiées autant que désobligeantes, et illégales. La cour d'appel de Poitiers infirme, mettant un terme à cette petite guerre.

1. V. s^s^ n° *62.71*.

63.54 **Le procès de la duchesse de Berry (1832).** La veuve du duc de Berry, décidée à donner à son fils, futur comte de Chambord, toutes ses chances d'héritier de la branche aînée des Bourbons, avait débarqué en 1832 en Vendée, tentant de ranimer les traditionnels sentiments royalistes de cette province, en sa faveur. Arrêtée, elle charge Pierre-Antoine Berryer de la défendre. Celui-ci, tout dévoué à sa cause, se fait lui aussi arrêter, puis relâcher, mais traduit devant la cour de Nantes qui prononce son acquittement : il n'avait fait que son devoir d'avocat et n'avait nullement participé à la délinquance de sa cliente.

6 Les avocats forment une force politique

63.61 **La reprise du sentier de l'opposition.** En pleine possession de leurs moyens, libres de toute entrave, respectés et craints d'un pouvoir qui leur doit tout, les avocats se jettent dans la politique. Ils en seront les maîtres pendant plus d'un siècle. Ce mouvement sourd naturellement de leur mémoire ancestrale. S'ils ont soutenu le parlement d'avant Révolution contre la Monarchie, c'est pour une part parce que, conscients de leur force vive, ils n'avaient jamais eu l'oreille de la monarchie absolue, ni ses faveurs.

À l'Assemblée constituante de 1790, ils s'étaient sacrifiés à la suite du parlement dans la croyance que leur avait donnée la philosophie des Lumières que demain rien ne serait plus pareil dès lors que la liberté serait donnée au peuple. Mais la monarchie constitutionnelle avait été un échec. La République avait amené la Terreur et on la redoutait plus que tout. L'Empire avait certes apporté l'ordre mais bâillonné les libertés. Les avocats, avec Bellart avaient tant espéré de la déclaration de Saint-Ouen et de la Charte !

Mais Charles X, en supprimant la liberté de presse (les ordonnances de juillet), avait déçu. C'est pourquoi une nouvelle perspective s'était fait jour avec Dupin, celle d'une monarchie consentie par les Français et non plus de droit divin.

Louis-Philippe, fut roi des Français non par sa naissance mais par le choix qui en était fait. Respectant les libertés d'opinion, de presse, de réunions. Loin d'une république révolutionnaire, d'une monarchie redevenue absolue, ou d'un empire autoritaire.

C'était le juste milieu. Les avocats étaient satisfaits, confiants. Même le roi leur ouvrait grandes les portes de la politique, les préférant à ses côtés que dans une opposition dangereuse.

Mais Louis-Philippe portait le sang des Bourbons et le sens du pouvoir. Il oublia très vite les promesses qu'il avait fait fleurir. Les avocats reprirent alors peu à peu le sentier de l'opposition et la perspective, à contre-cœur, d'une république qui serait sage.

63.62 **La fermentation du barreau.** Le ferment du revirement des avocats contre le régime se trouve être la répression violente par Thiers de la révolte des canuts lyonnais (1834)[1]. Ces mêmes canuts qui avaient fait l'objet d'une répression sans mesure en 1816. L'avocat Jules Favre du barreau de Lyon est conscient des dangers d'une explosion sociale, résultat de la formation du prolétariat. Il défend à la barre les émeutiers. À ce moment, les ouvriers envahissent le Palais et élèvent des barricades. Répression à coups de canon. Favre, écœuré, s'installe à Paris pour mener sa lutte.

En même temps, à Arbois, deux avocats s'emparent de la mairie et proclament la République, ce qui entraîne l'intervention immédiate de la troupe.

À Bourges, l'avocat Michel, à son tour, défend quelques émeutiers et attaque le régime et la justice. Il entraîne George Sand dans son sillage.

Les sanctions judiciaires tombent, terribles et insupportables : les déportations. Le barreau vire « à gauche » (expression toute nouvelle) et la fermentation se fait de deux façons :

- d'une part, avec la création un peu partout d'associations républicaines (Société des Droits de l'Homme) où de réunion en réunion, on groupe et on endoctrine ;
- d'autre part, avec la création de nouveaux partis. Jusqu'ici, il n'existait que les légitimistes et les orléanistes.

Voici la formation de partis qui vont croître à mesure même de la défense maladroite du pouvoir :

63.63 **Le parti républicain.** Les deux personnages principaux du parti républicain sont d'anciens légitimistes déçus : les avocats Garnier-Pagès, président fondateur, et Odilon-Barrot, son grand animateur. Celui-ci avait pourtant été couvert d'honneurs par Louis Philippe. Bien que s'affichant républicain, il souhaitait plutôt une véritable monarchie parlementaire.

1. Sur l'affaire Canuel v. s° n° *62.63*.

Odilon-Barrot, très engagé, va plaider de nombreux procès politiques où il n'hésite pas à faire de la barre une tribune dont l'écho démultiplié se fait dans une presse très républicaine. C'est dans ce parti que les avocats – surtout parisiens – viennent se former à la politique et militer.

63.64 **Le parti radical.** Le parti radical cherche essentiellement à obtenir ce qu'il estime être la racine du mal : l'abolition du suffrage censitaire et l'établissement du suffrage universel ; également l'institution d'un impôt réparti équitablement. L'avocat Ledru-Rollin (1807-1874) dirige ce parti. Passionné autant qu'ambitieux, il se jette dans la politique et dans la plaidoirie engagée. Il lance le journal *La Réforme*.

63.65 **Le parti socialiste.** Le parti socialiste propose une assistance au prolétariat naissant mais reste encore très marginal. L'avocat Dupont (de l'Eure) l'anime.

63.66 **Les utopies.** Les âmes généreuses vont se lancer dans les « utopies » dont un certain nombre d'auteurs fondateurs établissent les statuts (Fourier, Saint-Simon). C'est le germe d'un idéal communautaire ou communiste, encore que le mot n'existe pas encore. L'avocat dijonnais Cabet se lance à corps perdu dans ce mouvement. Il jette sa robe et se présente en civil aux côtés des prévenus. Ses plaidoiries sont généreuses mais extravagantes. Les sanctions disciplinaires pleuvent sur lui. Il publie *Voyage en Icarie*[1] où il s'accroche aux nuages. Plus de propriété. Tout est à tous. Un dictateur à la tête. Il n'y a plus besoin de tribunaux… Cabet fonde le journal *Le Populaire*.

7 La politique des banquets et la crise de régime

63.71 **La chute de Louis-Philippe (24 février 1848).** La France – en paix pendant 18 ans – respire, s'embourgeoise, s'enrichit. La révolution industrielle suit sa progression fabuleuse. Personne n'a envie de briser le régime orléaniste. Cependant, les avocats – porteurs du flambeau des

1. Réédition : E. Cabet, *Voyage en Icarie*, « Bibliothèque Dalloz », Dalloz, 2006 ; 2e éd., 1842 ; 1re éd., Francis Adams (pseudonyme), avec la mention « traduit par Th. Dufruit », *Voyage et aventures de lord William Carisdall en Icarie à Paris*, 1840.

libertés – tentent de secouer l'apathie générale : la France est endormie sous le charme.

Odilon Barrot va réinventer l'idée des banquets – qui ont fait tomber Charles X [1]. Lui qui est au fond royaliste va mettre au point ce qui va s'avérer un terrible piège dans lequel Guizot et Thiers vont tomber, entraînant le régime.

Odilon Barrot, pour faire passer ses principes de liberté, imagine de lancer le ballon de la monarchie constitutionnelle avec le comte de Chambord, descendant de la branche aînée des Bourbons. Et pour y réussir il organise une série de banquets à travers la France.

La réalisation s'avère d'abord d'un succès médiocre. Mais Ledru-Rollin s'empare de l'idée et fait un scandale : au banquet prévu à Lille fin 1847, sous la présidence d'Odilon Barrot, il prétend imposer un toast non pas en l'honneur du roi mais en faveur de la République. Dans ces conditions, Barrot proteste et renonce. Mais l'incident enflamme la presse et, dorénavant, les réunions enflamment le peuple.

Guizot interdit les banquets. Les barricades se forment (février 1848). Le roi appelle Odilon Barrot pour diriger le gouvernement. Mais l'émeute prend feu. Louis-Philippe abdique le 24 février 1848 – en réalité le roi a cédé à un cliquetis d'armes qui n'avaient en France aucun écho. Le même scénario se présentera à la fin du Second Empire.

1. V. s° n° *62.71*.

64

CHAPITRE IV

Une IIe République avortée ou la grande déception

1 Un gouvernement d'avocats

64.11 **Le nouveau gouvernement provisoire d'avocats.** Le 2 mars 1848 à l'Hôtel de Ville se coopte le nouveau « gouvernement provisoire ».

Les avocats se partagent les portefeuilles :

– Présidence, Dupont (de l'Eure) ;

– Intérieur, Ledru-Rollin ;

– Justice, Crémieux ;

– Travail, Marie.

Garnier-Pages. On y ajoute Lamartine, François Arago et Louis Blanc, l'apôtre des « Ateliers nationaux »…

Ledru-Rollin et Louis Blanc entendent mettre immédiatement en pratique l'organisation des « Ateliers nationaux », sur le succès desquels les autres membres du gouvernement, surtout Marie, chargé de les mettre sur pied, éprouvent des doutes sérieux. Mais l'objectif immédiat est de réussir les élections :

– instauration du suffrage universel direct, à la place du suffrage censitaire ;
– désignation dans chaque département de « commissaires de la République » qui doivent préparer la consultation nationale et trier sur le volet les candidats députés. Ces commissaires sont en majorité des avocats qui pourront se présenter dans leurs circonscriptions respectives.

64.12 **Le barreau à l'œuvre.** C'est le barreau tout entier qui est à l'œuvre ! Avant les élections, un seul incident notoire. L'avocat Emmanuel Arago (fils de François) en poste de commissaire à Lyon, organise immédiatement les Ateliers nationaux dans toutes les manufactures de la région. Au bout de peu de temps, le fiasco est complet et les ateliers en déconfiture. Il organise alors le renflouement en taxant les industriels, ce qui entraîne la fuite des capitaux et l'arrêt de l'économie de la grande cité manufacturière, toutes choses qui donnent le frisson à la France profonde…

Les ouvriers sont inquiets et commencent à marquer leur mécontentement. Le gouvernement remplace ce commissaire utopique par un avocat modéré.

Quant à Crémieux, il procède à une épuration massive au sein de la Justice.

2 Les élections

64.21 **Pour la première fois, le peuple français vote tout entier.** Préparées avec tant de soin que vont-elles donner ? Pour la première fois de son histoire, le peuple français vote tout entier. Les urnes donnent une importante majorité aux républicains modérés et aux radicaux. Deux cents avocats se trouvent élus, tous fort prudents et inquiets des expériences chaudes du fouriérisme ou des ateliers nationaux.

Lors de la première séance de l'Assemblée, un comité exécutif de cinq membres est désigné pour élaborer la Constitution et organiser un gouvernement provisoire. Mais une grave question surgit : celle de l'invalidation de l'élection du neveu de Napoléon Ier : Louis-Napoléon Bonaparte.

Au nom de la liberté retrouvée, Jules Favre, généreux, s'oppose à l'invalidation réclamée par Ledru-Rollin et dans un vibrant plaidoyer emporte l'adhésion de l'Assemblée.

3 Le destin de la IIe République

64.31 **Les avocats à majorité monarchiste forcent le destin.** Le 15 mai 1848, la Chambre est envahie par une foule, encadrée par Louis Blanc et Ledru-Rollin, qui réclame la dissolution. Sénart, avocat et président de la Chambre, maîtrise l'action. Mais les barricades se dressent dans le Faubourg. L'avocat député Bornés tente de calmer la foule. Il est exécuté. Les Ateliers nationaux, en voie de désorganisation totale, se mettent en grève.

Sénart et le Comité exécutif donnent les pleins pouvoirs au général Cavaignac. Il réprime l'émeute, désigne des tribunaux d'exception qui envoient quantité de meneurs en déportation. Sénart devient ministre de l'Intérieur et rétablit l'ordre d'une main de fer. Hier Thiers et Guizot faisaient de même ! L'Assemblée a senti passer le vent de la Terreur (que les députés avaient connue dans leur enfance). La censure (tant décriée sous les rois) est rétablie. Ledru-Rollin et Louis Blanc sont poursuivis. La France frémit.

On décide d'élire au plus vite le président de la République au suffrage universel direct et de hâter le projet de Constitution. Sans le savoir, ces avocats – tous plus ou moins monarchistes mais partisans d'une monarchie constitutionnelle – forcent le destin.

Seul, Jules Grévy avait prévu les conséquences de l'élection du président au suffrage universel.

DU DISCOURS DE GRÉVY À L'ASSEMBLÉE

> Êtes-vous bien sûrs que, dans cette série de personnages qui se succéderont tous les quatre ans au trône de la présidence, il n'y aura que de purs républicains empressés d'en descendre ? Êtes-vous sûr qu'il ne se trouvera jamais un ambitieux tenté de s'y perpétuer ? Et si cet ambitieux est un homme qui a su se rendre populaire, si c'est un rejeton d'une des familles qui ont régné sur la France, et s'il n'a jamais renoncé expressément à ce qu'il appelle ses droits ; si le commerce languit, si le peuple souffre, s'il est dans un de ces moments de crise et de misère où il se livre plus aisément à ceux qui cachent sous les promesses des projets contre sa liberté, répondrez-vous que cet ambitieux ne parviendra pas à renverser la République ? Jusqu'ici toutes les républiques sont allées se perdre dans le despotisme : là est le danger. Quelles précautions avez-vous prises contre l'ennemi ? Aucune. Que dis-je ? Vous lui préparez des voies. Vous élevez dans la République une forteresse pour le recevoir.

Paroles prophétiques. Grévy ne se doutait pas qu'un jour ce même suffrage le porterait à la présidence de la République.

64.32 **L'élection de Louis-Napoléon Bonaparte (1848).** Le 10 décembre 1848 Louis-Napoléon Bonaparte est élu par cinq millions de voix contre 1 500 000 au général Cavaignac. Lamartine, Ledru-Rollin et Raspail font un score dérisoire. Aux élections législatives de mai 1849, la droite l'emporte massivement avec 500 élus.

Ainsi, par le fait de Ledru-Rollin et de Louis Blanc qui avaient organisé les émeutes de mai, la République était sur le point de succomber et le rêve des avocats de trouver un système de gouvernement parlementaire, voué à l'échec.

La nouvelle Chambre comportait une majorité d'avocats. Aussi bien le président de la République va-t-il donner la présidence du Conseil à Odilon Barrot. Comme un enchaînement entre le dernier Premier ministre du roi et le nouveau gouvernement de Louis-Napoléon.

4 Le coup d'État

64.41 **L'établissement du Second Empire.** Lorsque, en 1851 Louis-Napoléon demande le renouvellement de son mandat, deux voix vibrantes se font entendre :

- celle de Michel de Bourges qui s'y oppose avec une foi passionnée;
- celle de Berryer qui proclame sa confiance en l'ordre établi, rappelant la tragédie de Louis XVI et les outrances de la Terreur.

Michel de Bourges l'emporte. Le mandat de Louis-Napoléon est achevé.

Le 2 décembre 1851, le nouvel homme fort de la IIe République fait renouveler son mandat par plébiscite et le 2 décembre 1852 il se proclame Empereur. La France, se rappelant l'épopée du Premier Empire, émue, se tait ou approuve. La hantise d'une nouvelle Terreur est repoussée. Mais les avocats ont perdu la partie. Odilon Barrot, Michel de Bourges et Jules Favre protestent. Leurs paroles amères se perdent au vent qui passe.

7

LIVRE VII

Les avocats dans une nouvelle opposition
La grande éloquence de la barre
L'envol de l'éloquence de la tribune

70

Préambule

1 La réflexion sur le suffrage universel

70.11 **Les avocats à nouveau dans l'opposition.** Tant d'espoirs confisqués au profit d'un système dont le barreau connaissait trop bien les ressorts. Le réflexe est immédiat : il se jette dans l'opposition au milieu d'une France pourtant vibrante d'émotion de renouer avec la légende napoléonienne.

Il fallut aux avocats une sérieuse réflexion pour comprendre comment ce suffrage universel qu'ils avaient si difficilement conçu et conquis en lui prêtant toutes les qualités d'un sésame dispensateur des libertés, pouvait avoir donné le jour à un régime qu'on pensait dispensateur de chaînes. Le suffrage censitaire (250 000 votants) n'aurait sûrement pas abouti à un tel résultat.

2 Le repli

70.21 **Le repli dans une nouvelle opposition de réflexion et de critique.** Tous les bâtonniers, à commencer par Pierre-Antoine Berryer (de sensibilité légitimiste), marqueront un recul par rapport au pouvoir et les avocats dans leur ensemble, après avoir repris leur souffle, se replient dans une nouvelle opposition, faite d'abord de réflexion, puis de critique.

Le prince-président s'en émeut et, par décret du 22 mars 1852, il entend écarter les jeunes du conseil et du bâtonnat en décidant que seuls les avocats inscrits au Tableau depuis au moins dix ans pourront devenir membre du conseil de l'Ordre et que, dorénavant, le bâtonnier sera élu non plus par l'Assemblée générale mais par le conseil de l'Ordre. Cette décision sera supprimée par Émile Ollivier (10 mars 1870).

71

CHAPITRE I

L'opposition donne des ailes à la parole L'éloquence de la barre et de la tribune

1 La force de la parole

71.11 **L'épurement de la plaidoirie.** Les avocats écartés désormais de la politique, s'adonnent aux « affaires » avec un talent et un succès marquant un apogée qui se prolongera jusqu'à l'orée du XXe siècle.

Mieux que jamais, la plaidoirie va définitivement s'épurer de toutes scories : on ne plaide plus pour plaider ou pour faire un morceau d'anthologie, l'efficacité est désormais reine. La parole devient plus rapide, nerveuse, elle suit attentivement l'argument comme cet arc tendu qui jette la flèche au but. Si possible l'improvisation, qui débride l'esprit, va-t-elle forcer la conviction !

On plaide court. On prépare des notes très étudiées, quitte à les oublier ensuite au bénéfice de l'intuition. L'art est là, qui transfère le cri de l'avocat directement au cœur du juge par la force du verbe.

Enfin, ces hommes de l'époque, sans jamais jouer la comédie, joignaient souvent leur physique imposant au geste sobre, prodiguant ainsi une force irrésistible à la parole.

2 La grande plaidoirie d'assises

71.21 **Pierre-Antoine Berryer et Chaix d'Est-Ange.** L'histoire de l'éloquence judiciaire arrive à son apogée entre 1848 et 1900. Le barreau, sevré pendant des siècles de la plaidoirie criminelle, l'a apprise – et comment – depuis son accès aux assises et sa participation aux affaires politiques de la Terreur et de l'Empire.

Vont particulièrement briller dans cette tâche Berryer fils, Lachaud et Chaix d'Est-Ange.

71.22a Pierre-Antoine Berryer par Daumier.

71.22 **Pierre-Antoine Berryer (1790-1868).** Pierre-Antoine Berryer[1] est le fils de Pierre-Nicolas Berryer (1757-1841)[2]. Si le père avait été l'un des plus grands avocats de la fin du XVIIIe siècle et du début du XIXe, le fils a mérité que lui soit érigé le monument majeur de la salle des pas perdus du Palais de justice de Paris car il aura été celui par qui l'art de la parole arrive à sa perfection tant à la barre qu'à la tribune[3].

Sa conviction de légitimiste ancrée sur la monarchie l'aura toujours singularisé du reste du barreau qui, cependant, en raison de son talent immense, lui voue une vénération admirative. Parmi les procès les plus marquants de son parcours : Cambronne (1816)[4], abbé de Lamennais (1826), duchesse de Berry (1832)[5], Chateaubriand (1833), La Roncière (1834)[6], Louis-Napoléon Bonaparte (1840). Il mit également son éloquence au service de la liberté d'association des ouvriers (1844) et celle des congrégations religieuses (1845).

1. V. s^s^ n° *82.31*.
2. V. s^s^ n° *52.42*.
3. E. Lecanuet, *Berryer, sa vie et ses œuvres, 1790-1868*, Bloud et Barral, 1893.
4. V. s^s^ n° *62.62*.
5. V. s^s^ n° *63.54*.
6. V. s^s^ n° *71.24*.

71.23a Charles Alexandre Lachaud.

Chateaubriand écrit : « Avant de l'entendre, je ne savais pas ce qu'était un orateur. »

Berryer ne s'est pas enrichi, gardant toujours l'honneur de penser que son talent était d'abord au service des autres. Élu à l'Académie française en 1855, Berryer est l'avocat type de l'époque joignant la puissance physique à une parole ferme, prenante, pénétrante. Très aimé de ses confrères, il sera désigné bâtonnier.

71.23 **Charles Alexandre Lachaud (1818-1882).** Charles Alexandre Lachaud a fait aussi une fulgurante carrière, plaidant de très nombreuses affaires d'assises et s'illustrant spécialement dans les procès Lafarge (1840) et Bazaine (1873). Son éloquence passionnée est soudain noyée de romantisme. On l'écoute et le drame est dans les cœurs. Le jury cède sous l'émotion.

Quand on reprochait à Lachaud de plaider… pour n'importe qui, il répondait : « Je ne m'appelle pas Lachaud, je m'appelle La Défense. »

L'affaire Lafarge (1840). Tout spécialement l'affaire Lafarge a eu un immense retentissement. Marie Capelle, fille d'un officier en demi-solde a des ambitions. Elle rêve du riche inconnu qui fera son bonheur. Charles Lafarge est un maître de forges de la région de Tulle. Jeune mais sans grâce. Fortune et château, sussure-t-il à la belle. Elle l'épouse à

71.23b Marie Capelle Lafarge.

Paris. Elle arrive en Corrèze et déchante : ni château, ni fortune. Le maître de forges est ruiné. Elle ne l'aimait pas. Elle décide alors de l'assassiner à l'arsenic. C'est ce que découvrent les experts à l'autopsie.

Le jeune Lachaud, son avocat – probablement amoureux de sa cliente – va la défendre avec passion. Il demande une contre-expertise. La cour désigne deux savants toxicologues. Ils ne découvrent aucune trace d'arsenic dans le cadavre. À son tour, l'avocat général fait appel à Orfila, savant incontesté. Celui-ci découvre des traces d'arsenic. Éperdu, Lachaud revient à Paris pour appeler Raspail à son secours. Il arrivera trop tard. Après des plaidoiries de passion le jury condamne Marie aux travaux forcés à perpétuité. Raspail dira : « Il y a de l'arsenic partout jusque dans le fauteuil du président. »

Cette formule aura fait échapper Marie à la mort.

Le roman de Flaubert, *Madame Bovary*, s'inspire de cette affaire mettant en scène le syndrome du mariage d'ennui que l'ambition aurait pu sauver.

L'affaire Courbet (1871). Lachaud avait été aussi l'avocat de Courbet, qui, dans sa haine pour Napoléon, avait participé au renversement de la colonne Vendôme pendant la Commune, alors qu'il avait été nommé… conservateur des Monuments de Paris par le Comité révolutionnaire (1870).

71.24a Chaix d'Est-Ange.

L'affaire Bazaine (1873). Le procès du maréchal François Achille Bazaine va permettre à Lachaud de s'exprimer avec ce même talent s'agissant de la défaite de 1870[1].

L'affaire Brière (1880). La défense apportée par Lachaud à Marie Brière (1880) est particulièrement remarquable par la tension dramatique qui sous-tend toute la trame de la démonstration. Marie Brière avait tenté d'assassiner son amant qui l'avait abandonnée à peine avait-elle accouché.

71.24 **Chaix d'Est-Ange (1800-1876).** La parole de Chaix d'Est-Ange souffle le froid et le chaud. Il passe tout d'un coup de la passion habile et chaleureuse au ton glacial, ironique, coupant. Il va jusqu'à la véhémence s'il le faut.

L'affaire de La Roncière (1834). L'affaire de La Roncière donne lieu à un procès retentissant. Le lieutenant de La Roncière, fils de général, est accusé par Marie de Morell, elle-même fille du général commandant l'école de Cavalerie de Saumur, de tentative de viol. Le médecin découvre des ecchymoses et des égratignures. On tente d'éviter le scandale. D'autres officiers provoquent La Roncière en duel. Pour mettre fin à l'offense il se laisse aller à accepter d'écrire une lettre d'aveu et d'excuses. La Roncière est arrêté et comparaît en cour d'assises.

1. V. s^s n° *73.31*.

Berryer est partie civile. Chaix d'Est-Ange avocat du jeune officier. Sa plaidoirie reste le modèle d'une fabuleuse défense pour réfuter l'aveu du client. Mais, il perd son procès. La Roncière sera condamné à dix ans de réclusion. En 1849, il sera réhabilité, la preuve étant faite que Marie de Morell était hystérique.

La plaidoirie de Chaix d'Est-Ange est magnifique. Surtout, ce qui étonne, c'est qu'elle est moderne. D'abord dans son adresse à l'avocat général, lui reprochant d'accuser sans preuve, puis pour combattre les « faux aveux » de l'accusé, enfin pour réfuter l'argument adverse en s'adressant à la partie civile, et la péroraison.

CHAIX D'EST-ANGE À L'AVOCAT GÉNÉRAL : ON NE PEUT CONDAMNER SANS PREUVE

Quoi, Monsieur ! Parce que vous êtes honnête homme, vous vous croyez le droit d'accuser sans rien expliquer, parce que vous êtes un homme plein de conscience, et que vous accusez, il ne vous faudra rien prouver ! Et, retranché derrière votre conscience, trop pure sans doute pour concevoir de pareils crimes, vous vous bornerez à dire : Croyez-en ma parole !

En vain je vous demanderai d'expliquer votre accusation, de fournir des preuves, de combattre toutes ces invraisemblances, ces impossibilités morales ou matérielles. Non, non, que vous importent à vous ces misérables nécessités d'une accusation vulgaire ! Pour vous, c'est assez de répondre : Je suis homme de bien, voilà le coupable ; croyez-en ma parole, voilà le coupable, condamnez.

Non pas, non pas ! La justice, qui veut le salut des innocents comme le salut de la société ; la justice ne doit pas s'arrêter à ces artifices de langage. Arrière ! arrière ces émotions, ces entraînements, ces douleurs ! Arrivons aux débats ; voyons les preuves, les preuves, entendez-vous ! Les preuves… voilà ce que demandent les jurés ; ce ne sont pas des larmes, ce ne sont pas de ces larmes que vous m'avez arrachées à moi-même, mais des preuves, voilà ce qu'il faut avant de flétrir, avant de déshonorer, avant d'anéantir un malheureux, avant de dresser pour lui l'échafaud. Oui, des preuves, voilà, voilà ce qu'il faut, voilà ce qu'on vous demande.

CHAIX D'EST-ANGE COMBAT LES « FAUX AVEUX » DE SON CLIENT

Mais, au nom du ciel, faites donc attention à ce qui se passe ! On lui a dit qu'un conseil d'honneur s'assemble, on lui a dit que trois experts ont reconnu son écriture, on lui a dit que quinze ans de fers l'attendent. Le malheureux alors s'effraie. Et pourquoi s'effrayer ? On l'accuse ; eh bien ! Qu'il se défende. Ceux qui parlent ainsi seraient, en pareille occurrence, des gens pleins de courage, sans doute, et de sang-froid. Ils sont sûrs d'eux, sans doute, ceux qui parlent ainsi. Mais lui n'a pas le courage civil, cette froide et tranquille fermeté qui résiste à la menace et fait tête à l'orage, qualité, du reste, plus rare qu'on ne pense. Lui, vous le savez, sa tête se perd facilement, comme elle s'est perdue dans le débat. Aussi, je vous en prie, voyez-le le 24 septembre, dans ce moment cruel, au milieu de ses amis qui l'abandonnent, de ses camarades qui l'effraient, de M. d'Estouilly qui le menace ; dites-moi, je vous en prie, est-il calme alors, tranquille et de sang-froid ?

A-t-il la tête à lui pour savoir ce qu'on lui demande, pour peser ce qu'il va faire ? Hélas, non ! Il songe à ces préventions qui déjà l'entourent, à ces trois experts qui le condamnent, au procureur du roi qui peut se tromper aussi bien que ses camarades et les experts, à ces quinze années de fers qui, dit-on l'attendent ; il songe à son père qui, dès la première poursuite, va arriver et le maudire. Alors sa tête s'égare. Mais qu'avoue-t-il ? Le malheureux ! il signe tout ce qu'on veut. Il pleure, comme le disent tous les témoins, il se roule à terre, il s'arrache les cheveux, mais, hélas ! il avoue tout en accompagnant ses aveux de démentis et de protestations !

Et vous dites qu'il faut le condamner à cause de ses aveux ! Vous dites que ces aveux sont libres et volontaires ! Les témoins ne vous font-ils pas assister à ce spectacle ? Ne voyez-vous pas la torture morale sous laquelle enfin, faible qu'il est, il succombe ? Et à peine il se relève, revenant à lui, ne le voyez-vous pas qui s'adresse à tout le monde, court chez un avocat, veut revoir ses aveux, provoquer lui-même ses poursuites et partout et toujours s'écrie : Je suis innocent, je suis innocent !

Ah ! Messieurs les jurés, si la torture existait encore, si, dégagé de ses fers, échappé aux mains qui le déchiraient, un malheureux se présentait devant vous, lui diriez-vous : Tu es coupable, car tu as avoué !

Oh ! Mon Dieu ! Y a-t-il quelqu'un ici, parmi vous qui nous jugez parmi ceux qui nous accusent, y a-t-il quelqu'un qui aurait le courage de lui dire : Tu as avoué… Je te condamne, car tu as avoué. Oh ! Personne n'est-il pas vrai ? Personne. Eh bien ! Messieurs, je vous l'ai déjà dit, il est des hommes sur lesquels les violences morales sont plus fortes que les violences physiques. Il est des hommes que l'aspect de la justice du bourreau n'effraie point.

Ces hommes-là résisteront à des tortures matérielles, mais ils céderont à des tortures morales.

DE LA RÉPONSE DE CHAIX D'EST-ANGE À BERRYER PARTIE CIVILE

Le carreau éclate et se brise, la jeune fille à l'instant s'éveille et s'élance hors de son lit, elle va s'armer d'une chaise, faible barrière, défense impuissante. Oui, je reconnais là Mademoiselle de Morell, que nous avons vue déposer avec une voix si tranquille, un regard si ferme, un esprit si assuré. Oui je la reconnais, la vue du péril ne l'a point anéantie et pour la lutte qui se prépare, elle garde son courage et ses forces ; mais dites-moi, à la vue de ce danger, quand elle s'élance de son lit, quand elle s'arme d'une chaise, quand elle attend l'agresseur qui ouvre la fenêtre, qui va fermer la porte, quand elle lutte avec lui, dites-moi pourquoi n'a-t-elle pas crié ? Le moindre cri la sauvait. Pourquoi n'a-t-elle pas crié ?

C'est ici, messieurs, qu'avec cette voix puissante qui émeut et qui fascine, mon adversaire a employé, pour me répondre, un de ces artifices de langage qui lui viennent si souvent et si heureusement en aide. Pourquoi elle n'a pas crié dit-il ? Ah ! la pauvre enfant voulait ensevelir dans un éternel silence le crime dont elle venait d'être souillée ; elle s'enveloppait dans sa pudeur ! Voilant sa honte, couvrant sa nudité, elle disait : Quelqu'un m'a-t-il vue ? Soit ! Le crime commis, qu'elle ait gardé le silence, qu'elle ait caché sa honte, soit ! Mais avant le crime, s'il vous plaît, quand elle n'a rien à cacher, quand elle n'a rien à craindre, pourquoi ne crie-t-elle pas ? Quand son courage lui reste pour se défendre, quand sa présence d'esprit lui reste pour tout voir, tout entendre, tout retenir, pourquoi ne crie-t-elle pas ? Voilà ce que je vous demande, et à cela votre éloquence n'a rien répondu.

DE LA PÉRORAISON DE CHAIX D'EST-ANGE SUR L'HONNEUR DE LA DÉFENSE

« C'est une noble chose, ah ! laissez-moi le dire, messieurs, oui, c'est une noble chose pour un avocat, c'est un beau droit pour lui que de s'emparer d'une affaire contre l'opinion publique égarée, que de défendre un malheureux poussé vers l'échafaud par d'aveugles préventions, que de se raidir contre des hommes qui jugent sans savoir, prononcent sans connaître, qui vous entourent de leur défiance et de leur défaveur, parce qu'ils ne savent pas un mot de la défense et s'empressent de juger sur l'accusation.

Oui c'est une noble et sainte mission que la nôtre, quand un homme est innocent, quand il est abandonné par les siens, renié par ses amis, maudit par tout le monde, de se placer près de lui et de le défendre, comme le prêtre qui s'attache au patient et qui, à travers les clameurs du peuple, l'accompagne jusque sur l'échafaud et le renvoie absout devant Dieu ! Eh bien ! moi, je m'attache à cet homme innocent ; au milieu des préventions et des murmures, j'élève la voix pour lui, et le renvoie absout devant les hommes…

Et vous, à votre tour, vous maintenant, messieurs, allez remplir votre devoir. Au milieu des incertitudes qui nous accablent, des invraisemblances qui, de tous côtés, s'élèvent ; au milieu de ce mystère qui nous entoure et nous demeure impénétrable, mettez la main sur votre conscience et prononcez. Allez : c'est la vie ou la mort que nous attendons de vous ! »

3 Le style

71.31 **Du romantisme à l'académisme.** La sensibilité *romantique* l'emporte bientôt, accompagnée de gestes grandioses à la Chateaubriand. Un peu d'emphase théâtrale et de spectacle. Aujourd'hui on déteste. Mais l'époque s'y prêtait et le public aimait. L'émotion qui sous-entend la plaidoirie est accompagnée par l'élégance de la phrase. Les avocats plaident tout autant les affaires pénales que les affaires politiques. Et l'avocat est engagé.

À l'époque, les procès littéraires ont aussi fait grand bruit. Le siècle est à l'*académisme*. Toutes scènes humaines sont représentées théâtralement entre des festons et des allégories. Mais la nudité et l'amour sont « habillés », au moins drapés. Lorsque Manet présentera son *Olympia* ou son *Repas champêtre*, le spectacle abrupt des corps choque et les chefs-d'œuvre sont relégués au *Salon des Refusés*. En littérature on va jusqu'au procès. Flaubert est recherché pour mauvaises mœurs, mais sera relaxé. Baudelaire sera condamné pour quelques vers des *Fleurs du mal* :

> Je remplace pour qui me voit nue et sans voile, la lune, le soleil, le ciel et les étoiles.

C'est le fils de Chaix d'Est-Ange qui plaidera pour Baudelaire (1857), contre le procureur Pinard, dans la célèbre affaire des *Fleurs du mal*.

4 L'éloquence de la tribune et les avocats politiques

71.41 **L'éloquence à la barre courtise les médias.** L'avocat romain gagnait sa réputation grâce à l'amplificateur qu'était le forum. L'avocat du XIXe siècle se sert de la barre pour gagner la foule grâce aux médias. Les journaux sont fort nombreux et tous engagés. Chacun les lit, au sein des partis ou sur la place publique. De sorte que, très vite, la barre se confond avec la tribune.

Les grands anciens s'y sont mis, tant ils étaient avides d'apporter au pays cette fameuse liberté introuvable. Sénard et Garnier Pages sont encore là, toujours vibrants de sensibilité et de bonne foi patriotique.

71.42a Jules Favre.

71.42 **Jules Favre (1809-1880).** C'est Jules Favre, élu bâtonnier, par protestation contre le régime en 1860, qui va représenter l'aile politique et libérale du barreau et engager le fer dans de très nombreux procès.

Il est député de l'opposition. Il a la foi républicaine et il l'exprime. Sa stature le protège. Aussi bien utilise-t-il la plaidoirie de rupture, une plaidoirie à la fois fervente et émaillée de mots explosifs qui se démultiplient dans la presse. Deux affaires le démarquent.

Affaire de l'attentat d'Orsini contre l'Empereur (1858). Il n'hésite pas à assassiner à son tour le régime, bien qu'il ait voté à l'Assemblée la validation de l'élection de Louis-Napoléon Bonaparte[1] ;

Affaire Drio (1864). Un groupe d'avocats d'opposition était réuni chez Garnier Pages. Perquisition et poursuites. Plaident : Sénard, Marie, Arago et Berryer. C'est Jules Favre qui expose le procès. Sa ferveur entraîne l'admiration générale au point que Berryer se lève pour annoncer qu'il ne plaidera pas.

1. V. s[s] n° *64.21.*

DE LA PÉRORAISON DE FAVRE

> Quand je vois à côté de moi tous ceux qui m'entourent et qui me fortifient ; quand je songe que, lorsque ma voix ne se fera plus entendre, elle sera remplacée par celle de mes maîtres ; quand je vois Berryer, mon vieil ami, qui n'a pas été seulement le plus grand des orateurs, mais aussi le plus noble cœur et l'amant passionné et persévérant de la liberté qui couronne son illustre vieillesse ; quand je vois Marie, qui a servi son pays avec le désintéressement et la pureté que tout le monde a admirés ; et Sénard, le courageux président de l'Assemblée nationale, qui a opposé sa poitrine aux coups des agitateurs ; et ces ministres de l'ancienne monarchie, M. Dufaure, M. Hébert, qui ont cherché dans la mesure de leurs forces si puissantes à faire triompher les principes qui sont aujourd'hui obscurcis et niés ; et toute cette jeune génération qui me presse, qui est mon espérance, qui est mon amour, ah ! je ne dis pas seulement que cette cause triomphera… je dis que la liberté est impérissable, elle a de trop illustres champions, de trop nobles défenseurs, et nous pouvons considérer d'un œil serein le nuage qui passe. Le soleil ne sera pas obscurci.

71.43 **Léon Gambetta (1838-1882).** De tous les avocats politiques, c'est la percée fulgurante de Léon Gambetta qui force l'admiration. Il devient l'archétype de l'éloquence de la tribune depuis la barre où il s'exprime. Physique, barbe provocante, geste, audace, facilité d'improvisation : tout est réuni pour séduire.

Dans l'une de ses premières affaires politiques, il n'hésite pas à interpeller les magistrats et à les rappeler à leurs devoirs.

Sa plaidoirie est agressive et de style grandiose.

D'UNE PLAIDOIRIE DE GAMBETTA

> Ô magistrats, n'est-ce pas que la justice pour rester la justice doit demeurer étrangère aux passions de la foule… étrangère aussi aux intérêts du pouvoir, car il y a des intérêts mal compris et pour être la figure de la loi, n'est-ce pas qu'il faut qu'elle reste calme, indépendante, intègre.

Désormais, le public le connaît et l'admire. C'est le premier degré de son escalade. Ensuite, il s'affiche comme porte-drapeau de la résistance au régime.

Affaire Delescluze (1868). Gambetta imagine de réunir des fonds pour élever une statue au député Baudin tué dans l'indifférence générale sur les

71.43a Léon Gambetta.

barricades du 2 décembre. Le journaliste Charles Delescluze ouvre une souscription. Le pouvoir a le tort de l'interdire et ainsi de soulever une tempête là où il y avait indifférence générale.

Gambetta devient une idole. Le voici député de Marseille (parti radical) soutenant, à la veille de la guerre de 1870, la suppression de l'armée et également amorçant l'idée de la séparation des Églises et de l'État.

Le secrétariat de la Conférence est alors devenu la pépinière des jeunes avocats d'opposition : Ernest Picard, Émile Ollivier, Charles Floquet et Jules Ferry, entre autres. Tous sur la trace de Gambetta qui dépasse toutes les audaces.

DE LA PLAIDOIRIE DE GAMBETTA DANS L'AFFAIRE DELESCLUZE

Rappelez-vous ce que c'est que le 2 décembre ! Vous savez tout ce qu'il y a de sang et de douleurs, de larmes dans cette date ; mais ce qu'il faut dire ici, ce qu'il faut toucher du doigt, c'est la machination, c'est la conséquence, c'est le mal causé à la France, c'est le trouble apporté dans les consciences par cet attentat ; c'est là ce qui constitue la véritable responsabilité.

Oui, le 2 décembre, autour d'un prétendant, se sont groupés des hommes que la France ne connaissait pas jusque-là, qui n'avaient ni talent, ni honneur, ni rang, ni situation ; de ces gens qui à toutes les époques, sont les complices des coups de la force ; de ces gens dont on peut répéter ce que Salluste a dit de la tourbe qui entourait Catilina, ce que César dit lui-même en traçant le portrait de ses

> complices, éternels rebuts des sociétés régulières : « un tas d'hommes perdus de dettes et de crimes » comme traduisait Corneille. C'est avec ce personnel que l'on sabre depuis des siècles, les institutions et les lois, et la conscience humaine est impuissante à réagir, malgré le défilé sublime des Socrate, des Thraséas, des Cicéron, des Caton, des penseurs et des martyrs qui protestent au nom de la religion immolée, de la morale blessée, du droit écrasé sous la botte d'un soldat.

Et s'adressant au Ministère public qui tentait en vain de l'arrêter dans ses propos :

> Sachez-le, je ne redoute pas plus vos dédains que vos menaces. En terminant hier votre réquisitoire, vous avez dit : nous aviserons.
>
> Comment ! Avocat impérial, magistrat, homme de loi, vous osez dire : nous prendrons des mesures ! Et quelles mesures ? Ne sont-ce pas là des menaces ?
>
> Eh bien ! Écoutez, c'est mon dernier mot : vous pouvez nous frapper, mais vous ne pourrez jamais ni nous déshonorer ni nous abattre.

72

CHAPITRE II

Un barreau grandiose mais fermé

1 La prodigieuse évolution de la France pendant le Second Empire

72.11 **L'expansion des sociétés et l'aide au prolétariat.** Après Waterloo, après le régime un peu endormi de Louis-Philippe, soudain, la France va prodigieusement épouser l'ère industrielle qui a déjà un temps d'avance en Grande-Bretagne.

Le gouvernement mène une double politique à la fois de droite en favorisant l'expansion des sociétés (législation commerciale avancée et novatrice – les sociétés de capitaux, le droit bancaire) et de gauche en tentant de donner au prolétariat grandissant l'aide d'un statut social.

La création de l'assistance judiciaire est due au gouvernement de la IIe République sous la présidence de Louis-Napoléon Bonaparte (loi du 22 janvier 1851). Mais sa mise en application attentive va se faire sous le Second Empire. Enfin, la France, bien après que Guizot l'eut proposée, s'enrichit au point qu'elle surmontera très rapidement la terrible épreuve de 1870.

2 L'Ordre et le barreau Le changement des données

72.21 **L'explosion du libéralisme et le protectionnisme du barreau.** Bien que le barreau soit majoritairement dans l'opposition, celle des libertés, celle de la lutte contre l'injustice, il va paradoxalement réduire l'accès à la profession par une déontologie sévère, et un malthusianisme absolu.

Il devient une élite fermée, inaccessible, au même moment où la France explose dans un libéralisme ouvert à un monde nouveau. Le barreau, lui, se referme. Dans son recrutement, dans ses compétences, dans sa fonction sociale.

72.22 **Le monde s'ouvre aux avocats.** Dès 1835, les avocats bénéficient de liaisons rapides entre Province et Paris. Le développement fabuleux des chemins de fer est un instrument de travail qui révolutionne les habitudes. Mais, revers du tableau, la province est gênée par le rayonnement de Paris, de même les grands barreaux vont-ils affaiblir les petits centres provinciaux.

La naissance du secrétariat va donner une importance inconnue jusqu'ici à certains cabinets et révolutionner les habitudes : communication de pièces, secret des correspondances, secret professionnel. Enfin, la spécialité va naître, permettant à l'avocat de mieux « coller » aux techniques variées des professions qu'ils défendent. Certains ont dit : « La véritable spécialité c'est l'intelligence de l'avocat qui sait assimiler tous les problèmes. » Cependant, au fur et à mesure que la civilisation moderne impose des techniques toujours renouvelées, le droit a souvent du mal à suivre : la législation devient un univers opaque et l'avocat ne peut plus tout appréhender.

Bientôt vont naître l'automobile (1885), l'avion (1902), la machine à écrire (1910), le téléphone (1915), la radio et le cinéma. Le visage du monde est en voie de transformation et l'homme doit suivre. Le barreau aussi.

72.23 **Les Ordres à la croisée des chemins.** La puissance politique immense des avocats, les personnalités très fortes des bâtonniers élus vont donner au barreau, aussi bien à Paris qu'en province, un éclat prodigieux. Ces hommes fiers d'eux-mêmes et de la réussite historique de leur profession sur le plan national, si généreux sur le plan politique, n'ont pourtant guère de regard pour les jeunes stagiaires.

La barrière constituée par l'interdiction de procuration (devant les petites juridictions et dans les affaires commerciales) reste infranchissable. Et l'honoraire est plus que jamais pour ces hommes au sommet de l'État un « tribut de reconnaissance ». Les avocats en général radicaux ou socialistes crient à l'injustice contre l'Empire. Mais ils oublient complètement de se pencher sur le sort des leurs.

Il en va de même des incompatibilités qui mettent une barrière absolue entre l'avocat et les professions juridiques spécialisées dans les affaires commerciales. On traite les conseillers juridiques de « proxénètes »…

Cependant, certains avocats éclairés perçoivent le besoin d'élargir la profession, surtout de ne pas se fermer aux affaires qui, par ailleurs, fleurissent.

Mollot, en 1842, déclare : « Resterons-nous en arrière de ce mouvement universel ? Comment refuser à l'avocat, à celui-là surtout qui s'est créé une spécialité nouvelle par l'étude de l'économie politique, le droit de prêter à l'industrie et au commerce ses conseils, son patronage et son appui. Et, parce qu'il ne plaidera pas au Palais ou ne signera pas dans son cabinet des consultations pour remplir la mission qu'il a reçue, on prétendrait qu'il sortit de la profession d'avocat et qu'il devint proxénète ou agent d'affaires ! »

3 Le premier facteur de changement

72.31 **La création de l'assistance judiciaire.** Le premier clin d'œil de l'Histoire aux avocats, leur reconnaissance en quelque sorte, ce fut saint Louis qui la leur offrit dans ses « Établissements » en leur confiant un véritable service public : celui de la défense gratuite des pauvres. La profession s'en est toujours souvenue et l'a revendiquée comme un honneur.

Cela explique la tradition antimercantiliste du barreau, le caractère superfétatoire de l'honoraire, le mépris de tout ce qui est commercial au point de hausser le barreau en une sorte d'aristocratie fermée, la hantise de la procuration.

72.32 **La loi du 22 janvier 1851.** Voilà que le pouvoir, par une loi du 22 janvier 1851, va introduire dans cette glorieuse société d'avocats la première cause de bouleversement et d'ouverture : la création de l'assistance judiciaire. L'évolution historique vers les grandes masses ouvrières fait éclater les traditions millénaires de charité. Il est devenu nécessaire d'organiser un service public dénommé « assistance judiciaire », enlevé au service tutélaire du barreau et aux excellentes traditions de la Conférence du stage.

Désormais, la gratuité des affaires d'assistance n'est plus consentie mais obligatoire. Les avocats seront honorés par la partie perdante. L'idée même de la rémunération est une offense au barreau qui proteste. L'Ordre décide et exige que les avocats ne réclament pas cette rémunération et maintient la gratuité absolue (arrêtés du conseil de l'Ordre de Paris entre 1851 et 1856). On tolère cependant que l'assisté puisse « désigner » son avocat ce qui autorise celui-ci sous le contrôle du bâtonnier, à recevoir un honoraire modeste.

73

CHAPITRE III

La Commune
Le Palais de justice brûle
La liquidation de la défaite

1 Le gouvernement provisoire

73.11 **La guerre contre la Prusse (1870).** La guerre contre la Prusse éclate, malgré l'avis de l'Empereur. Les mauvaises nouvelles accablent la France. Émile Ollivier, le jeune avocat d'opposition libérale, appelé à la présidence du Conseil, veut maintenir l'Ordre. Certains ministres souhaitent l'arrestation des principaux membres de l'opposition, tous avocats. Ollivier suspend la décision au retour de l'Empereur en visite au front. Tombe la nouvelle de l'encerclement de Sedan, de la prise de la ville et de la captivité de Napoléon III.

L'impératrice qui n'aime pas le libéralisme d'Ollivier reçoit sa démission – situation qui rappelle celle de Barrot appelé au dernier moment par Louis-Philippe. C'est le 4 septembre au matin. Jules Favre demande la proclamation de la République.

73.12 **La proclamation de la IIIe République.** La foule envahit le Palais-Bourbon. Gambetta se lève alors, déclare Louis-Napoléon déchu de son trône et entraîne la foule à l'Hôtel de Ville.

La IIIe République y est proclamée et un gouvernement d'avocats est coopté sous la présidence de Trochu, gouverneur de Paris. Jules Favre est vice-président, Gambetta ministre de l'Intérieur, Picard ministre des Finances, Crémieux garde des Sceaux. Les avocats veulent gouverner au centre en évitant les deux extrémismes : à droite l'ensemble de la France est impérialiste. À gauche, les socialistes représentent une minorité (Blanqui).

Gambetta révoque la plupart des préfets en se rappelant la reprise en main de la France en 1848. À la place, il nomme des membres du barreau. Crémieux en fait autant en désignant nombre d'avocats comme procureurs. La magistrature est triée sur le volet. Enfin, la mairie de Paris échoit à Jules Ferry. La France va être appelée à voter. L'équipe ministérielle tente par tous les moyens possibles d'imposer sa marque. Cependant, les élections du 8 février 1871 vont apporter la même surprise que sous la IIe République : une écrasante majorité de droite est élue tant légitimiste qu'orléaniste : environ 400 députés à droite contre un peu plus de 200 à gauche.

73.13 **Jusqu'à la Seconde Guerre mondiale, le barreau domine l'Assemblée.** Depuis 1871 jusqu'à la Seconde Guerre mondiale, le barreau dominera l'Assemblée. Majoritaires et orateurs, ils s'emparent du pouvoir.

Cette majorité va être composée de deux tendances : la première est modérée, dirigée par Jules Ferry, qui brigue la présidence de la République, la seconde est radicale, dirigée par Gambetta.

2 La Commune

73.21 **L'insurrection (1870).** Lors de la capitulation de Metz (31 octobre 1870), une immense émotion envahit la France. Le sentiment d'avoir été trahie. La foule se rassemble à l'Hôtel de Ville et s'en empare à nouveau sous la conduite de Blanqui.

Celui-ci déclare le gouvernement, alors dirigé par Thiers, déchu, et fait élire un « Comité de salut public », appellation à résonance sinistre. Le maire, Jules Ferry, est fait prisonnier. Thiers fait donner l'armée et libère l'Hôtel de Ville. Les Prussiens sont parvenus jusqu'à Saint-Cloud et commencent le siège de la capitale. Thiers s'installe à Versailles et le traité de Francfort sera signé le 10 mai 1871. Dès le 18 mars 1871, l'insurrection reprend. La Garde nationale s'empare à nouveau de l'Hôtel de Ville et s'institue en pouvoir insurrectionnel. Du même coup commencent les arrestations arbitraires et les assassinats de généraux et de personnalités.

L'avocat Eugène Protot se voit chargé des affaires de la Justice et se préoccupe de faire fonctionner les tribunaux. La plupart des magistrats ont déserté Paris et Protot fait choix de qui veut bien devenir « Juge ». Le bâtonnier Rousse réunit l'Ordre qui décide de ne pas accepter pareille justice, sauf si elle a un caractère pénal.

73.22 **L'incendie du Palais (1871).** En mai 1871, Thiers a réuni un corps d'armée suffisant pour reprendre Paris. À cette nouvelle, le Comité

73.22a *L'incendie de la salle des pas perdus en 1871.*

insurrectionnel décide d'incendier les bâtiments publics depuis l'Hôtel de Ville jusqu'au Conseil d'État qui jouxte alors l'Hôtel de Salm, aujourd'hui Chancellerie de la Légion d'honneur. On met le feu partout. Et même au palais des Tuileries.

L'un des magistrats désignés par Protot, le juge Würth, se charge du Palais de justice. Il fait venir pétrole et poudre et intime au personnel du Palais, l'ordre de répartir ces charges de tous côtés y compris la Sainte-Chapelle. Le personnel refuse. Würth fait venir la garde nationale. L'incendie éclate de partout et le Palais devient bientôt un immense brasier.

Au moment de mettre le feu aux barils de poudre qui entourent les murs de la Sainte-Chapelle, une explosion jette à terre l'incendiaire. Il se fait soigner et retourne à ses tâches. À ce moment, les Versaillais arrivent au travers des maisons en feu qui constituent tout le quartier adjacent au Palais (à côté de la préfecture) : la Sainte-Chapelle est sauvée.

À Notre-Dame, les barils de poudre posés dans la nef explosent. Ils ne font que noircir les murs sans atteindre les voûtes. Mais le Palais entier brûle, à l'exception des quatre tours le long de la Seine, et de la Conciergerie.

73.23 **De l'histoire du Palais de justice.** Le Palais de justice de Paris[1] est situé sur l'emplacement d'un premier édifice bâti sous le Bas-Empire

1. Y. Ozanam, *Le Palais de justice de Paris : La justice autrement*, « Vents d'histoires », E dans l'O, 2006.

73.22b L'incendie de la Sainte-Chapelle.

romain. Cet ancien palais de la Cité se développe et se transforme sous les Mérovingiens, les Carolingiens et les premiers Capétiens.

C'est surtout saint Louis qui, au XIIIe siècle, va construire la Sainte-Chapelle (pour conserver les épines de la couronne du Christ) et aménager son palais tout autour, lequel fut agrandi par Philippe IV le Bel. C'est là qu'est né le parlement de Paris, qui siégeait donc au voisinage de la Chambre du roi (l'appellation des « chambres d'audience » en est restée). Puis Charles V, au XIVe siècle, à la suite des émeutes fomentées par Étienne Marcel, délaisse le Palais de la Cité au profit du Louvre, sur l'autre rive, dont il fait sa résidence. Telle est la première marque, en termes d'urbanisme, de la séparation des pouvoirs : le Judiciaire dans l'île de la Cité et l'Exécutif au palais du Louvre.

Cependant le roi, traversant la Seine, venait souvent au parlement, en particulier à l'occasion des « lits de justice », dans la « Grand'Chambre ». Il déjeunait sur la « table de marbre »[1] installée dans la « Grand'Salle ». Là bruissaient avocats et procureurs, mélangés aux boutiquiers.

Les personnes poursuivies étaient interrogées et torturées dans la tour « Bonbec »[2], puis jetées à la « Conciergerie », sous la « Grand'Salle ».

Mais successivement les incendies de 1618 puis de 1776 vont tout ravager, de telle sorte qu'il ne restera plus que la Sainte-Chapelle, la tour

1. Un fragment de la table de marbre est exposé au musée de la Conciergerie.
2. La tour « Bonbec »… qui signifie que la personne torturée a ouvert le bec pour avouer.

Bonbec, la Conciergerie et l'implantation de la Grand'Salle, ainsi devenue « salle des pas perdus », sur un plan de répartition des espaces assez semblable à ce qu'il fut à l'origine.

Sous Louis XVI sont ensuite construits les bâtiments d'Honneur de l'actuel boulevard du Palais, la Cour du Mai et la grande grille.

Puis la Commune incendie à nouveau le Palais (1871), de telle sorte que l'architecte Duc, déjà à l'œuvre sous Napoléon III, reprend les décombres en y ajoutant l'aile de la Cour de cassation et celle qui donne sur l'actuelle place Dauphine pour conduire à la cour d'assises[1].

3 La trahison de Bazaine et son procès

73.31 **La trahison de Bazaine.** Aussitôt après Sedan, l'impératrice, désignée tutrice par l'Empereur, fut un moment tentée de résister au gouvernement de Paris. De son côté, Bazaine jouait sa destinée par émissaires interposés adressés à l'Impératrice qui se trouvait en Angleterre, et à l'ennemi lui-même, Bismarck. Il faisait valoir le danger d'un soulèvement de la capitale et comptait obtenir le mandat de rétablir l'ordre et par conséquent le pouvoir. Le plus grave est qu'il compromit définitivement toute chance de reprendre l'offensive en livrant Metz aux Prussiens.

Metz était en effet la pièce maîtresse de la défense française avec sa ceinture fortifiée et sa garnison de 150 000 hommes. Le maréchal de Mac-Mahon qui commandait le camp de Châlons faisait marche forcée avec son armée pour donner la main à Bazaine qui commandait en chef l'armée de Lorraine. La jonction devait permettre d'arrêter l'armée prussienne et de constituer l'armée de la Loire.

Sans tenter la moindre sortie, Bazaine livre la ville, ses forts, son armée et les drapeaux à Von Molkte, ne laissant plus aucune chance à la France. L'armée prussienne avance alors sur Paris, sans le moindre obstacle (février 1871).

73.32 **Le procès de Bazaine (1873).** Au Grand Trianon, le 6 octobre 1873, le duc d'Aumale préside le Conseil de Guerre chargé de juger Bazaine.

Lachaud est à la barre. Il lutte pieds et poings au cours d'une longue plaidoirie à la fois contre une opinion publique hostile autant que vengeresse et un conseil de guerre fermé – tâche impossible. Le verdict

1. C. Bourayne et P.-O. Sur, « Cyberjustice au cœur de la Cité », *Le Figaro* 2 juillet 2012.

fut celui de la dégradation et de la mort. Le gouvernement fit grâce des deux condamnations mais Bazaine fut enfermé dans une forteresse. D'où il s'échappa.

4 Épilogue et prologue

73.41 **La fin de la deuxième période de l'histoire des avocats.** La chute de l'Empire et l'incendie du Palais de justice marquent la fin de la deuxième période de l'histoire des avocats.

Dans la première (1302-1790), ils avaient participé à l'élaboration de l'État, en même temps qu'ils avaient construit leur Ordre. Dans la deuxième (1816-1870), ils ont voulu élaborer de leurs mains la liberté des Français. Ce sont bien les avocats qui l'ont conçue au fur et à mesure des événements.

La troisième période va commencer (1870-1940) : la liberté politique est acquise. Désormais l'avocat est maître d'une France qu'il a façonnée par un travail séculaire : l'avocat roi.

8

LIVRE VIII

L'avocat-roi

80

Préambule

1 La république des avocats

80.11 **En 1875, la Constitution républicaine l'emporte.** Le mouvement insurrectionnel de la Commune a bien failli faire échouer la République. Entre 1871 et 1875, outre le règlement de la défaite et celui de la Commune, les élections – au résultat fort modéré – donnent une égalité de chances aux légitimistes et aux républicains.

Pendant plus de quatre ans la lutte est à couteaux tirés entre les deux forces et sans la maladresse du comte de Chambord la monarchie devait l'emporter. Émile Ollivier en était le porte-drapeau. Également, sans le mordant des représentants républicains, en majorité avocats, dans tous les cas remarquables tribuns. En 1875, la Constitution républicaine l'emporte.

80.12 **La République sera désormais celle des avocats.** La longue évolution du barreau depuis ses origines est arrivée à sa maturité. C'est le résultat de cette séculaire alliance avec les magistrats, l'une des causes majeures de la Révolution

80.21a Jules Grévy, président de la République.

et du changement radical de société qu'elle a engendré. Un nouveau régime ne s'installe pas sans soubresauts. Les avocats l'ont forgé par soixante ans de patient labeur, cherchant entre Monarchie et République une solution politique généreuse et durable.

La voici, elle est acquise. L'avocat en est le roi : il va gouverner. Il ne s'agira pas dans les développements qui vont suivre d'énumérer le nombre de présidents de la République, de présidents du conseil, de ministres, de députés, de tribuns de toute sorte qui ont appartenu au barreau. Ils arrivent en foule à la conduite des affaires.

2 L'éclat du pouvoir et de celui de la parole

80.21 **Les débuts difficiles.** Il n'y a pas de régime politique, si généreux soit-il dans son principe, sans drames et sans blessures. Les débuts vont être très difficiles, secoués par une terrible agitation sociale à l'origine des mouvements socialistes et anarchistes, par les luttes radicales en vue d'obtenir la séparation des Églises et de l'État et l'enseignement laïc, enfin par une série de scandales qui vont marquer l'histoire autant que la conscience.

80.22 **L'évolution du monde social et économique et de l'institution professionnelle.** À côté de ces soubresauts, le barreau va briller de l'éclat du pouvoir et de celui de la parole, l'un et l'autre inégalés. Au point de ne pas apercevoir que l'évolution du monde social et économique devait entraîner celle aussi de son institution professionnelle.

80.22a Avocats travaillant dans la bibliothèque, vers 1880.

81

CHAPITRE I

Le gouvernement des avocats
Les secousses profondes de la IIIe République

1 Les luttes sociales

81.11 **Le socialisme porte-drapeau de la classe ouvrière.** Le mouvement marxiste, né à Londres en 1847 de la prolifération du prolétariat industriel, n'avait guère effleuré la France. Jules Guesde, à l'image de ce mouvement, fonde le parti socialiste en 1878.

L'affaire Bedel va donner de l'élan à ce nouveau parti, à cause de la maladresse du pouvoir. Le mineur Bedel est condamné en correctionnelle pour un vol de charbon à la mine de Decazeville. Furieux, il déchaîne les mineurs contre la direction, s'en prend à un ingénieur qui est lynché et tué par la foule.

Alexandre Millerand défend Bedel aux assises : sa plaidoirie est politique. Bedel est condamné aux travaux forcés. Le parti socialiste s'empare de l'affaire et organise une campagne de protestations. Le docteur Laffargue, gendre de Marx, prêche la révolte du prolétariat. L'émeute de Fourmies (1891) entraîne la réaction de l'armée et un bilan de neuf morts. Dès lors, les grèves succèdent aux grèves et le socialisme fait désormais figure de porte-drapeau de la classe ouvrière.

En même temps, les anarchistes cherchent à terroriser l'opinion par une longue série d'attentats à la bombe.

2 Les luttes religieuses

81.21 **La séparation des Églises et de l'État.** La séparation des Églises et de l'État sera l'aboutissement d'un travail séculaire des avocats depuis la mise en place de ce qu'on a appelé le « gallicanisme » sous l'Ancien

81.21a Messe du Saint-Esprit à la rentrée des cours en novembre 1863.

Régime, à savoir une émancipation face à la puissance de la papauté. Séparation qui va déchaîner des luttes et écarteler les avocats. À l'origine c'est le parti radical qui décide de mettre un terme à l'influence de l'Église sur les affaires de l'État.

Les Jésuites interdits sous Louis XV, à la suite de multiples procès, s'étaient réinstallés pendant cette période appelée à dessein la « Congrégation ». Pourtant, les radicaux rappelaient que l'interdiction n'avait jamais été levée. Le parlement, très à droite, avait jusqu'ici refusé de suivre.

Les radicaux ayant accédé au gouvernement décrètent, le 29 mars 1880, que la Compagnie de Jésus étant dissoute, ne pouvait se voir autorisée à demeurer sur le territoire national. Quant aux autres congrégations, elles devaient solliciter l'autorisation administrative. Ce fut le commencement d'une résistance acharnée (1880-1910) des catholiques aidés par nombre d'avocats, magistrats et officiers.

81.22 **Les secousses dans la Justice.** Les avocats vont cependant être particulièrement divisés. Agacées par cette résurgence anticléricale, les congrégations négligent de demander l'autorisation. Le gouvernement décide alors l'exécution du décret.

Le bâtonnier Rousse proteste et 1 600 avocats apposent leur signature au bas d'une consultation favorable aux congrégations. Un grand nombre de procureurs et de magistrats du siège démissionnent plutôt que d'initier des poursuites. Des manifestations encadrent l'expulsion des Jésuites de la rue de Sèvres. Il en est de même à l'occasion de la dispersion des congrégations non autorisées. De multiples incidents donnent lieu à des poursuites judiciaires. Avocats et magistrats de concert n'en tirent aucune condamnation sérieuse.

Dans un premier temps, le gouvernement recule et tolère la réintégration plus ou moins clandestine des religieux dans leurs monastères.

§I.23 **Les résistances.** Les Assomptionnistes imaginent de réagir avec force pour obtenir une légitimité. Le moment était sans doute mal choisi car le gouvernement radical en place décide de croiser le fer. Les Assomptionnistes organisent un réseau de réunions sur tout le territoire, créent le journal *La Croix*, des associations multiples et une coordination nationale.

L'avocat Pierre Waldeck-Rousseau, président du Conseil, ardent radical, demande alors que des poursuites soient engagées. Il se heurte à une justice plus que réticente et les condamnations sont dérisoires.

De nombreuses congrégations demandent l'autorisation d'ouverture. Mais Combes au pouvoir donne des instructions de rejet pour un bon nombre et fait fermer la plupart des écoles libres. Les résistances continuent à être sanctionnées par des peines insignifiantes. De leur côté, les officiers de l'armée refusant d'obéir aux injonctions des préfets sont graciés par les conseils de guerre…

L'expulsion des Chartreux entraîne l'opposition unanime des avocats de Grenoble et la justice ne peut être saisie. Millerand doit venir de Paris plaider à la place des récalcitrants. On apprend alors que le fils du président Combes avait promis le maintien des Chartreux contre une « enveloppe ». Le scandale éclabousse le parti radical.

En 1902, Combes nomme, sans entente préalable avec le Vatican, trois évêques. Le pape refuse l'investiture. Le nonce est rappelé à Rome et l'ambassadeur de France rappelé à Paris. Les trois « évêques » se voient obligés de démissionner sous l'opprobre publique.

§I.24 **La loi du 9 décembre 1905 concernant la séparation des Églises et de l'État.** Les textes répressifs se succèdent, entre autres la loi du 7 juillet 1904 qui interdit à toute congrégation, même autorisée, d'enseigner.

Enfin, la loi du 9 décembre 1905 rapportée par Briand institue la séparation des Églises et de l'État et attribue leurs biens aux associations culturelles, après inventaires. Ce qui entraîne à nouveau nombre de manifestations, incidents violents, procédures et condamnations dérisoires. La République radicale met ainsi fin à la lutte séculaire en vue d'obtenir la liberté des cultes et l'enseignement laïc.

3 Les scandales politiques

81.31 **Les affaires Dreyfus, Caillaux et Panama.** Les scandales politiques ont donné la parole aux avocats les plus brillants de leur époque, une place essentielle car leur retentissement a laissé des traces – parfois des blessures – jusqu'à nos jours.

Ce sont les très célèbres affaires Dreyfus[1], Panama et Caillaux.

81.32 **L'affaire Dreyfus. Premier acte. Une condamnation ordinaire.** À l'ambassade d'Allemagne, une employée (du service d'espionnage français) trouve dans une corbeille un « bordereau » écrit à la main accompagné de documents confidentiels concernant l'artillerie française (1894). Cette pièce émanait du commandant Ferdinand Esterhazy. Plus tard une lettre de la même écriture sur la même texture de papier sera découverte : elle provenait d'Esterhazy.

Cependant, on accuse Alfred Dreyfus, capitaine juif dans l'armée française, ancien élève de l'École polytechnique et de l'École de guerre. À cette époque une campagne antisémite violente était orchestrée en particulier dans l'armée, sous l'influence des écrits d'Édouard Drumont.

Le ministre de la Guerre, le général Auguste Mercier, fait exécuter par Dreyfus une dictée, valant test d'écriture, aux fins de circonvenir l'auteur du bordereau. Le capitaine Dreyfus tremble en écrivant. L'expert chargé de comparer la dictée à l'original conclut à l'identité d'écritures. Le commandant Joseph Henry, du même service que Dreyfus, avertit la presse.

Dreyfus est traduit en Conseil de guerre pour espionnage. Il charge Edgar Demange de le défendre. À l'audience, Henry comparaît comme témoin et s'écrie avec passion haineuse : « C'est lui, je le sais, je le jure ! »

Dreyfus réagit mal. Il est rigide, froid, respectueux. Il ne s'emporte pas. Il n'a pas les accents d'innocence outragés qu'on attend de lui.

1. J.-D. Bredin, *L'affaire*, Julliard, 1983 – J. Jaurès, *Les preuves. Affaire Dreyfus*, La Petite République, 1898 – B. Lazare, *L'affaire Dreyfus*, Stock, 1897.

Pendant l'audience une liasse est remise au président à l'insu de Demange, liasse qui contient, on le saura plus tard, un document falsifié : une lettre provenant apparemment de l'ambassade d'Allemagne datée de mars 1894 portant l'inscription suivante : « Cette canaille de D. m'a remis pour vous… » La date était surchargée et la lettre D concernait un dénommé Dubois, en relation avec les Allemands… mais on ne le saura que beaucoup plus tard.

Or, cette lettre sulfureuse était accompagnée de plans intéressant l'armée française. Espionnage ! La conviction des juges est faite. Le verdict tombe : condamnation à la dégradation militaire et à la déportation à vie (arrêt du 22 décembre 1894).

Le 5 janvier 1895, à l'École militaire, Dreyfus est dégradé. Il crie : « Je suis innocent ! Vive la France ! » Puis il est déporté à l'île du Diable.

81.33 **Deuxième acte. Le faussaire et la Vérité.** Deux ans plus tard, le commandant Georges Picquart, chef de service des Renseignements, se voit remettre le « petit bleu », pneumatique déchiré trouvé à la poste non affranchi : c'est une lettre de l'ambassade d'Allemagne adressée à Esterhazy. Picquart fait effectuer une enquête discrète sur cet officier. En même temps, il se fait communiquer divers écrits d'Esterhazy. L'expert constate l'identité absolue d'écriture avec le bordereau de 1894. En même temps, Picquart apprend par des indiscrétions que la mystérieuse liasse remise au Conseil de Guerre dans le dos de Demange a créé l'intime conviction des magistrats. Picquart détient ainsi la preuve de l'innocence de Dreyfus.

Mathieu Dreyfus, frère d'Alfred, est mis au courant. Il publie un article dans ce sens, qui se perd dans l'indifférence de la presse. De son côté, le ministre de la Guerre, le général Mercier, craint le scandale et décide d'enterrer ces révélations.

Mais Henry veille et cherche à confondre Dreyfus par tous les moyens y compris celui de fabriquer des faux ! Il s'adresse à un faussaire qui fabrique deux pièces :

– une missive entre attachés militaires allemand et italien : « Il ne faut pas qu'on sache jamais ce qui est arrivé avec lui (Dreyfus) ! » ;
– une deuxième missive entre les mêmes : « J'ai payé pour vous suivant le convenu. À mercredi 8 heures chez Laurent. J'ai invité trois de mon ambassade dont un seul juif. »

Henry fait passer ces pièces au ministre qui se voit ainsi conforté contre Dreyfus et décide d'envoyer Picquart en Tunisie pour s'en débarrasser et de nommer Henry à son poste. Celui-ci s'empare donc du dossier, en retire le « petit bleu ». Il fait gratter l'adresse (qui révélait le destinataire Esterhazy) et la fait reproduire en imitant l'écriture de Picquart faisant ainsi endosser par celui-ci la paternité d'un faux. Heureusement pour lui, Picquart avait gardé une photographie du document.

Enfin, il livre à Esterhazy le document « Cette canaille de D… » qui avait fait la conviction du Conseil de guerre contre Dreyfus. Esterhazy le fait parvenir au gouvernement pour prouver qu'il n'est pas le traître !

Riposte de Mathieu Dreyfus qui révèle que le bordereau qui est à l'origine des poursuites contre son frère est en réalité de l'écriture d'Esterhazy. Le ministre Mercier ordonne une nouvelle enquête qui s'enferre dans les faux accumulés par Henry et conclut à la confirmation de la culpabilité de Dreyfus. Enfin, le ministre décide de renvoyer le dossier en Conseil de guerre en y ajoutant une plainte contre Picquart et Esterhazy.

Labori[1] défend la partie civile, Madame Dreyfus. Demange assiste Mathieu. Tézenas pour Esterhazy, enfin Leblois témoigne en faveur de Picquart. Non seulement Labori et Demange ne s'aimaient pas mais leurs conceptions de la défense de Dreyfus étaient opposées. À l'intransigeance de Labori, Demange préférait une solution conciliant les deux camps.

Le Conseil de guerre confirme l'arrêt du 22 décembre 1894, acquitte Esterhazy et ordonne la mise de Picquart aux arrêts (arrêt du 10 janvier 1898).

81.34 **Troisième acte. Le scandale éclate.** Émile Zola, trois jours après l'arrêt, publie dans *L'Aurore* un article intitulé « J'accuse » où il incrimine Esterhazy et débusque Henry, prouvant l'innocence de Dreyfus, victime d'une accumulation de pièces falsifiées.

1. V. *s*[e] n[o] *82.33*.

81.34a Fernand Labori plaidant l'affaire Zola.

Le scandale éclate alors, d'écho en écho dans toute la France, et va soulever les passions comme les vagues d'une tempête. Le gouvernement, persuadé de la culpabilité du capitaine, fait poursuivre Zola en diffamation et attaque Picquart devant le conseil de discipline de l'Armée.

L'affaire rebondit aux assises. Clemenceau défend *L'Aurore*.

L'avocat s'écrie :

> « Vous allez commettre une erreur judiciaire ! »

Le président :

> « Il n'y a pas d'erreur judiciaire. »

Clemenceau :

> « La première erreur judiciaire de l'histoire, la voilà. »
>
> Et de désigner le Christ.

Fernand Labori plaide pour Zola.

Les deux avocats affrontent l'hostilité du président. Surtout Labori fera une plaidoirie d'une clarté et d'une qualité dérangeantes. Demange, appelé à témoigner, soutient que le verdict de 1894 a été entaché par une communication déstabilisante pour Dreyfus. C'est le moment de vérité pour le condamné.

Pourtant, la cour décidément prévenue contre le capitaine, condamne Zola à un an de prison et le directeur de *L'Aurore* à quatre mois. Quant à Picquart, il est révoqué de l'Armée (arrêt du 26 février 1898).

Le retournement. Trois jours après la sentence, le faussaire complice de Henry se suicide par pendaison. La Cour de cassation, saisie d'un pourvoi sur l'arrêt du 26 février, casse et renvoie devant la cour d'assises de Versailles. Zola et le directeur de *L'Aurore* préfèrent

81.34b Fernand Labori plaidant l'affaire Zola.

s'exiler en Angleterre. Le nouveau ministre de la Guerre Cavaignac fait arrêter Picquart et Esterhazy tout à la fois. Cependant, sur les indications formelles fournies par Picquart, le juge d'instruction signe une ordonnance de renvoi d'Esterhazy devant la cour d'assises pour faux et usage de faux. Mais la chambre des mises en accusation rend une ordonnance de non-lieu et élargit Esterhazy.

Pourvoi en cassation. Le ministre Cavaignac se décide à provoquer une contre-enquête. Celle-ci découvre les faux et leurs usages. Henry avoue et se suicide. Esterhazy s'enfuit à l'étranger. Cavaignac démissionne. Le gouvernement décide la révision du procès.

81.35 **Quatrième acte. La réhabilitation.** La Cour de cassation déclare la demande de révision recevable et ordonne une instruction. Picquart, par qui la vérité et avec elle le scandale étaient arrivés, est élargi (après un an de prison). L'instruction fait ressortir que le bordereau est écrit de la main d'Esterhazy et non de celle de Dreyfus.

Depuis l'étranger, Esterhazy reconnaît sa culpabilité. La Cour de cassation, le 3 juin 1899, renvoie l'affaire pour révision devant le Conseil de guerre de Rennes après avoir établi les faits suivants : le bordereau est d'Esterhazy et le document produit devant le Conseil de guerre visant un certain « D… » concerne Dubois et non Dreyfus. En d'autres termes, les deux documents de l'accusation étaient des faux contrefaits par Henry.

Dreyfus est extrait de l'île du Diable. Le 7 août 1899, il comparaît devant le Conseil de guerre de Rennes. La ville retient son souffle dans la chaleur épuisante de l'été. Les audiences commencent à 6 heures du matin. Sarah Bernhardt, en tournée à Rennes, annule sa représentation du dimanche soir, veille de l'ouverture du procès, en soutien à Dreyfus.

À l'appel des causes, l'homme est prostré, sans réaction, comme indifférent. Sa voix est hésitante. Il est pris d'accès de tremblements de la mâchoire inférieure et des jambes. Labori à ses côtés se montre impétueux, même violent. Il laisse déborder son indignation que tant de négligences puis d'infamie aient pu travestir la vérité. Le lendemain, il est blessé d'un coup de revolver. Alors, Demange, l'avocat de Dreyfus des premières heures, est seul à la barre pour imposer une défense plus en connivence. Il plaide sur le fil, ménageant l'armée, au bénéfice du doute.

La prévention contre Dreyfus est telle, l'attente de l'opinion aussi, que lorsque l'arrêt intervient le 9 septembre 1899 – un verdict de culpabilité avec circonstance atténuante – chacun est consterné, étonné, enthousiasmé, dans une France déchaînée.

Dreyfus est encore condamné à dix ans de détention et la dégradation est maintenue. Labori paiera son engagement inconditionnel au profit de Dreyfus, d'une déconsidération militante de l'opinion antidreyfusarde. Son cabinet fut un moment déserté avant que sa gloire devienne immense.

Le 19 septembre, le président de la République gracie Dreyfus. Il faudra quatre longues années pour que le président du Conseil ordonne la révision. Le Parquet général requiert un supplément d'information et l'affaire est renvoyée devant la Cour de cassation qui siège toutes chambres réunies, le 18 juin 1906.

Le 12 juillet 1906, l'arrêt du Conseil de guerre de Rennes est cassé sans renvoi. Dreyfus est proclamé innocent. Il est réintégré dans l'armée. À l'homme vieilli, usé, sans joie, la Légion d'honneur est solennellement remise en même temps que Picquart, réintégré, reçoit ses étoiles de général[1].

Thierry Lévy, dans un livre consacré à Labori[2], ne ménage ni l'admiration ni les réserves à l'égard de celui qui fut l'avocat de Dreyfus blessé. Blessé par revolver. Blessé par le syndrome de ce que le barreau appelle « une plaidoirie rentrée » (à Rennes, où il n'a pas pu plaider). Blessé aussi d'avoir perdu l'affaire Zola, puisque l'auteur du « J'accuse » fut condamné, même si ce procès permit de retourner l'opinion publique.

DE THIERRY LÉVY ET JEAN-PIERRE ROYER, *LABORI*, 2006

> L'affaire Dreyfus est-elle close ? Pas vraiment dans l'esprit et le cœur de Labori, au contraire même, et pour quelques années encore. Son échec tragique de Rennes explique sans doute tout ce qui va venir maintenant, et en particulier qu'il soit retombé dans les préjugés du milieu auquel il appartenait, les préjugés antisémites où, plus généralement, baignait son époque. Brisé par son échec, il l'impute, en partie avec raison, en partie à tort, non pas à son incapacité à forcer le destin, mais aux prudences, aux manœuvres du camp dreyfusard – ce dernier incarne à ses yeux désormais l'esprit du mal qui lui a été contraire.

1. Chr. Vigouroux, *Georges Picart. La justice par l'exactitude*, Dalloz, 2008.
2. Th. Lévy et J.-P. Royer, *Labori. Pour : Zola. Pour : Dreyfus. Contre : la terre entière. Un avocat*, © Audibert, 2006.

81.36 **Le Scandale de Panama.** La gloire de Ferdinand de Lesseps après l'inauguration du canal de Suez était telle qu'il en fut sans doute grisé au point de se laisser glisser peu à peu, sans doute par inconscience, dans l'escroquerie en y entraînant quantité d'hommes politiques ou hommes d'affaires à propos du percement d'un canal au travers de l'isthme de Panama.

Une commission d'experts avait évalué le projet à un montant de 1 200 000 francs et considérait qu'il n'était pas rentable eu égard au trafic insuffisant que l'on pouvait escompter. Ferdinand de Lesseps passe outre et, en 1881, lance une souscription au profit de la « Société anonyme du Canal de Panama ». Il obtient 900 millions de francs. On se met à l'ouvrage. Quatre ans après il faut rendre des comptes. Près de 500 millions ont été dépensés représentant 6 % seulement du travail à effectuer ! Lesseps sollicite l'autorisation d'ouvrir une seconde souscription ; le gouvernement refuse.

C'est ici que vont commencer les tentatives frauduleuses de la société présidée par Lesseps. Il fait envoyer au ministre des Travaux publics Charles Baïhaut une enveloppe d'un million de francs. Tentative de corruption, mais sans succès. Il fallait forcer la main du gouvernement. La société multiplie alors les enveloppes tous azimuts. La presse est achetée (*Le Gaulois*, *Le Figaro*, *Le Temps*, *Le Matin…)*. Ministres et députés également (Floquet, Grévy…). Enfin, le célèbre Gustave Eiffel, dont la présence dans la société forçait la confiance.

Deux personnalités géraient la distribution des enveloppes : le baron Jacques de Reinach et Émile Arton.

Le fait est que le 28 avril 1888 la Chambre « bien disposée » autorise un emprunt de 600 millions (loi du 9 juin 1888). Mais seulement la moitié de cette somme est souscrite. À la fin de l'année 1888, la société dépose le bilan. On dévoile alors qu'un tiers seulement de l'argent des souscriptions a été utilisé pour les travaux et que la réalisation du canal est hors de portée des capitaux réunis. Une plainte est déposée et une instruction ouverte. Une instruction qui va s'enliser.

Il faut attendre la fin de 1892 pour qu'une commission d'enquête parlementaire soit désignée. Le Parquet informe contre Reinach qui se suicide. On finit par arrêter non pas Ferdinand de Lesseps mais son fils Charles. Plusieurs ministres démissionnent. La liste des députés, sénateurs et ministres qui ont été gratifiés (au nombre de 104) circule et la presse la diffuse. Le scandale éclate. Les administrateurs de la Société du Canal de Panama sont enfin poursuivis. Ferdinand de Lesseps est

81.36a La consultation, Monde judiciaire.

défendu par Waldeck-Rousseau et Barboux. Celui-ci fait un plaidoyer éclatant marquant que l'enjeu était tel qu'il exigeait l'aide du pouvoir, à peine d'échouer. D'où les écarts financiers.

L'arrêt du 13 février 1893 condamne pour escroquerie de Lesseps, père et fils, à cinq ans de prison et Eiffel à deux ans. La Cour de cassation annule l'arrêt sur une exception d'ordre public (prescription). Mais un procès de corruption est alors intenté contre tous ceux, corrupteurs et corrompus, qui avaient par leurs interventions de toutes sortes, permis la souscription frauduleuse.

Ne furent retenus dans l'arrêt rendu par la cour d'assises le 8 mars 1895 que Charles de Lesseps et l'ancien ministre Baïhaut, condamnés respectivement à un an et cinq ans de prison. Quant à Arton, extradé d'Angleterre, il livre la liste de tous ceux qui bénéficièrent des enveloppes. Demange le défendit aux assises. Les bénéficiaires étaient aussi dans le box et se firent défendre par Labori[1]. Dernier scandale ou nouveau triomphe des avocats de la défense : tous les inculpés furent acquittés !

1. V. s[s] n[o] *82.33*.

81.37 **Les affaires Caillaux - L'affaire Rochette.** Les affaires Caillaux se déroulent en trois épisodes qui tous trois ont marqué l'histoire politique de la France de 1908 à 1918. C'est l'histoire d'un grand bourgeois parvenu presque au faîte du pouvoir qui, par cupidité d'abord, par une ambition criminelle ensuite, va courir à la déchéance totale.

Étonnant aventurier que ce Henri Rochette, serveur de restaurant d'abord, devenu grand banquier ensuite, qui par son intelligence et son astuce se fabrique un destin brillant pour finalement sombrer. Il avait jeté ses quelques économies dans un établissement financier qui peu de temps après, avait fait faillite. Rochette, loin d'être décontenancé, réalise aux dépens des autres ce qu'il a subi : il fonde un premier établissement de crédit, rachète à meilleur prix les fonds qui lui sont confiés et fabrique ainsi une rentabilité fictive mais qui draine des capitaux en mal de placement. La réussite est telle qu'il couvre la France de sociétés de crédits et que la presse lui fait une publicité nationale.

En mars 1908, le mécanisme se grippe et l'un des établissements financiers est en difficulté. Plainte contre Rochette suivie d'un classement sans suite. Cependant le Parquet décide de l'arrêter ce qui a pour effet de précipiter la chute. L'établissement financier dépose son bilan. La presse, favorable à Rochette, se déchaîne contre le Parquet prétendant que l'arrestation a été la cause du dépôt de bilan. Le tribunal correctionnel le condamne à deux ans de prison.

Jusqu'ici l'affaire aurait été banale si l'avocat Maurice Bernard, pour sauver son client de la peine de prison, n'avait imaginé, lors de la procédure d'appel, de soulever la prescription de trois ans et la nullité d'une procédure suivie contre Rochette à partir d'une plainte classée sans suite. Pour bénéficier de la prescription il fallait que l'audience de la cour d'appel fût fixée après mars 1911 et qu'entre-temps il n'y ait nul acte interruptif. Rochette fait jouer la presse et ses relations. En vain. Maurice Bernard tente d'obtenir l'accord du procureur général. Joseph Caillaux, ministre des Finances est sollicité. Il accepte d'intervenir. Le président du Conseil Ernest Monis et lui-même convoquent le procureur général. Celui-ci résiste : il est sommé d'obéir et de requérir le déplacement de l'audience à une date utile pour soulever la prescription. Il obéit mais dresse procès-verbal de la séance.

De son côté, Caillaux entretient une correspondance confidentielle à cet égard. Sa femme, dont il va divorcer peu après, met la main sur ces documents et les soustrait. Malgré l'astuce de cette fixation frauduleuse de l'audience, Maurice Bernard, puis après lui Labori, perdent leur procès. Rochette sera condamné à trois ans de prison.

§1.38a Le restaurant des avocats en 1884.

Pendant ce temps, Caillaux devient président du parti radical, antichambre de la présidence du Conseil. Il s'est remarié avec une femme qui l'aime, qui a épousé son ambition et brille dans les salons de la République par sa beauté et son élégance.

§1.38 **Les affaires Caillaux - L'assassinat de Calmette.** *Le Figaro* a eu vent des interventions politiques au plus haut niveau en faveur de Rochette. Il décide de gêner l'ascension du président du parti radical et révèle l'intervention de Caillaux en sa qualité de ministre des Finances, lui dont le nom est définitivement associé à l'impôt sur le revenu qu'il fit adopter par la loi du 9 mars 1909.

Scandales successifs à la Chambre où celui-ci n'était guère aimé. Le 10 mars 1914, *Le Figaro* annonce qu'il détient le procès-verbal dressé par le procureur général et qu'il le publiera le 17 mars ; que dès maintenant il dévoile une lettre écrite par Caillaux au moment des événements.

Gaston Calmette, directeur du *Figaro*, conclut ainsi :

> Elle (l'affaire Rochette) est révélée dans toute sa vérité au public dont on a volé l'épargne; elle se résume en un mot « infamie »; elle se résume en un nom « Caillaux ». Et fier de mon devoir accompli, je signe.

Le ménage Caillaux s'émeut. Surtout de l'éventualité de la publication du paquet de lettres secrètes, lettres intimes, détenu par la femme divorcée. L'ascension vers les sommets serait-elle compromise? *Le Figaro* publie 138 articles en 95 jours de plus en plus acides contre Caillaux.

Affolée, Madame Caillaux rédige en toute hâte une lettre destinée à son mari le 16 mars 1914.

LA LETTRE DE MADAME CAILLAUX À SON MARI, LE 16 MARS 1914

> Mon mari bien-aimé. Quand ce matin, je t'ai rendu compte de mon entretien avec le président Monier, qui m'avait appris que nous n'avions en France aucune loi pour nous protéger contre les calomnies de la presse, tu m'as dit que ces jours-ci, tu casserais la g… à l'ignoble Calmette. J'ai compris que ta décision était irrévocable. Mon parti à moi fut alors pris. C'est moi qui ferai justice. La France et la République ont besoin de toi. C'est moi qui commettrai l'acte. Si cette lettre t'est remise, c'est que j'aurai fait ou tenté de faire justice. Pardonne-moi, mais ma patience est finie. Je t'aime et je t'embrasse du plus profond de mon cœur.
>
> Ton Henriette

Elle court acheter un revolver, l'essaye au stand, se présente au *Figaro*, demande Monsieur Calmette. L'arme est cachée dans son manchon. Lorsque Calmette ouvre la porte de son bureau, elle tire et le tue.

La guerre va éclater. L'atmosphère est surchauffée. Labori chargé de la défense de Madame Caillaux affronte Chenu pour la partie civile. Il apparaît que la première femme de Caillaux n'avait pas encore livré le paquet de lettres qu'elle détenait. Appelée comme témoin par la partie civile, elle présente à la cour la fameuse liasse des lettres secrètes. Suspense ! Le président refuse d'en prendre connaissance. Alors elle les remet non pas à Chenu, mais à… Labori qui les enfouit dans son dossier.

Le témoin Bernstein dépose :

> Je préviens Monsieur Caillaux qu'à la guerre on ne se fait pas remplacer par une femme : il faut tirer soi-même !

Chenu fait un plaidoyer mordant, en appelant le jury à l'indépendance face à la toute-puissance politique de Caillaux :

> Dépouillons-nous alors de ces robes rouges ou noires qui sont le vêtement de notre indépendance, et qu'on nous apporte les livrées de laquais, mais je crains de ne pas en trouver une à ma taille.

Labori plaide en défense. L'avocat blessé de Dreyfus et Zola, mais héros de tant d'acquittements, est au sommet de son art. Georges Kiejman écrit : « Labori, c'est la rhétorique maîtrisant, sans y renoncer, l'éloquence romantique. »[1]

PÉRORAISON DE LABORI POUR MADAME CAILLAUX, LE 28 JUILLET 1914

> Et bien, Messieurs, c'en est assez. Mettez fin à ce cauchemar par un acquittement que tout le monde, ce soir, acceptera. Gardons nos colères pour les tourner vers les ennemis du dehors. Que tout le monde ici, quand le jury se sera prononcé, sorte l'âme égale. Madame Caillaux blessée, meurtrie à jamais, la presse purifiée, je le souhaite, l'âme tranquille et saine. Allons, toujours unis et solidaires, comme vous le disiez Me Chenu, vers les périls qui menacent, auxquels il est temps de faire face, au terme de ces trop longs débats !

Le lendemain de l'acquittement, il faut lire *Le Figaro* :

> Le plus énorme scandale de notre époque vient de couvrir de boue et de sang la République radicale. Madame Caillaux a été acquittée par le jury parisien. Les magistrats qui ont prêté leur concours, plus ou moins chèrement soldés, à l'abominable parodie de justice qui s'est terminée hier soir sous les huées en reçoivent une honte ineffaçable. Dès la nouvelle de l'acquittement, la population parisienne hurla de honte, de colère et de dégoût. Ce qu'il faut dire, maintenant, ce qu'il faut crier, c'est qu'aujourd'hui un homme puissant, entouré de partisans qu'il subventionne, lié au parti politique qui détient le pouvoir, est au-dessus de la justice et des lois. L'acquittement de Madame Caillaux, c'est Caillaux qui l'a exigé, à la tête de sa bande, parcourant le Palais de justice, le gourdin à la main et le revolver dans la poche. L'acquittement, c'est Caillaux qui l'a arraché à un jury affolé, à un gouvernement tremblant de peur, à des magistrats vendus. Les audiences de la cour d'assises, c'est Caillaux qui les a présidées, lui-même, en

1. G. Kiejman, *Les grands procès de l'Histoire*, Éd. Montparnasse, 2007.

personne ; forçant d'un signe le président Albanel à lever la séance quand les incidents tournaient contre lui, interdisant les lectures aux amis de Calmette, interrompant les témoins, transformant la cour d'assises en une foire, achetant et payant les consciences.

81.39 **Les affaires Caillaux - La trahison de Caillaux[1].** Joseph Caillaux cherchait l'occasion de rebondir. La guerre la lui donne. Il mise sur la défaite française pour tenter d'en recueillir les fruits. Il avait été réélu député et avait noué une relation politique à la fois proche et secrète avec Louis Malvy, devenu en 1917 ministre de l'Intérieur.

Juillet 1917. Eugène Vigo, dit Miguel Almereyda, directeur du journal *Le Bonnet rouge*, est l'objet de poursuites : il mène depuis longtemps une campagne de presse défaitiste et on vient de découvrir qu'il émarge à des fonds secrets de l'État ainsi que de l'Allemagne, enfin qu'il est en relations très suivies avec Malvy. Arrêté, Almereyda se suicide. En même temps, Caillaux qui avait été envoyé en mission en Argentine par Malvy, est soupçonné de livrer aux Allemands la copie de ses rapports au ministère. La lecture de ces documents révèle que Caillaux avait pris le parti de l'arrêt des hostilités et de la signature de la paix. On saisit une correspondance avec Almereyda et on apprend qu'il soutient la cause du journaliste auprès de Malvy. Caillaux arrive à Rome où il est arrêté. Un plan de paix avec les Allemands est saisi. Clemenceau interpelle Malvy à la Chambre. Celui-ci démissionne de son poste ministériel et le scandale éclate.

Caillaux se fait défendre par Demange et Moro-Giafferi. L'instruction se prolonge des années. Longtemps après la victoire de la France, Caillaux sera sanctionné par trois ans de prison, l'interdiction de séjour et l'inéligibilité temporaire. Il se fera réélire quelque temps après…

1. J.-D. Bredin, *Joseph Caillaux*, Hachette littérature, 1985.

82

CHAPITRE II

Les Ordres
La parole est reine

1 Le contexte législatif

82.11 **Des champs d'action étendus.** Trois textes apportent aux avocats un complément législatif important et de nouveaux champs d'intervention.

L'autorisation des syndicats en France (loi du 21 mars 1884). La loi du 21 mars 1884 relative à la création de syndicats professionnels, dite loi Waldeck-Rousseau, permet la défense des intérêts de la plupart des groupes sociaux et leur apporte tant sur le plan des réunions et des médias que sur le plan judiciaire la possibilité de s'exprimer en toute légalité et de défendre leurs droits.

Cependant, il était impensable, à l'époque, que des avocats puissent se syndiquer dès lors que les Ordres avaient reçu de la loi le pouvoir de défendre leurs intérêts professionnels. Ce ne sera que beaucoup plus tard (loi du 12 mars 1920) que les avocats se verront autorisés à se syndiquer.

Le droit du travail (loi du 28 décembre 1890). Les conseils de prud'hommes avaient été institués à Lyon par la loi du 18 mars 1806.

Les nouvelles conditions de rupture du contrat de louage de service (loi du 28 décembre 1890). Des nouvelles conditions de la rupture unilatérale du contrat de louage de service sont instituées par une loi du 28 décembre 1890 sur le contrat de louage et sur les rapports des agents des Chemins de fer avec les compagnies. La conciliation et l'arbitrage en matière de grève sont également réglementés par une loi du 27 décembre 1892 sur la conciliation et l'arbitrage facultatif en matière de différends collectifs entre patrons et ouvriers ou employés. Les pouvoirs publics cherchaient à mettre sur pied des procédures de règlement pacifique des conflits collectifs du travail.

§2.11a L'avocat admis pour la première fois à l'instruction en 1897.

La défense est autorisée à assister l'inculpé à l'instruction (loi du 8 décembre 1897). L'avocat obtient que soit levée la dernière barrière en matière pénale par la loi du 8 décembre 1897. La défense est enfin autorisée à assister l'inculpé à l'instruction. Il faudra attendre un peu plus d'un siècle pour la présence de l'avocat en garde à vue.

L'Ancien Droit a toujours rejeté l'idée d'une défense de l'accusé et même de l'inculpé. L'ordonnance de Villers-Cotterêts avait en effet posé le principe de l'interdiction très générale qui a persisté jusqu'à la Révolution.

2 La puissance des Ordres

§2.21 **Les premiers craquèlements.** Le barreau, à cette époque, réunit les dirigeants de la France. Les bâtonniers sont élus dans l'auréole de cette puissance et ce sont pour la plupart de grands bâtonniers. Les portes de l'Élysée et des ministères leur sont ouvertes. Les conseils de l'Ordre sont la pépinière d'où sortent ces personnalités.

§2.21a L'avocat et l'habilleuse vers 1900.

Bien souvent les avocats se succèdent de père en fils et il s'est institué une véritable noblesse de robe. Mais, dans ce contexte de déontologie et d'honneur, si la voie apparaît triomphale pour certains elle est étroite pour les jeunes en général.

On observe, en y regardant bien, quelques craquèlements. Depuis Napoléon III le monde des affaires a envahi la France et de multiples juristes, à défaut d'avocats, ont occupé la place. Pourquoi alors les avocats seraient-ils absents du droit commercial ? Le commerce peut justement leur être interdit mais pas la défense des commerçants.

En quoi le refus ordinal de la procuration est-il justifié ? Les jeunes se posent des questions. La première concession se fera à propos de l'honoraire. Les Ordres commencent à autoriser timidement que l'honoraire soit une juste rémunération du talent, du travail et du résultat.

§2.22 **L'arrivée des femmes.** Jeanne Chauvin, docteur en droit, « ose » se présenter au serment le 25 novembre 1897. La question de la femme au barreau sera douloureuse[1]. Le métier d'avocat et la politique sont alors si intimement liés, que pas plus l'idée d'accorder le droit de vote à la femme que celle de lui ouvrir la profession d'avocat ne parviendront à

1. A.-L. Catinat, « Les premières avocates du barreau de Paris », *Mil neuf cent*, n° 16, 1998. Figures d'intellectuelles, p. 43 ; http://www.persee.fr/web/revues/home/prescript/article/mcm_1146-1225_1998_num_16_1_1183/.

82.22a Jeanne Chauvin.

maturité sans difficulté : « Robe sur robe ne vaut. »

Suivant l'usage le bâtonnier lit, devant la première chambre, la liste des prestataires. Jeanne Chauvin est là. Elle a endossé la robe noire. Un avoué à la cour l'accompagne et l'assiste en cas d'incident. Et l'incident éclate : le bâtonnier ne mentionne pas le nom de Jeanne Chauvin. Aussitôt, l'avoué dépose une requête. La cour se retire pour délibérer. Elle rend un arrêt de rejet.

Scandale ! Un certain nombre d'avocats se dressent contre l'avis du bâtonnier. L'affaire est portée devant les plus hautes juridictions et au parlement. Il y faudra trois ans.

Enfin, la loi du 1er décembre 1900, rapportée par Raymond Poincaré admet les femmes au barreau. Jeanne Chauvin a gagné. Elle s'inscrit le 19 décembre et prête serment [1]. Elle exercera jusqu'à son décès dans un contexte difficile.

Son nom restera dans l'histoire du barreau. Aujourd'hui la bibliothèque de l'Ordre des avocats, dans le Palais de justice de l'île de la Cité, porte son nom, de même que la salle des avocats, au Conseil constitutionnel.

1. C'est pourtant Sophie Petit-Balachovsky qui, la première, prêtera serment une semaine avant Jeanne Chauvin.

S2.22b Prestation de serment de Sophie Petit-Balachovsky.

D'autres suivront[1] : Suzanne Grimberg, Agathe Dyvrande-Thévenin et Maria Vérone, qui fut la première femme avocate à « faire carrière »[2].

Il y eut dix-huit avocates de 1900 à 1917. Ce fut un élan précurseur de l'accession des femmes au barreau et d'un mouvement qui n'a fait que s'amplifier au point que le nombre des femmes dépasse désormais celui des hommes, suivant une évolution parallèle et plus amplifiée encore dans la magistrature.

Cependant à Paris, il fallut attendre près d'un siècle (22 novembre 1996) pour qu'une femme devînt bâtonnier de l'Ordre, en la personne de Dominique de La Garanderie ; près de trois quarts de siècle (1973) pour qu'une femme devînt membre du conseil de l'Ordre, très influente, en la personne de Geneviève Augendre (même si la première fut Odette Moreau-Destruelle en 1962) ; et près d'un quart de siècle pour qu'une femme devînt bâtonnier en France (1933) au barreau de La Roche-sur-Yon, la seule pendant toute la IIIe République, en la personne de Paule René-Pignet (1889-1970).

1. Chr. Féral-Schuhl, *Ces femmes qui portent la robe : Portraits d'avocates célèbres dans le monde*, Plon, 2013.
2. Agathe Dyvrande-Thévenin et Marcelle Kraemer-Bach créèrent en 1929 la Fédération internationale des femmes de carrières juridiques (FIFCJ).

3 L'évolution de l'art des avocats au cours du XIXe siècle

S2.31 **Le XIXe siècle est celui de l'art oratoire.** Le XIXe siècle est celui de l'art oratoire tant du prétoire que de la tribune. On sait que le premier avait mûri lentement, qu'il s'était développé au XVIIIe siècle, mais sans se libérer ni des longueurs ni des citations, tout en adoptant la pureté et le rythme de la langue classique.

La plaidoirie d'assises. Au début du XIXe siècle, l'avocat se voit accéder à la plaidoirie d'assises. Il en fait l'apprentissage sur le fond dramatique de la Révolution et parvient à une technique parfois brillante (les deux grands de l'époque : Bellart et Bonnet) mais encore alourdie par citations et longueurs.

La période romantique. Dans le second tiers du siècle, d'immenses talents marquent la période *romantique*. Les Dupin, Berryer, Chaix d'Est-Ange sont véritablement habités par le don oratoire marqué par la présence physique et la facilité de parole. Mais deux défauts affaiblissent leurs prestations :

- le parti d'émouvoir à tout prix et le plus souvent possible au point que la plaidoirie est « larmoyante » ;
- une charge encore trop lourde de citations qui sentent la rhétorique de naguère.

Avec tout de même la beauté du style.

Ce jugement sévère, qui est celui de la fin du XXe siècle, n'était pas du tout celui de l'époque. Les magistrats, les jurys, la foule, la presse, les écrivains appréciaient ce genre. La cour d'assises faisait toujours salle comble. C'est la raison pour laquelle l'architecte Duc construisit sous Napoléon III la partie du Palais de justice destinée à recevoir la cour d'assises, conduite par un escalier monumental qui devait s'ouvrir sur l'actuelle place Dauphine, dont il était prévu de raser tous les bâtiments, afin de contenir la foule se pressant vers les assises.

Pierre-Antoine Berryer (1790-1868). Pierre-Antoine Berryer demeure le précurseur et la référence[1].

DU DISCOURS DE RENTRÉE D'OZANAM[2] À L'EFB, 2013

Il peut sembler surprenant que ce loyaliste légitimiste, fidèle soutien de la branche aînée des Bourbons, apparaisse encore

1. V. s^s^ n^o^ *71.22*.
2. Y. Ozanam, discours de rentrée de l'école de formation professionnelle des barreaux de la cour d'appel de Paris (EFB), 2013.

comme un exemple à suivre. Mais Berryer a toujours su mettre de côté ses convictions politiques lorsqu'il revêtait la robe d'avocat, au risque de surprendre et de décevoir son propre entourage.

C'est ainsi qu'après l'aventure des Cent-Jours, il défend et fait acquitter, au grand déplaisir des royalistes, le général Cambronne, fidèle parmi les fidèles de l'Empereur déchu. Lorsque le prince Bonaparte rate un coup d'État en 1840, Berryer accepte, seul contre tous, de prendre sa défense. Mais lorsqu'un nouveau coup d'État permet au futur Napoléon III d'affirmer son pouvoir personnel, Berryer devient alors l'un des adversaires les plus résolus de son ancien « client ».

Dans le même esprit, Berryer, après s'être opposé à la monarchie de Juillet et à Louis-Philippe, défend les biens de la famille d'Orléans, convoités par Napoléon III. Il ne dédaigne pas non plus de défendre, dans les prétoires, des républicains opposés au Second Empire.

Toujours prêt à plaider pour les vaincus du jour et les plus vulnérables, il assiste ainsi des ouvriers typographes ou charpentiers, n'hésitant pas à dénoncer leurs conditions de travail.

À défaut de faire l'unanimité par ses engagements et ses convictions, Berryer séduisait ses contemporains par son désintéressement comme par son éloquence chaleureuse.

Élu bâtonnier du barreau de Paris et membre de l'Académie française, plusieurs fois député (toujours d'opposition), il n'a pas pour autant accepté des charges ou des honneurs qui auraient fait de lui un serviteur du pouvoir.

Par son indépendance et son éloquence mises au service de tous ceux qui faisaient appel à lui, Berryer, au-delà de son siècle, incarne durablement la liberté de la Défense.

Le Second Empire et les débuts de la IIIe République. La période du Second Empire et les débuts de la IIIe République sont illustrés par Lachaud[1], Demange[2] et Labori[3] qui ont plaidé les plus grands scandales de l'époque avec une émotion plus contenue, un style plus rapide et une grande logique de démonstration, mais le *goût du théâtre* a succédé à l'émotion romantique.

À la fin d'une plaidoirie qui enlève les applaudissements du public le président s'écrie : « Appréciez la plaidoirie mais en silence. »

1. V. s^{s} n^{o} *71.23*.
2. V. s^{s} n^{os} *81.32*, *81.35*, *81.36*, *81.39*.
3. V. s^{s} n^{o} *82.33*.

82.32 **Edgar Demange (1841-1925).** Edgar Demange est intervenu à plusieurs reprises dans l'affaire Dreyfus (notamment en 1894). En complémentarité, ou en rivalité avec Labori. Car tandis que Labori adoptait une défense inconditionnelle et jusqu'à l'excès, Demange était partisan de ménager à l'armée une issue honorable et de calmer les passions. Surtout c'est lui et lui seul qui plaidera à Rennes devant le Conseil de guerre de révision, juste après que Labori fut victime d'un attentat.

Il fut aussi le défenseur d'Arton dans l'affaire de Panama (1893)[1] livrant à la justice la longue liste des bénéficiaires du scandale. Demange fut enfin l'avocat de Caillaux (1917)[2] au dernier acte de ses méfaits.

DU DISCOURS DE RENTRÉE DE BONDOUX AU BARREAU DE PARIS, 1933[3]

Le 5 décembre 1894, Edgar Demange devient l'avocat du capitaine Alfred Dreyfus. [...] C'est à Demange, fils de soldat, catholique fervent, que Mathieu Dreyfus confie la défense de son frère. [...] « Je serai votre premier juge », dit-il à l'accusé. S'il croit Dreyfus innocent, il ne lui refusera le secours ni de sa parole, ni de ses conseils. Secours absolu, sans réserves, et qui contient déjà, s'il le faut, une promesse de sacrifices. Demange examine le dossier. Il voit Dreyfus. Il est son avocat. [...]

Pour la défense des principes violés en 1894, pour la défense de l'Idée, pour celle du Symbole, il faut Labori ! [...] Mais aux côtés de l'accusé chétif, pour la défense de l'Homme, il faut cette parole émue, ce raisonnement sans fautes, ces questions réfléchies ; il faut cette pensée mesurée, cette étude pénétrante, il faut cette action méthodique, cette attitude calme, cette assistance attentive. Il faut Demange ! Quel prodigieux contraste révèlent ces deux hommes qu'une même foi cependant anime... C'est « Labori qui tonne », c'est Demange qui plaide ! Si « Labori est la Défense », Demange est l'Avocat !

Est-il vrai qu'on l'accuse d'être à la solde d'un syndicat qui groupe les ennemis du pays et de l'église, lui que jamais la foi n'abandonna ? Quel déchirement dans cette plainte : « Je me suis demandé si la justice divine abandonnait la justice humaine, j'ai écouté la voix de ma conscience, elle m'a dit de marcher droit mon chemin ! » [...] Les clients désertent son cabinet. Les amis deviennent rares... Au Palais même, certains parmi les meilleurs le

1. V. s[s] n° *81.36*.
2. V. s[s] n° *81.39*.
3. R. Bondoux, discours de rentrée du barreau de Paris le 14 janvier 1933.

critiquent. [...] Mais sa conscience le rassure. Il n'a pas trahi le salut de l'homme auquel il avait promis son assistance... Sous le signe de la défense, il est demeuré lui-même devant l'affaire, comme il demeurera lui-même devant la vie.

82.33 **Fernand Labori (1860-1917).** Fernand Labori a, passionnément et sans concession, défendu Émile Zola et Alfred Dreyfus jusqu'à recevoir une balle de revolver au procès de Rennes[1]. Mais il n'a pas plaidé pour Dreyfus et il a perdu pour Zola[2]. Cependant il a fait acquitter Madame Caillaux (1914)[3], de même qu'il arracha l'acquittement dans le procès du Panama (1893)[4]. Assurément, il est l'un des plus grands avocats qu'ait connu l'Histoire du barreau.

DE THIERRY LÉVY ET JEAN-PIERRE ROYER, LABORI, 2006[5]

Sa gloire a été immense ; elle a électrisé son pays et traversé les mers. Peu de temps avant sa mort, Labori était toujours un modèle et incarnait la défense. [...] Adoré, adulé même, il fut aussi haï, insulté, menacé, meurtri. L'orateur faisait battre le cœur de ses partisans et irritait les nerfs de ses adversaires, mais tous, pénétrés par sa parole, vivaient en elle un instant de joie ou d'exaspération porté à son comble et hors du temps. [...] Cet art qui s'accomplit en s'évanouissant, Labori l'a servi avec force, et souvent au mépris de ses intérêts.

À travers les causes diverses qu'il a soutenues, aucune ligne exprimant un parti constant ne se dessine. Il a plaidé pour les anarchistes, mais il s'est élevé aussi contre eux ; il a défendu Zola contre l'armée, mais il a partagé l'esprit de revanche qui conduisait à la guerre ; il a clamé haut et fort l'innocence de Dreyfus, mais il s'est brouillé avec lui et sa famille. Il a lutté pour le respect de la personne humaine, mais il n'a pas combattu la peine de mort [...].

[En 1914] Fernand Labori venait de défendre la dernière grande cause de sa carrière, celle d'Henriette Caillaux, devant la cour d'assises de la Seine [...]. Au soir du procès d'Henriette Caillaux, Labori est au faîte sa réussite. Il a fait acquitter un

1. V. s[s] n[os] *81.35*.
2. V. s[s] n[os] *81.34*.
3. V. s[s] n[os] *81.38*.
4. V. s[s] n[os] *81.36*.
5. Th. Lévy et J.-P. Royer, *Labori. Pour : Zola. Pour : Dreyfus. Contre : la terre entière. Un avocat*, © Audibert, 2006.

coupable alors qu'il avait été incapable, quelques années plus tôt, de sauver un innocent, Dreyfus. [...] Qui était donc cet avocat parvenu au sommet de sa carrière et des honneurs ? Un personnage tout lisse et rectiligne qui aura traversé sans encombre l'une des périodes les plus agitées de l'histoire de France ? Ou bien un homme cachant, derrière une carapace en apparence intacte, une blessure inguérissable ?

S2.34 **Barboux - Waldeck-Rousseau - Poincaré - Millerand.** Les grands artistes de l'époque auront été défendus par Henri Barboux, Waldeck-Rousseau. Poincaré et Millerand deviennent présidents de la République.

Henri Barboux (1834-1910). Henri Barboux a été l'avocat de Ferdinand de Lesseps lors du procès de Panama (1893)[1] et de Sarah Bernhardt dans le procès devant le tribunal civil de la Seine qui l'opposa à la Comédie-Française pour rupture d'engagement théâtral (1880), à l'occasion duquel il a créé par sa plaidoirie la jurisprudence concernant les rapports, toujours difficiles, entre la Comédie-Française et ses sociétaires.

Pierre Waldeck-Rousseau (1846-1904). Pierre Waldeck-Rousseau, à part sa participation à l'autorisation des syndicats (loi du 21 mars 1884, dite loi Waldeck-Rousseau) et des associations (loi du 1er juillet 1901), plaide dans des grands procès financiers de l'époque : Panama (1893)[2] et Lebaudy (1894)[3]. Il plaide également des affaires mettant en cause des artistes et des gens de lettres : Zola (1895), l'éditeur Wilder contre la famille de Richard Wagner (1895) comme Constant Coquelin contre la Comédie-Française (1895).

Raymond Poincaré (1860-1934). Raymond Poincaré, en marge de la page historique qu'il a laissée à la France et au barreau, a plaidé en particulier l'affaire de l'académie Goncourt (1897) qui lui doit d'exister.

En 1896, Edmond de Goncourt meurt laissant le testament fondateur avec pour exécuteur testamentaire Alphonse Daudet : il se voit confier la charge de fonder la Société littéraire qui portera le nom d'académie Goncourt. Elle est dotée d'un prix annuel et d'une rente perpétuelle au profit des dix membres de la Société. La famille tente de

1. V. s[s] n° *S1.36*.
2. V. s[s] n° *S1.36*.
3. C. Guigon, *Le maudit de la Belle Époque*, Seuil, 2013.

§2.34a Raymond Poincaré, président de la République.

faire annuler le testament et se fait défendre par Charles Chenu, Raymond Poincaré plaidant pour l'Académie. Le jugement du 5 août 1897 valide le testament permettant ainsi à l'institution de fonctionner. Élu à l'Académie française en 1909, il devient président de la République en 1913 et conduit la France à la victoire en 1914-1918. Puis il sera élu bâtonnier de Paris, élection à laquelle il avait échoué à l'orée de sa brillante carrière politique, face à Labori.

Alexandre Millerand (1859-1943). Alexandre Millerand, avocat d'affaires, devient président du Conseil à son tour puis président de la République (1920-1924).

§2.35 **Henri-Robert (1863-1890-1936).** Henri-Robert, le jeune avocat (son père serait-il le duc de Morny, demi-frère de Napoléon III ?) va réussir à gravir tous les échelons par la nouveauté qu'il apporte : la simplicité. Lorsqu'on est simple avec un grand talent, le don de la synthèse, la répartie exacte, froide comme une lame, on étonne. Les plaidoyers d'Henri-Robert sont soudain devenus courts. Il ne dit que l'essentiel et frappe. Il force l'attention par des notations très précises, dites sèchement. Il ne discute pas. Il va droit au but et force le verdict.

Au surplus, Henri-Robert invente une méthode : les arguments se forgent à l'audition des témoins. Il fait évoluer l'opinion au fur et à mesure des points qu'il marque. Le dossier se construit à ce moment. La plaidoirie

§2.35a Henri-Robert.

consiste alors, en peu de mots, à faire mettre en pleine lumière l'argument qui fera le verdict. Ajouter une intonation un peu variée et un geste sobre. Et dans tout cela une langue au style parfait. Alors le jury subjugué oublie l'adversaire.

DE MAURICE GARÇON LORS DE LA DISPARITION D'HENRI-ROBERT

Le premier il a osé plaider en une demi-heure l'affaire capitale qui eût exigé pour un autre plusieurs heures de discussion et obtenir néanmoins un résultat surprenant. Parmi les arguments il faisait le tri, ne conservait que l'essentiel, laissant délibérément à part ce qui n'était point indispensable, moins soucieux d'être complet que d'être utile. Sa plaidoirie si brève et si rapide formait le résumé essentiellement logique du procès. Elle était préparée au cours des témoignages par des interventions nettes, qui laissaient l'auditeur surpris et les contradicteurs chancelants.

§2.36 **L'apogée de l'histoire de la plaidoirie est atteint.** On ne peut plus même parler d'éloquence. Henri-Robert lui a tordu le cou. Il est élu à l'Académie française en 1924, ainsi qu'Émile Ollivier, Edmond Rousse, Henri Barboux, Raymond Poincaré, Louis Barthou et Léon Bérard.

Le plaidoyer pour Géomay (1888). Fulgence Géomay, 21 ans, caporal au 87e régiment, assassine à coups de marteau la veuve Marguerite

Roux, marchande de vins, le 14 janvier 1889, 234 boulevard Saint-Germain, pour la voler. Condamné le 26 mars, il est exécuté le 22 mai 1889.

Le plaidoyer pour Bompard (1890). Michel Eyraud et Gabrielle Bompard, sa compagne, beaucoup plus jeune que lui, sont jugés en décembre 1890 pour avoir assassiné un huissier pour le dévaliser. La femme avait servi d'appât à la victime. Eyraud, défendu par Félix Decori, sera condamné à mort. Bompard n'est condamnée qu'à 20 ans de travaux forcés, Henri-Robert ayant plaidé sa complicité involontaire.

Le plaidoyer pour Renard (1909). Pierre Renard, maître d'hôtel, âgé de quarante-huit ans, est accusé de l'assassinat de son maître, Auguste Rémy, en complicité avec le jeune valet de chambre Georges Courtois, pour vol et surtout pour se débarrasser d'un maître qui s'opposait aux relations douteuses que Renard entretenait avec son neveu.

Le plaidoyer pour Fournier (1920). Plaidée en 1920, l'affaire du général Fournier donnera l'occasion à Henri-Robert de prononcer l'une de ses plaidoiries les plus typiques par la force et la concision[1]. Pendant la guerre de 1914-1918, la place forte de Maubeuge avec 60 000 hommes capitule au moment même où le général Joffre, menant la bataille de la Marne, avait donné l'ordre de résister jusqu'au bout pour contenir l'armée allemande. La défaillance de Fournier fut un coup sévère pour le front de la Marne. Le plaidoyer permit à l'accusé, contre toute attente, d'être acquitté.

82.37 **Les grands avocats politiques et l'éloquence de la tribune.** Les grands avocats politiques de la seconde moitié du siècle ont inventé l'éloquence de la tribune qui, depuis les Romains, n'avait guère brillé, mise à part la période révolutionnaire. Les avocats ont pris d'assaut cette tribune politique que leur offrait la Charte pour donner à leur foi libérale l'écho nécessaire à l'éclosion des libertés.

La victoire de la République en 1875, qui fut la leur, n'a pas mis un terme à leur talent ni à leur foi. Il fallait défendre l'acquis et donner une définition aux libertés. Les Favre, Grévy, Gambetta, Waldeck-Rousseau, Viviani[2] s'y donnèrent de toutes leurs forces. Raymond

1. P. Cassou, *Le procès du général Fournier, gouverneur de Maubeuge*, Fournier, 1921.
2. Se reporter à l'éloge de Viviani par Bergson en exergue à ce livre.

82.37a Bibliothèque de l'Ordre des avocats à Paris en 1900.

Poincaré y apporta plus de pondération. L'éloquence de la Tribune nécessitait plus encore que celle de la barre une double qualité : l'art de l'improvisation et la force physique donnée tant par la voix que par la stature. Ces moyens servaient l'autre force, celle de la conviction. On rapporte qu'à la Chambre, Clemenceau, qui n'était pas avocat mais en avait le talent, marchait de long en large, tel un « tigre » assénant sur les députés ce que sa fougue lui dictait.

Ces « avocats politiques » ne pratiquaient pas leur art seulement à la Tribune. Ils l'utilisaient aussi à la barre. L'avocat épouse alors les opinions politiques de son client, attaquant le pouvoir en place et donnant ainsi à la plaidoirie une agressivité nouvelle. Linguet avait été le premier à utiliser cette pratique. La barre devient une tribune destinée aux médias, une caisse de résonance d'idées-force et le Palais de justice une arène du débat électoral.

9

LIVRE IX

L'évolution de la profession au XXe siècle

91

CHAPITRE I

Les prémices de l'évolution La mise en place du mouvement syndical La période 1918-1940

1 La création des syndicats dans les professions libérales

91.11 **La loi du 12 mars 1920.** Les femmes avaient été les premières à faire évoluer la profession à l'orée du XXe siècle. Une profession jusqu'alors brillante et au faîte de sa puissance, mais figée. Quelle que soit la perfection d'une réussite elle s'altère si elle n'est pas à l'écoute du progrès.

Un déclic. La loi du 12 mars 1920 a autorisé la création des syndicats dans les professions libérales. Ils ont, depuis le Second Empire, permis aux autres catégories professionnelles de se défendre contre les facteurs d'affaiblissement. Et ils vont apparaître dans la profession d'avocat comme les moteurs d'une évolution devenue nécessaire et urgente. Elle va, grâce à eux, se débarrasser de ses raideurs, s'assouplir tout en se renforçant, en même temps épouser son siècle.

91.12 **La puissance nationale du bâtonnier de Paris.** La puissance de Paris va se manifester singulièrement dans le barreau. D'une part, la force nationale du bâtonnier de Paris. Son caractère représentatif de la profession auprès des pouvoirs publics. Il a l'écoute de l'Élysée et du gouvernement. Comment ne l'aurait-il pas dès lors qu'il est à la tête d'un Ordre tout-puissant ? La valeur humaine de l'Histoire de France, la liberté qu'elle représente, le bâtonnier de Paris en est l'un des symboles auprès des instances judiciaires universelles.

À cette époque le barreau bénéficie de conditions de travail heureuses. On a encore le temps d'écouter son client, de réfléchir, de préparer sa plaidoirie mais aussi de vivre.

Certes, la machine à écrire a été inventée au début du siècle et avec elle le secrétariat… Le téléphone commence à déranger… Bien des

91.12a La salle des pas perdus au Palais de justice à Paris vers 1900.

avocats refusaient ces asservissements ! Mais la vie de l'élite du barreau lui permettait toujours de se présenter aux élections ordinales ou politiques et d'être élu.

Le décret du 20 juin 1920 confirme une nouvelle fois l'autorité de l'Ordre (discipline, déontologie, administration du barreau). Il annonce l'organisation d'une protection sociale des avocats.

91.13 **La Conférence des bâtonniers.** Les bâtonniers de province étaient vraiment sous la puissance tutélaire de Paris. Le besoin se fit alors sentir de permettre à une autorité collective de tenter d'équilibrer quelque peu les forces.

Dès 1902, est créée la Conférence des bâtonniers. Les bâtonniers de province en font partie. Chacun d'eux dispose d'un nombre de mandats équivalant au nombre de membres de son barreau. Au comité national coexistent, d'une part les 27 représentants des cours d'appel, d'autre part, le bureau. Seuls n'y sont pas représentés le barreau de Paris et les barreaux d'Alsace-Lorraine (après la guerre de 1914-1918).

91.13a Réunion de la Conférence du stage à Paris en 1890.

L'influence de la Conférence des bâtonniers restera faible jusqu'à la Première Guerre mondiale.

2 Un contentieux foisonnant, mais partiellement fermé

91.21 **La profession du conseil juridique et fiscal.** La justice, que la monarchie de Juillet avait physiquement représentée comme inaccessible et hautaine en construisant ses palais aux colonnes sévères précédées de degrés nombreux et dominateurs, a considérablement évolué. Elle s'est démocratisée.

Les procès deviennent de plus en plus nombreux pour un enjeu de moins en moins important. La magistrature se voit dépassée, les audiences alourdies, les avocats pressés. En même temps l'importance des honoraires diminue. Le monde des affaires devient, par ailleurs, envahissant mais reste un monde fermé aux avocats. Les actes commerciaux – qui exigent une procuration interdite par l'Ordre – sont inaccessibles à l'avocat. Inaccessibles les patrons de sociétés, car l'avocat ne sort pas de son bureau sans risquer une sanction. Il ne faut pas non plus et pour la même raison assister l'homme d'affaires devant les administrations, ni assister aux expertises, ni mettre de panneau devant sa porte.

Si bien qu'une autre profession s'est emparée du nouveau marché des « affaires » : celle de conseil juridique et fiscal. Ses cabinets sont de plus en plus nombreux et prospères. Car le monde des affaires est en marche.

91.22 **Les conséquences.** Des revendications se font nombreuses et pressantes. On sent bien qu'il faut mettre un terme à la pesanteur des institutions. Le déclic, ce sera Appleton. Le moteur : le syndicalisme. Un décret du 20 juin 1920 énumère les règles vieillies de la profession sans apporter la moindre novation.

3 Les besoins de la profession et les réalisations d'Appleton

91.31 **Jean Appleton (1868-1942).** Très attentif à ce mouvement du monde et des idées, l'avocat lyonnais Jean Appleton formule, dès la fin de la guerre, une sorte d'inventaire des besoins les plus pressants de la profession :

- la dispense et la suppression de la procuration;
- la protection pénale du titre et du monopole face aux activités parallèles;
- l'organisation de l'association entre les avocats.

Pour parvenir à ses fins, il décide de créer, grâce à la loi du 12 mars 1920, un syndicat. En même temps, qu'il poursuivra devant les instances politiques du pays la satisfaction des objectifs de la profession, il permettra la représentation « légale » des barreaux de province (entre

91.31a Jean Appleton.

autres des barreaux sans bâtonnier, ceux qui par leur faiblesse ont le plus besoin d'être soutenus).

Le bâtonnier de Lyon voit aussitôt aux initiatives de son confrère l'inconvénient majeur d'empiéter gravement sur les prérogatives des Ordres. Appleton se défend pourtant de ce reproche dont il sent qu'il va devenir pour lui et son syndicat naissant l'obstacle majeur. Le bâtonnier de Paris, alerté, oppose immédiatement tout le poids de son autorité à la création de ce syndicat.

91.32 **L'Association nationale des avocats (ANA).** Passant outre les résistances, Appleton fonde, le 3 juillet 1921 à Lyon, l'Association nationale des avocats (ANA). Il ajoute un dernier objectif à ce syndicat, et de taille, celui d'organiser la retraite, objectif jusqu'ici complètement négligé par les Ordres.

L'Association nationale des avocats (ANA) réunit donc son assemblée constitutive à Lyon le 3 juillet 1921 malgré l'opposition du bâtonnier. Le syndicat se développe très rapidement. Tellement que le bâtonnier de Paris, sous la pression et l'autorité d'Henri-Robert, cède en 1923 et reconnaît *de facto* son existence. Le bâtonnier Payen deviendra même président de l'Association nationale des avocats.

À la fin de la IIIe République, l'Association nationale des avocats dispose d'un effectif de 2 340 adhérents, objectif d'autant mieux atteint qu'Appleton a créé les fondements de la retraite des avocats et que l'efficacité de son mouvement est clairement apparue.

91.33 **La caisse de retraite.** La caisse de retraite fait l'objet des préoccupations de la première assemblée et son existence est prévue par la loi du 31 décembre 1921. Appleton a l'idée de fonder cette caisse en contrepartie de l'assistance séculaire et gratuite donnée aux pauvres, assistance réglementée par Napoléon III. Déjà Colbert avait eu l'initiative d'une compensation pécuniaire en la mettant à la charge des plaideurs sous forme d'un « droit de plaidoirie ». Jusqu'ici, cette taxe n'avait été guère appréciée. Les Ordres l'avaient laissée au bénéfice des seuls avoués.

Cette loi de 1921 la restitue aux barreaux. Les droits de plaidoirie seront fortement augmentés successivement en 1922 et 1938. Grâce en particulier à cet apport, les barreaux, soucieux de leur indépendance, créent des caisses régionales ou locales autonomes. La Caisse centrale de retraite ne sera fondée qu'en 1948 par Léonce Richard pour l'ensemble des barreaux.

91.34 Le titre d'avocat. Le titre d'avocat était malheureusement galvaudé : le portaient indistinctement licenciés en droit, agréés et même avoués. Nulle protection. C'est grâce à l'action directe et efficace d'Appleton et de l'ANA que les lois des 26 mars 1924 et 23 juin 1926 organisent le délit d'usurpation du titre et qu'en 1928 un premier arrêt reconnaît le titre aux seuls avocats. La Cour de cassation en 1936 leur réserve aussi la robe; de même qu'aux avocats aux Conseils et aux avoués.

En contrepartie des satisfactions données aux avocats, le gouvernement organise leur fiscalité en 1933-1934 : l'obligation du livre journal et une patente en fonction du local professionnel. Enfin, la réorganisation judiciaire de 1926 consiste en une suppression de la plupart des tribunaux d'arrondissement (227). Il ne restera que 132 tribunaux de première instance, portés ensuite à 172.

91.35 La suppression de la procuration. Il faudra attendre une loi du 26 juin 1941 pour que la dernière revendication d'Appleton – la suppression de la procuration – soit effective devant les justices de paix où, jusqu'alors, plaidait n'importe quel mandataire ainsi que les huissiers, greffiers, etc. Les avocats y bénéficient dorénavant d'un monopole, sauf exception viagère au profit des mandataires.

91.36 L'Union des jeunes avocats (UJA). Il fallait qu'un syndicat prenne en main les revendications légitimes des jeunes en ce qui concerne en premier lieu les questions de rémunération.

Il revient à Joseph Python d'emboîter le pas d'Appleton et de créer l'Union des jeunes avocats (UJA) en 1922. Il s'agissait alors de syndicats locaux autonomes. C'est seulement en 1946 qu'Henri Delmont crée la Fédération nationale des UJA (FNUJA) forte de 3 000 adhérents.

91.37 L'Union internationale des avocats (UIA). L'Union internationale des avocats (UIA) fut fondée en 1925 par Robert Martin.

91.38 Le « Code Appleton ». En 1935, Jean Appleton, considérant avoir obtenu l'essentiel de ses revendications majeures, établit les fondements d'un véritable code qui constitue la plate-forme d'action de l'ANA pour l'avenir, sa seconde étape destinée à rétablir les règles fondamentales d'une profession d'avocat actualisée.

Il lance l'idée de la grande profession juridique et judiciaire. Une fusion entre avocats, avoués et conseils juridiques de manière à restituer à l'avocat l'intégralité du droit dans ses deux phases successives : l'acte juridique et l'acte juridictionnel, soit la partie consultative et la partie contentieuse.

Préalablement, pour y parvenir, doit intervenir la réforme du Code de procédure :

- la notification de l'acte introductif d'instance au moyen d'une requête signifiée par simple lettre recommandée ;
- l'institution du « juge chargé de suivre la procédure » ;
- la limitation des nullités de manière à rendre la procédure moins faillible.

Tel est le programme fondamental du premier syndicat d'avocats de France qui ne sera réalisé que sous les IVe et Ve Républiques. Un demi-siècle aura été nécessaire pour donner le « juridique » aux avocats.

Il sera alors bien tard.

92

CHAPITRE II

Le procès et les avocats entre 1914 et 1945 La Seconde Guerre mondiale

1 Les procès

92.11 **Le procès Mata Hari (1917).** Mata Hari, hollandaise férue des danses de Bali, émerveille le Tout-Paris par ses exhibitions à la veille de la guerre. L'ennui c'est que, lorsque le conflit éclate, elle était la maîtresse du ministre de la Guerre. Ses allers et retours en Allemagne éveillent les soupçons au point que en septembre 1916, les services français d'espionnage lui tendent un piège. Envoyée en Espagne elle se met en rapport avec les attachés allemands et perçoit à Paris une forte indemnité. Arrêtée, elle est jugée en octobre 1917.

Clunet, commis d'office par le bâtonnier Henri-Robert, est épris de sa cliente qui l'assista en Conseil de guerre. Il plaida avec une émotion que ne partagèrent pas les juges. Elle fut exécutée.

92.12 **Le procès Landru (1921).** À la fin de la guerre, éclate l'affaire Landru. La police avait été alertée par des familles relatant que deux femmes devant se rendre à Gambais n'en étaient pas revenues. L'une d'elles avait été voir un sieur Frémyet, l'autre un sieur Dupont. On chercha en vain. Il se trouva qu'une sœur de l'une des deux disparues rencontra fortuitement « l'homme » chez un commerçant et réussit à obtenir son adresse. Il s'agissait d'Henri Désiré Landru, marié.

Arrêté, il nie tout enlèvement. Mais dans sa poche se trouve un petit carnet rempli de noms de femmes avec des dates très précises ainsi que le budget nécessité par chaque victime, entre autres l'aller de chemin de fer (sans retour). Il escroquait ces malheureuses avant de les exécuter et d'incinérer leurs restes.

Landru reconnut les escroqueries mais non les assassinats. Il fut assisté et défendu par Moro-Giafferi (1922).

DU DIALOGUE DU DERNIER JOUR D'ASSISES

Moro-Giafferi :

« — Messieurs les jurés j'ai retrouvé les victimes. »

Le président à l'huissier :

« — Faites-les entrer. »

Toute la salle – et les jurés – tournent la tête vers la porte.

Moro-Giafferi, aux jurés :

« — Vous avez tous tourné la tête. C'est donc qu'il y a un doute. »

L'avocat des parties civiles :

« — Le seul à ne pas avoir tourné la tête c'est Landru. Il n'y a pas de doute. »

92.13 **Le procès de Madame Weiller (1929).** Parmi les grandes affaires de mœurs, le procès de Madame Weiller qui assassina son mari par vengeance est plaidé également par Moro-Giafferi.

Elle ne fut condamnée (1929) qu'à cinq ans de prison.

92.14 **L'affaire Violette Nozière (1934).** Dramatique procès de la jeune Violette (19 ans) qui empoisonne ses parents pour prendre sa liberté, leur argent et aller vivre avec son amant. À l'audience, Madame Nozière, rescapée de l'empoisonnement, se porte partie civile puis, dans un moment d'une émotion intense, pardonne à sa fille à condition qu'elle rétracte une ignominieuse accusation d'inceste contre son père. L'interrogatoire sera marqué par de multiples défaillances de l'accusée.

Malgré les efforts de ses avocats, Henry Géraud et René de Vésinne-Larue, elle est condamnée à mort et graciée. Sa conduite en prison sera si exemplaire qu'elle verra sa peine commuée et qu'elle sortira dix ans après sa condamnation, pour épouser son amant et devenir une mère de famille modèle.

2 Les assassinats politiques

92.21 **L'assassinat de Jean Jaurès (31 juillet 1914).** L'assassin de Jaurès (31 juillet 1914), un dénommé Villain, en voulait à l'homme politique de s'être opposé à la loi sur le service militaire porté à trois ans, alors que la guerre était en vue. Pauvre homme, fils d'une aliénée, rejeté par les études, il fut défendu par Alexandre Zévaès, Paul Boncour plaidant pour la partie civile.

La cour d'assises acquitta l'assassin.

92.22 **La tentative d'assassinat de Charles Maurras et Léon Daudet (1923).** L'anarchiste Germaine Berton avait décidé de supprimer Charles Maurras et Léon Daudet, codirecteurs de l'Action française. Elle réussit à assassiner leur adjoint Marius Plateau et dut à la très efficace défense d'Henri Torrès d'être acquittée.

92.23 **L'instigateur de pogromes contre les Juifs russes (1927).** Un anarchiste dénommé Schwartzbard avait assassiné l'instigateur de pogromes contre les Juifs russes.

Henri Torrès obtint l'acquittement en plaidant l'horreur de ces pogromes et donc la légitimité du « fait justificatif » exonératoire de responsabilité pénale.

92.24 **L'assassinat de Paul Doumer (6 mai 1932).** Gorgouloff assassina le président de la République Paul Doumer par vengeance contre la reconnaissance par la France de l'Union des républiques socialistes soviétiques (URSS).

Marcel Roger et Henri Géraud plaidèrent la folie. Mais en vain.

3 La Seconde Guerre mondiale

92.31 **L'Occupation (1939-1944).** Jacques Charpentier est bâtonnier de Paris depuis 1938. L'occupation de la France va, au début, conduire à des mesures strictement législatives ou judiciaires, qui vont ensuite tourner à de dramatiques persécutions. Si les persécutions vont susciter une résistance de plus en plus organisée à l'occupant, l'institution ordinale, elle, demeurera longtemps résignée sinon collaborationniste – ce qui porte une ombre terrible sur son histoire.

92.32 **La persécution des communistes, des francs-maçons et des Juifs (juin 1941).** Dans le milieu de l'année 1941 commence la persécution politique contre les anciens communistes et les francs-maçons. Puis c'est l'exclusion des Juifs : étoile jaune, *numerus clausus* de deux pour cent, sauf personnalité recommandée par l'Ordre (2 juin 1941)[1].

1. A Paris 222 avocats juifs sont exclus et 50 sont maintenus au Tableau.

92.33 La déportation de Pierre Masse (août 1941). Robert Badinter, en hommage à Pierre Masse – avocat déporté – a prononcé, le 19 mai 2009 devant l'Ordre des avocats, un saisissant discours qui raconte le barreau de Paris pendant l'Occupation[1].

DU DISCOURS DE BADINTER EN HOMMAGE À MASSE, EN 2009

> Pierre Masse, Officier de la Légion d'honneur à titre militaire, échappait à l'exclusion. Mais il ne pouvait laisser sans protestation ces mesures qui violaient, pour des motifs racistes, le principe fondamental d'égalité entre tous les avocats et qui devaient jeter hors du barreau de Paris 222 confrères auxquels on ne pouvait reprocher aucune faute hormis celle d'être nés juif.
>
> Le 27 juillet 1941, quelques semaines avant l'arrestation de Pierre Masse, celui-ci et Eugène Crémieux remirent au bâtonnier Charpentier une lettre expliquant selon celui-ci « leur douleur de voir introduire au barreau des distinctions touchant au droit de la conscience (*sic*) ». La lettre n'a hélas pas été conservée.
>
> Au moins, Pierre Masse trouvait une consolation dans la pensée que ces dispositions odieuses étaient imposées par l'occupant. En vérité, ce n'était là qu'illusion.
>
> La législation antisémite de Vichy s'appliquait aussi bien dans la zone libre. Aucun barreau n'a élevé à ce sujet la moindre protestation, ne serait-ce que par une délibération secrète déposée dans les archives. Aucun conseil de l'Ordre n'a refusé de prêter son concours à la mise en œuvre de cette législation antisémite. À Paris, le conseil de l'Ordre a dressé lui-même la liste des avocats juifs voués à exclusion. Il aurait suffi pourtant que le conseil de l'Ordre renvoyât au Parquet général la tâche de dresser cette liste ignominieuse.

92.34 La persécution de l'ensemble du barreau (novembre 1942). La persécution touche l'ensemble du barreau à la suite de l'occupation de la zone libre (novembre 1942) et atteint la profession en tant que telle. C'est maintenant le secret professionnel qui est attaqué. Joseph Python, fondateur de l'UJA, est arrêté début 1943, interrogé et torturé, enfin relâché. Il meurt quelques jours après, à la suite des supplices qu'il a endurés. Mort pour avoir refusé de livrer le secret professionnel, c'est-à-dire le nom de certains de ses clients.

1. Hommage à Pierre Masse (19 mai 2009), discours de Robert Badinter disponible à l'Ordre des avocats du barreau de Paris.

Le bâtonnier Charpentier, sur le point d'être arrêté, passe dans la clandestinité. Il est remplacé par son prédécesseur le bâtonnier Étienne Carpentier.

92.35 **La Résistance au Palais (1942).** La Résistance s'est enfin organisée au Palais. Une feuille est clandestinement imprimée et distribuée, *Le Palais libre*, à laquelle participe Jacques Charpentier. Celui-ci prend part en secret, mais activement, aux réunions du comité général chargé par le gouvernement provisoire d'Alger de préparer la Libération.

92.36 **Le retour du bâtonnier Jacques Charpentier (1944).** Le 28 août 1944, le bâtonnier Charpentier[1] revient en son Ordre et célèbre la libération de Paris et du barreau, tout en évoquant le sacrifice d'une centaine d'avocats dont les noms sont gravés sur la plaque de bronze de la bibliothèque et sur le monument aux Morts du Palais.

Ces pages atroces s'inscrivent parmi les sacrifices qui, au cours de l'histoire, ont donné aux avocats une âme et une ombre.

> LETTRE DE MASSE À SA FEMME AVANT SON EXÉCUTION À AUSCHWITZ
>
> Dis-lui (au bâtonnier) que je crois avoir honoré l'Ordre des avocats; c'est une carrière que j'ai servie avec foi, souvent avec passion, et c'est en somme pour cela, pour l'avoir exercée jusqu'au bout sans défaillance que s'entrouvrent devant moi, en cette nuit tragique, les espaces infinis.

4 Les procès de la Libération

92.41 **Le procès du maréchal Pétain (1945).** Dramatique le procès du maréchal Pétain où lui furent reprochés les faits révélateurs d'une collaboration avec les autorités d'Occupation : destruction de la flotte à Toulon, lois raciales, résistance de la Syrie et de l'Algérie aux forces alliées; enfin, service du travail obligatoire en Allemagne. Plaidoiries du bâtonnier Payen, de Lemaire et d'Isorni[2]. Puis la condamnation à mort et la grâce (15 août 1945).

1. Sur l'attitude du bâtonnier Charpentier, voir les opinions contrastées de R. Badinter, *Un antisémitisme ordinaire. Vichy et les avocats juifs (1940-1944)*, « Histoire », Fayard, 1997 et de J.-D. Bredin et Th. Lévy, *Convaincre. Dialogue sur l'éloquence*, Odile Jacob, 1997, p. 329.
2. V. s[s] n° *96.26*.

92.42 **Le procès de Pierre Laval (1945).** Dramatique le procès de Laval rappelant ceux de la Révolution : instruction rapide, refus de communication du dossier au défenseur Albert Naud. Refus de plaider. La condamnation à mort. L'empoisonnement au cyanure. Et le condamné traîné à demi-mourant jusqu'au lieu d'exécution (9 octobre 1945).

92.43 **Le procès de Nuremberg (1945-1946).** Après l'institution en droit pénal international du « crime de guerre » et du crime « contre l'humanité » (ordonnance du 28 août 1944), voici le procès de Nuremberg. Douze condamnations à mort.

93

CHAPITRE III

Une première modernisation de la profession par l'État sous la IVe République

1 L'évolution de la profession par le syndicalisme

93.11 **Le traité de Rome (27 mars 1957).** Un monde nouveau envahit la planète, fait d'un immense brassage d'affaires où des élites nouvelles prennent les commandes à la place des dynasties familiales, où le monde semble consacré à la perspective dominante des marchés, où l'Europe occidentale va s'enrichir pendant les Trente Glorieuses, ou enfin, un traité, celui de Rome (27 mars 1957) va créer la Communauté européenne libératrice des frontières et génératrice d'un échange des professions entre les nations.

C'est une révolution. Dans le monde du droit, l'avocat n'est plus roi si la parole est encore reine. Au parlement, ne siègent plus que des fonctionnaires car les avocats sont bien trop occupés aux affaires pour briguer le pouvoir et ils ne bénéficient pas comme les fonctionnaires – suprême inégalité – d'une réintégration dans leur carrière après l'échec électoral. Les avocats n'ont même plus le temps de voter dans leurs instances ordinales. S'ils ont encore le temps de s'y présenter.

C'est dans ce contexte que le syndicalisme va mener son combat et faire évoluer la profession de concert avec l'Ordre de Paris à partir de 1959.

93.12 **Les deux textes organiques de la profession.** C'est pour la première fois en 1810 que, sous l'impulsion de Cambacérès, l'État promulgue un texte organique de la profession d'avocat. Jusqu'ici les ordonnances, les édits et les lois avaient été fragmentaires, se répétant les uns les autres, ajoutant, retranchant à l'occasion telle ou telle disposition déontologique. Certes, le texte de 1810, tout incomplet et critiquable qu'il fût, a eu le mérite de la codification.

La Restauration puis la monarchie de Juillet l'ont profondément remanié dans le sens d'une libéralisation. Mais il aura fallu attendre plus d'un siècle pour que cette déontologie vieillie soit transformée en un véritable Code.

Car, si la loi du 26 juin 1941, validée à la Libération, se présente comme une codification des règles de la profession, elle ne reprend que des règles anciennes (le décret du 20 juin 1920 dans ses grandes lignes) usées par le temps, sans le moindre esprit novateur. En négligeant le serment politique qui correspond à la période difficile que traversait alors la France, et quelques dispositions d'exception inadmissibles, et qu'il faut oublier, le seul point novateur était l'institution du premier diplôme propre au barreau : le certificat d'aptitude à la profession d'avocat (Capa). Ce diplôme entraîne la première organisation d'études spécialisées (stage) confiée aux Ordres. C'est l'origine d'une évolution pédagogique qui mènera jusqu'aux institutions quasiment nationales de la fin de siècle. Il faut souligner que le Capa était un passage obligé non seulement pour les avocats stagiaires mais aussi pour les magistrats dans l'esprit traditionnel si utile et si fondamental du « tronc commun » aux deux professions.

Le décret du 10 avril 1954 constitue le second code moderne de la profession. On y trouve deux dispositions novatrices :

- Le droit donné aux avocats de s'associer. Le cabinet traditionnel au creux de l'appartement familial cède devant la pression des affaires et s'ouvre aux firmes.
- Le droit d'effectuer des règlements pécuniaires sur compte spécial, disposition qui va avoir, elle aussi, des développements considérables autant que des effets financiers notables au bénéfice des Ordres. C'est quatre ans plus tard que Claude Lussan, bâtonnier de Paris de 1931 à 1934, va créer la Caisse des règlements pécuniaires des avocats (Carpa) (1958) chargée de gérer les fonds des comptes spéciaux. C'est cette création qui a permis aux Ordres l'établissement de services professionnels et de promouvoir les instituts de formation des stagiaires. Des organisations similaires ont été créées en province. La Carpa est fondée le 29 mai 1957 par Claude Lussan à la demande de René-William Thorp, bâtonnier de Paris de 1955 à 1957, sous la forme d'une association loi de 1901. Elle était destinée à contrôler et à recevoir les mouvements de fonds. Elle sera ensuite consacrée par la loi du 31 décembre 1971 et deviendra obligatoire par la loi du 25 janvier 1985.

93.12a 150e anniversaire du rétablissement de l'Ordre dans la salle des pas perdus en 1960.

Ces deux nouveautés issues du Code de 1954 ont une importance capitale pour l'avenir de la profession.

La loi du 31 décembre 1957 autorise enfin l'avocat à recouvrer ses honoraires en justice, d'abord devant l'autorité ordinale, ensuite sur appel devant les tribunaux. Enfin, la loi du 29 novembre 1966 crée la société civile de moyens (SCM).

3 La création de la protection sociale des avocats

93.31 **La création de la Caisse de retraite des avocats (loi du 31 décembre 1921).** La loi du 31 décembre 1921 avait autorisé la création de la Caisse de retraite des avocats.

Elle est d'abord morcelée en caisses locales.

93.32 **La Caisse nationale des barreaux français (CNBF) (loi des 12 et 17 janvier 1948).** L'unification des Caisses de retraite entre Paris et province sous le nom de Caisse nationale des barreaux français (CNBF) (dont le président fondateur fut Léonce Richard) est réalisée grâce à la loi des 12 et 17 janvier 1948.

Trente ans plus tard (1979) seront institués un régime de retraite complémentaire et un régime de réversion.

93.33 **L'institution d'une Caisse nationale des professions libérales.** La même loi de 1948 crée le statut social de la profession en instituant une Caisse nationale des professions libérales avec un secteur réservé au barreau.

Cette création intervient dans la foulée de la fondation de la Sécurité sociale et au sein de ce grand système national, avec les sections maladie-décès-allocations familiales.

93.34 **La Sécurité sociale avocats.** Il revient à Léonce Richard, président de l'Association nationale des avocats (ANA), de tenter de sortir la Sécurité sociale avocats de la Sécurité sociale nationale, de lui donner son indépendance de cotisation, de versements et surtout de gestion.

Il crée le 27 mai 1950, en sa qualité de président de l'ANA, la mutuelle des avocats. Celle-ci ne gère qu'un seul risque, celui de la maladie-invalidité, risque à caractère encore facultatif. Le législateur a mal toléré ce particularisme. La loi du 12 juillet 1966 rend le régime obligatoire, crée des caisses d'assurance-maladie autonomes mais au sein du grand service de Sécurité sociale. Il s'agit d'une sorte de quasi-nationalisation du risque maladie des avocats.

Quant au secteur « allocations familiales », il a été intégralement fondu dans le système national (Urssaf).

CHAPITRE IV

Une deuxième étape de modernisation par la profession elle-même Le *Livre bleu* de la réforme

1 La fusion des professions juridiques

94.11 **La fusion en une seule profession juridique et judiciaire.** Après Appleton, il revient à l'Ordre et à l'ANA d'avoir mené à bien l'idée de la profession unique pour le droit, de lui avoir donné corps, enfin d'avoir obtenu sa consécration législative.

René-William Thorp, bâtonnier de Paris entre 1955 et 1957, est conquis à l'idée de fusion, de même qu'à la modernisation de la profession sous tous les plans. Au point de devenir deux ans après son bâtonnat, président de l'ANA. Une symbiose ordinale-syndicale qui marque d'autant plus qu'elle va donner à la réforme professionnelle une force considérable.

94.11a Les bâtonniers Poignard, Carpentier, Charpentier, Toulouse, vers 1960.

94.12 **La préparation du *Livre bleu* par une « Grande commission » au sein de l'ANA.** En premier lieu, une « grande commission » est formée au sein de l'ANA chargée de définir la revendication de la profession dans l'intérêt général et de la transcrire dans un ouvrage appelé *Livre bleu*.

Le programme est novateur :

- tronc commun (formation commune magistrats-avocats) ;
- unification des professions du droit, avocats, avoués, agréés, conseils juridiques (c'est-à-dire retour à la profession du secteur « juridique » qui lui a appartenu traditionnellement jusqu'à la Révolution) ;
- monopole de représentation devant toutes juridictions ou instances (sauf Cour de cassation et Conseil d'État).

Une étude comparative de la profession dans les autres pays est envisagée de même que la simplification du Code de procédure civile. Le décret du 13 octobre 1965 n'avait apporté que des réformes secondaires.

Enfin, il est prévu la création d'un Conseil national du barreau (CNB) à la demande de la province.

2 Le *Livre bleu*

94.21 **La publication du *Livre bleu*.** La « grande commission », sous la direction d'Alain Tinayre, dont le programme était très contesté au sein de la profession, publie le fruit de ses travaux dans le *Livre bleu* (quatre ans après sa mise en chantier). Cet ouvrage contenait des suggestions concernant :

- la consultation (à partager avec les professeurs de droit, les avocats aux Conseils et les notaires) ;
- le barème d'honoraires ;
- les sociétés d'avocats (multiplication des types de sociétés) dans le cadre d'une grande profession ;
- l'assistance judiciaire.

Parmi toutes ces suggestions novatrices un certain nombre durent, malheureusement, être abandonnées :

- le tronc commun dès lors que Michel Debré eut fondé l'École nationale de la magistrature (ENM) ;
- le barème d'honoraires en raison de l'interdiction de toute normalisation des rémunérations par la Commission de la concurrence.

94.21a Le Livre bleu.

Cependant, l'essentiel formait un programme cohérent, étayé, permettant une exploitation efficace.

Mais le temps pressait car les pays anglo-saxons avaient une longueur d'avance.

94.22 **La réforme préalable de la procédure (1971).** Une commission de réforme du Code de procédure civile est formée en 1968 qui présente un projet original en 1970. Il sera pour une bonne part accepté par la Chancellerie et se transformera en décret (9 septembre 1971) destiné à simplifier la procédure :

- création de deux circuits de procédure, le circuit court entraînant la saisine du président du tribunal et le renvoi à l'audience, le circuit long nécessitant un juge administrant le dossier ;
- création du juge chargé de suivre la procédure en circuit long ;
- création de l'ordonnance de clôture ;
- mise en place de la taxation des honoraires à recouvrer en frais de justice (article 700 NCPC).

94.23 **Le congrès de Grenoble (1968).** Le congrès de Grenoble est consacré au *Livre Bleu* et se réunit sous le ministère du garde des Sceaux Pleven, conquis aux idées nouvelles. La discussion porte sur l'obstacle – le seul – à la réalisation de cette grande fusion. Certains conseils juridiques à succursales multiples – entre autres et principalement les fiduciaires de France – exercent sous forme de société commerciale, forme qu'ils ne peuvent ou ne veulent abandonner. Le palliatif est présenté sous forme de société libérale à forme commerciale, dénommée postérieurement société d'exercice libéral (SEL).

Les conseils juridiques se rallient à cette astuce juridique. Le barreau ne comporte pas plus de 20 cabinets disposant de plus de dix collaborateurs.

Une grande partie de la profession se dresse contre l'idée de donner une forme commerciale aux sociétés d'exercice libéral. Si l'on se remémore la déontologie séculaire dominée par le principe sacré du caractère libéral en face du commerce et des sociétés de commerce, on comprend la réaction. Mais à tort la grande fusion ne peut se faire qu'en acceptant cette évolution. Les Ordres protestent, de même que la Conférence des bâtonniers, et une partie du bureau de l'ANA.

En tous les cas, la profession détient la clé de sa modernisation.

La réaction des avoués consiste à créer une Fédération opposée à la fusion et faisant campagne pour l'institution de sociétés interprofessionnelles.

L'Ordre de Paris rejette l'idée d'un Ordre national. Mais la Chancellerie est à l'ouvrage et la réforme sur les rails.

95

CHAPITRE V

La première fusion

1 La réforme

95.11 **La première fusion (loi du 31 décembre 1971).** La Chancellerie écarte le hiatus déontologique de la société à forme commerciale pour ne présenter qu'une fusion partielle : celle des avocats avec les avoués de première instance et les agréés.

Cette loi a des antécédents. La fusion avocats-avoués avait été plusieurs fois ordonnée au cours de l'histoire. Il fallait mettre définitivement fin à une profession certes historiquement justifiée et respectable, mais qui n'avait plus guère d'utilité en raison de la simplification de la procédure[1]. Cependant la « postulation » était maintenue avec compétence territoriale auprès des tribunaux de grande instance, dès lors qu'une représentation du plaideur (l'ancienne procuration) est nécessaire devant la juridiction ainsi qu'une domiciliation fixe (pour permettre les significations d'actes).

95.12 **Les autres dispositions caractéristiques de la loi du 31 décembre 1971.** Outre la fusion, la loi du 31 décembre 1971 créait un nouveau corpus déontologique et de gouvernance pour la profession d'avocat.

D'abord un nouveau serment :

> Exercer la défense et le conseil avec dignité, conscience, indépendance, humanité, dans le respect des tribunaux, des autorités publiques et des règles de l'Ordre. Ne rien dire qui soit contraire aux lois, aux règlements, aux bonnes mœurs, à la sûreté et à la paix.

1. Le dernier et courageux représentant des avoués d'instance fut Me Appraillé.

HISTORIQUE DU SERMENT

Ce nouveau serment demeurait rempli d'allégeance à l'égard de l'État, ce que Robert Badinter, garde des Sceaux, supprimera en 1982, retirant « le respect des tribunaux » et la dernière phrase du serment de 1971.

Mais il s'inscrivait dans une évolution qui revenait de beaucoup plus loin, puisque, en 1810, au moment du rétablissement du barreau qui avait été supprimé pendant la Révolution, il était ainsi formulé :

« Je jure obéissance aux Constitutions de l'empire et fidélité à l'Empereur; de ne rien dire ou publier de contraire aux lois, aux règlements, aux bonnes mœurs, à la sûreté de l'État et de la paix publique; de ne jamais m'écarter du respect dû aux tribunaux et autorités publiques; de ne conseiller ou défendre aucune cause que je ne croirais pas juste en mon âme et conscience. »

En 1830, la fidélité à l'Empereur sera remplacée par la « fidélité au roi des Français et l'obéissance à la charte constitutionnelle.

Ensuite, loi du 31 décembre 1971 a donné un nouveau statut à l'avocat collaborateur et de nouvelles dispositions pour l'exercice professionnel, *via* les sociétés civiles professionnelles (SCP).

Enfin, loi du 31 décembre 1971 a organisé la multipostulation entre Paris et les trois barreaux périphériques de la couronne, de même qu'elle a lancé certains travaux d'intérêt commun pour tous les Ordres, ce qui devait annoncer, pour la déontologie et la formation, l'institution d'un Ordre national.

2 Les contreparties de la réforme

95.21 **La contrepartie.** Lorsque l'État entérine les vœux d'une profession, il impose toujours une contrepartie, soit vis-à-vis des professions voisines, soit en termes de fiscalité.

95.22 **L'aide judiciaire.** La loi du 31 décembre 1971 a été suivie d'une loi du 5 janvier 1972 qui a « nationalisé » l'assistance judiciaire qui avait elle-même été inventée par la loi du 22 janvier 1851.

Son principe de « main tendue aux pauvres » remonte aux premières ordonnances régissant la profession d'avocat (ordonnance de 1274 de Philippe III le Hardi, ordonnance de 1291 de Philippe le Bel, ordonnance de 1327 de Philippe VI de Valois).

Mais par la loi du 5 janvier 1972, l'État reprenait à son compte le service d'aide judiciaire, acceptant de rémunérer les avocats (extrêmement faiblement, par honoraire tarifé) en refusant toutefois que les bureaux d'aide juridictionnelle fussent présidés par des avocats.

Par ailleurs, si autrefois la gratuité de la défense pénale n'était pas admissible, elle était compensée par une attribution de « droits de plaidoirie » qui abondaient la Caisse de retraite des avocats, de telle sorte que la profession y trouvait un équilibre et une justification (à l'époque la Caisse des avocats était totalement indépendante des autres caisses de retraite, sans qu'en aucune façon une compensation n'intervînt entre elles).

95.23 **La nouvelle fiscalité.** Ce que l'État accordait d'une main, il le retirait d'une autre en aggravant de façon considérable la fiscalité. L'avocat, entaché d'une « présomption » de fraude devient l'objet d'une pression anormale par rapport, en particulier, aux fonctionnaires et aux salariés ne bénéficiant d'aucune réduction forfaitaire. L'État décide d'instaurer un système de gestion comptable géré par la profession (Anaafa).

Ce système assure le service comptable des avocats moyennant cotisation, ce qui apporte au fisc une « présomption » de régularité et permet de consentir à l'avocat ainsi indirectement contrôlé, une déduction forfaitaire sur le montant de sa déclaration. L'Anaafa apporte aux cabinets une assistance et une sécurité remarquables.

95.24 **Le caractère trop inquisitoire de la procédure.** Le nouveau Code de procédure civile dont on connaît les avantages destinés à permettre la fusion, comportait un volet inquiétant : son caractère inquisitoire, alors qu'en France il est de tradition que le procès soit conduit par les parties et leurs avocats (caractère accusatoire).

L'institution du juge chargé de la procédure, excellente et nécessaire, présente cependant le grave inconvénient de donner à celui-ci la possibilité de faire diverses injonctions de nature inquisitoriale qui peuvent apparaître intempestives dans la conduite du procès.

95.25 **Le développement de l'assurance recours.** L'attention de l'État avait été attirée à de nombreuses reprises sur le danger de ce type d'assurance. Moyennant un supplément de prime généralement imposé, l'assuré se voit offrir le service gratuit d'un avocat payé au rabais par l'assureur.

Ce système présente le double inconvénient d'imposer un avocat et de le mal payer ce qui revient à livrer au client une défense médiocre, en même temps qu'à canaliser dangereusement l'accès au droit. Les avocats ressentirent tant dans ce système que dans la nouvelle aide judiciaire une grave atteinte à la nécessaire liberté de choix de l'avocat.

95.26 **La grève de janvier 1976.** En janvier 1976, renouant avec les grèves d'antan, les avocats cessent leur ministère dans toute la France mettant en arrêt le service public de la Justice au prétexte de la réforme du divorce.

Le 17 janvier, un cortège de 3 000 avocats en robe, bâtonnier en tête, manifeste du Palais jusqu'à la Chancellerie. Des promesses sont faites mais ne seront pas tenues. Les quatre questions ci-dessus rappelées restent toujours pendantes autant qu'irritantes. Le barreau a oublié l'efficacité des grèves d'antan.

3 La mise en place de la formation des jeunes avocats

95.31 **En 1966.** En 1966, est organisé l'Institut du barreau de Paris pour un enseignement comprenant en particulier le droit des affaires, outre les disciplines traditionnelles.

95.32 **En 1971.** Les centres de formation professionnelle (CFP) sont institués par la loi du 31 décembre 1971 avec pour tâche d'organiser la préparation et la délivrance du certificat d'aptitude à la profession d'avocat (CAPA), d'assurer la formation des stagiaires, enfin de mettre au point la formation continue.

95.33 **En 1977.** En 1977, la maîtrise de droit est organisée, diplôme complémentaire de l'ancienne licence.

95.34 **En 1984.** En 1984, est créé l'Institut de formation continue (IFC) chargé d'organiser la formation continue.

95.35 **En 1989.** En 1989, est instituée l'École de formation du barreau (EFB). Les jeunes y sont admis après un examen d'entrée sélectif. Un examen qui était, à l'époque, organisé de manière à adapter le nombre des candidats admis au stage, au nombre de places de collaborateurs disponibles.

Il ne faut ni établir un *numerus clausus* ni instituer un examen sans valeur. Telle est la voie étroite qui demeure aujourd'hui encore l'objet de discussions sans fin autour de la politique ordinale.

96

CHAPITRE VI

La parole, les avocats, les affaires sous les IVe et Ve Républiques

1 Les avocats et la parole

96.11 **Des grands avocats et une floraison de bâtonniers.** Trop près des événements, il est toujours difficile d'apprécier objectivement. Sans aborder le groupe des avocats d'aujourd'hui il sera seulement donné un bref aperçu de quelques grandes figures disparues[1] : Moro-Giafferi, Garçon, Floriot, Tixier-Vignancour, Naud, Baudet, Isorni. Il faut y ajouter une floraison exceptionnelle de bâtonniers, entre autres Charpentier avec ses parts d'ombre et de lumière, Toulouse et Lemaire.

2 Il n'y a plus un art mais des artistes

96.21 **La parole devient le vecteur de la démonstration.** On ne peut plus, comme au début du XXe siècle, parler d'une évolution de l'art de la parole. Henri-Robert en a marqué la fin en même temps que l'apogée. Soudain, il apporte le style d'une époque nouvelle : la rapidité, la sobriété. Il a tué « l'éloquence » : la parole est le vecteur de la démonstration. Elle n'a plus rien d'un ornement. Le style est désormais soumis à l'objectif. Plaider c'est faire passer sa conviction au magistrat ou au juré par le moyen du verbe. Toute l'ornementation de l'éloquence est de trop.

La parole est autrement porteuse que l'écrit. Seule elle réussit à pénétrer au cœur de l'auditeur. Car l'écrit, s'il n'est poésie ou littérature, reste glacé. Une procédure écrite, lorsqu'elle concerne une affaire difficile, exige une démultiplication des mémoires et des centaines de pages à lire. Travail

1. Ce livre ne comportera aucune référence à un avocat vivant.

96.22a Vincent de Moro-Giafferi.

inhumain et impossible pour le juge si la plaidoirie ne vient ouvrir les perspectives.

Il n'y a pas d'école d'éloquence, il n'y a que des talents singuliers.

96.22 **Vincent de Moro-Giafferi (1878-1898-1956).** Moro-Giafferi aura été un improvisateur étonnant : il n'a pas de style, il ne cherche pas à en avoir, il ignore généralement le détail, il feint de ne pas lire les notes de ses collaborateurs.

Et il improvise au gré de l'audience, de son humeur, de son plaisir.

> « — Combien de temps comptez-vous plaider ? »
>
> « — Je ne sais pas, répond-il, un quart d'heure ou sept heures ! »

Une autre fois, il monte à la barre :

> « — Je ne sais pas ce que je vais dire ! », confie-t-il.

Et la parole vient, magnifique : insolences, fureurs, fantaisies. Ses boutades fusent. Il est de feu. Le voici de velours.

Ses plaidoiries les plus connues furent prononcées dans le procès « La bande à Bonnot », les affaires Caillaux[1], Landru[2], Weiller[3], enfin le procès de Mme Stavisky.

1. V. ss nº *81.31.*
2. V. ss nº *92.12.*
3. V. ss nº *92.13.*

96.23 **Maurice Garçon (1889-1911-1967).** Sa haute stature et ses mains fines ont accompagné dans l'imagerie du palais ses plaidoiries où le cœur l'emportait toujours. De longues périodes tranquilles, un peu de sarcasme, de la colère feinte et puis des silences saisissants. Son esprit curieux aura abordé et plaidé tous les domaines : le crime, la sorcellerie, les beaux-arts, l'histoire.

Les affaires Hardy (Jean Moulin), Naundorf (descendant prétendu de Louis XVII), la succession Bonnard (contre Béjard et le peintre Camoin) sont le kaléidoscope d'un esprit universel. Il aimait raconter que le jour de sa première plaidoirie aux assises, le bâtonnier Labori lui prit son manuscrit, le lut, l'approuva, puis, au moment où l'affaire était appelée, le déchira :

> « Plaide et ne lit pas ! »

Il est élu à l'Académie française en 1946.

DU DISCOURS DE RENTRÉE DE CATHERINE PALEY-VINCENT AU BARREAU DE PARIS, 1972[1]

Maurice Garçon plaide par goût. Quand il se dresse derrière la barre, on sent qu'il se réjouit du bon moment qu'il va passer. « C'est un étrange procès que celui qui nous occupe aujourd'hui… » Son introduction favorite qui ferait lever le nez à l'assesseur le plus profondément endormi. L'exorde est souvent drôle. En demande, il campe toujours le procès sur de grands principes, le défendant dès l'abord d'être pusillanime. En défense, l'adversaire est exécuté en quelques mots. […] Si l'exorde n'est jamais grandiloquent, il n'intervient qu'après un long silence. Ce silence c'est déjà plaider. C'est imposer une présence. […] Passé ce commencement classique, rituel, voulu, voici dès le premier regard au dossier le développement mesuré, appuyé sur une logique caustique faite d'idées claires, minutieusement ordonnées. Par une série de simplifications, l'affaire se dégage comme naturellement de ses difficultés et, lorsque la plaidoirie s'est développée de bout en bout, il ne demeure qu'une ou deux idées simples, faciles à assimiler et qui entraînent la conviction. […]

Quand on le regarde plaider, comment ne pas imaginer que la longue robe noire n'ait été dessinée pour lui ? La manche s'envole autour d'un bras maigre auquel s'attache une main longue, fine, très belle. C'est elle qui portera l'argument jusqu'à la Cour, elle

1. C. Paley-Vincent, discours de rentrée du barreau de Paris le 1er décembre 1972.

époussettera une thèse par trop gênante, elle chassera le témoin méprisable, s'accompagnant d'un « Sortez Monsieur ! » devenu légendaire. [...]

Dans le calme de son bureau, Maurice Garçon continue de plaider. Avec une ferveur d'amoureux, il y soutient la cause de notre profession. [...] Quand la plume se fait défenseur, ce sont la moralité et l'indépendance de notre profession qui seront ses meilleurs clients. « L'exercice de la profession est indivisible de la recherche de solutions morales. Sans elle, l'avocat ne tiendrait qu'un comptoir où il brasserait des affaires. » [...] « L'avocat ne doit avoir de compte à rendre à personne, pas plus au Pouvoir qu'à un particulier. » « L'avocat est avant tout un indépendant, mais il ne gagne son indépendance que par une laborieuse continuité de probité. » L'avocat : « libre des entraves qui captivent les autres hommes, trop fier pour avoir des protecteurs, trop obscur pour avoir des protégés, sans esclaves et sans maître, ce serait l'homme dans sa dignité originelle, si un tel homme existait encore sur la terre... »

96.24 **René Floriot (1902-1923-1975).** À l'entendre plaider on dirait que René Floriot est sec et coupant. Un scalpel. Il découpe froidement sa démonstration en arguments incisifs, propres à frapper le jury. Auparavant, pendant l'interrogatoire, il avait su poser les questions qui déstabilisent et celles qui révèlent la contradiction. Il mène le débat où il doit aller. Comme dans l'affaire Petiot...

En mars 1944, une chaudière qui rougeoie, des bras, des jambes, des ossements tout autour. Enfin, une fosse pleine de chaux vive. À l'étage, on retrouve les valises de 27 victimes. Un peu plus loin, une sorte de chambre à gaz. Petiot, qui vient d'être arrêté par la Gestapo, prétend qu'il n'y est pour rien. À tout moment, Floriot marque une pleine connaissance des moindres détails, ainsi le chapeau de telle victime, reconnu par sa veuve et

96.24a Floriot par Mᵉ Mouquin.

qui ne correspond pas à sa pointure. Mais la vérité l'emporte : Petiot attirait chez lui, en particulier les Juifs qui voulaient s'expatrier, s'emparait de leurs ressources et les faisait disparaître. Malgré un plaidoyer saisissant reprenant les invraisemblances de certains faits à charge, Petiot est condamné à mort et exécuté.

DU DISCOURS DE RENTRÉE DE LUC BROSSOLLET AU BARREAU DE PARIS, 1989[1]

Inconnu au Palais, sans relations [...], Floriot ne réunit pas les conditions d'un succès rapide ; aucune facilité, aucun des atouts ordinaires qui ouvrent le chemin. [...] Partant seul, il cultivera son style, le laissera s'épanouir, sans permettre à d'aucuns de venir le corriger. [...]

Le talent seul avait, auparavant, droit de cité, il tenait lieu de méthode, les circonstances et le hasard faisaient le reste. Floriot introduit le rationnel, la logique, il met au point un produit judiciaire. [...] Le talent passera désormais par une étude scrupuleuse du dossier, lequel est analysé, détaillé, découpé. Tous les arguments devront recevoir réponse. La vérité n'aime pas l'ombre ou l'inachevé. Par la logique ou par l'absurde, la conviction se construit. L'avocat se fait ingénieur, le dossier doit sortir comme d'un moule ; il a l'empreinte d'un cabinet. Il n'est plus l'œuvre d'un seul, mais d'une équipe. Il porte la marque d'un atelier [...]. Sans elle, le cabinet n'existe pas. La cohésion est fondamentale, la méthode précise, les habitudes respectées. Chaque matin se tient une réunion où se répartissent les rôles. Chacun a la spécialité de sa mesure. Alors la collaboration change. Elle n'est plus fugitive ou lointaine. On ne passe pas chez Floriot, on y reste, si l'on est valeureux, c'est-à-dire qu'on ajoute à sa valeur le goût du travail, vertu exigée de tous.

Les arguments mûrement réfléchis, le dossier bien préparé, il faut encore savoir le plaider. « La plaidoirie, aime à répéter Floriot, est la récompense. » Il ne vivait que pour elle, il va, imposant son style, la transformer. Avant lui, le verbe est fleuri, la rhétorique polie, l'éloquence ne craint pas la grandiloquence. [...] Floriot déboule dans l'arène et, une nouvelle fois, prend cette tradition d'éloquence à contre-pied. [...] La principale se suffit à elle-même, elle abandonne son cortège de 18 subordonnées. Elle se réduit parfois même à une expression, à une formule percutante. La phrase y perd de sa complexité, la compréhension y gagne. La simplicité le dispute à la logique, toutes deux gouvernent la

1. L. Brossollet, discours de rentrée du barreau de Paris le 24 novembre 1989.

démonstration. Le souci d'efficacité, le critère de l'utile, ont détrôné les préoccupations esthétiques, les velléités d'élégance. [...] Avec Floriot, la plaidoirie subit une mutation capitale ; elle n'est plus meublée au gré d'une inspiration pleine de soubresauts, elle répugne au vide. Elle devient une contribution indispensable à la décision judiciaire. [...] Floriot, se détournant de l'éloquence, la renouvelait. La défense a changé de style, elle a progressé. Le Palais fut long à l'admettre. [...] Que Floriot n'ait pas dans un premier temps plu à ses confrères, n'est-ce pas la première preuve de sa valeur et de son talent, ce don si irritant lorsqu'il s'applique aux autres ? [...] Il sera vite un adversaire redouté et, avec le temps, il deviendra un confrère estimé, surtout des plus grands et de la jeunesse.

96.25 **Jean-Louis Tixier-Vignancour (1907-1989).** Jean-Louis Tixier-Vignancour a dominé le milieu du siècle. Il est à lui seul un style. Une voix de bronze pénétrante et poignante. Une présence physique de lutteur. La parole émaillée d'esprit et de gravité. Il n'avait pas du talent. Il était le talent. Ces phrases fusaient comme des balles de pistolets chargés ou des pirouettes truculentes de cynisme et de drôlerie.

Il a marqué l'époque en opposition à de Gaulle, en défendant Jean-Marie Bastien-Thiry, auteur de l'attentat du Petit-Clamart, mais aussi Céline ou Brasillach, et surtout le général Salan.

Son plaidoyer pour Salan est intervenu dans le contexte dramatique qui a suivi le *putsch* d'Alger et la condamnation à mort quelques jours plus tôt du général Jouhaud subordonné à Salan. En d'autres termes, il était impossible qu'il échappât au peloton d'exécution. Pourtant, Tixier a obtenu les circonstances atténuantes, ce qui reste l'un des plus beaux succès de l'histoire du barreau.

Est-ce cette péroraison poignante qui a sauvé la vie du général Salan ?

96.25a Jean-Louis Tixier-Vignancour.

Dans votre réquisitoire, Monsieur l'avocat général, vous avez un moment été trop loin. Vous avez affirmé, par souci littéraire je l'espère, que la peine capitale que vous réclamiez de ce tribunal, prononcée, nul n'essuierait les larmes du condamné au tribunal de Dieu.

Vous ne pouviez point le dire, et pas davantage ne pouviez-vous invoquer les morts des guerres. Ce n'est pas possible. Ils ne peuvent pas comprendre, eux, les méandres dans lesquels nous nous trouvons. Et alors, ils prient pour qu'un jugement n'ajoute pas à l'ensemble des malheurs le malheur qui dure plus que les autres.

Vous avez parlé, Monsieur l'avocat général, et vous ne le pouviez point, du tribunal de Dieu. Nous sommes devant le tribunal des hommes et, aujourd'hui, dans ce mois [de mai] qui est consacré à la Mère de tous les hommes, je dis au Haut tribunal militaire qu'il ne faut pas jeter une ombre de deuil dans le printemps de Marie, qu'il ne faut pas placer dans l'avenir qui est devant nous, le germe fondamental d'une discorde éternelle.

Vous avez Messieurs, ce soir, entre vos mains, le moyen d'accomplir un geste pour que se réalise au bout de la nuit, la fragile et difficile unité des vivants.

96.26 **Jacques Isorni (1911-1931-1995).** Alors que le bâtonnier Payen voulait plaider le grand âge et l'excuse absolutoire, Jacques Isorni[1] entendit opposer la volonté du vainqueur de Verdun de se sacrifier pour faire autant que possible barrage aux exactions de l'envahisseur après une défaite causée par d'autres, mais dont il a assumé les conséquences.

Il est l'avocat de ce procès auquel il a consacré sa personne et sa vie tout entière, comme Pétain avait consacré la sienne à la France. Lemaire a, de son côté, rempli un rôle primordial dans ce procès, et partagé avec Isorni la gloire de l'échec pour l'histoire.

La parole d'Isorni était généralement douce, un peu chantante, quand il ne brandissait pas des épées qui auraient pu être pour lui suicidaires. Trois ans de suspension lors du procès du Petit-Clamart dans l'affaire Bastien-Thiry pour outrage aux magistrats.

Il dit :

« Que voulez-vous, j'aime les vaincus. »

1. Sur le procès Pétain V. s[s] n[o] *92.41*.

DE J.-M. THÉOLLEYRE DANS *LE MONDE* 11 MAI 1945

Une photographie de presse le montre debout les bras tendus sous les manches noires de la robe d'avocat, ailes tendues comme pour couvrir et protéger le vieillard en uniforme de maréchal de France assis devant lui, en ces jours d'août 1945 où la Haute Cour de Justice juge Philippe Pétain.

96.27 **Le bâtonnier Charpentier.** À côté des confrères de son époque, César Campinchi, Henri Torrès, Georges Izard, il y eut Charpentier.

Il ne s'agit pas ici de son attitude pendant l'Occupation que Robert Badinter a, en particulier décrite à l'occasion de son discours en l'honneur de Pierre Masse[1].

Mais, il faut saluer l'extraordinaire orateur et le talentueux écrivain. Son livre, *Remarques sur la parole*[2], est souvent cité comme le meilleur jamais écrit sur l'éloquence.

Charpentier décrit un orateur :

> Un balancement au rythme de la respiration. Une confidence sortie du cœur, une légère plainte, une explication qui va de soi, un silence qu'il prolonge et qui force encore plus l'attention. Parle-t-il de lui ou de l'affaire ? De sa souffrance mélangée à celle de l'autre ? De la vie, de la mort ? Quand il s'est tu, l'écho de la misère continue à forcer le silence [...]

Charpentier raconte la magie éphémère du Verbe :

> La parole à peine a-t-elle retenti qu'elle meurt. On ne l'entendra plus jamais. Elle ne connaîtra ni la décadence, ni les résurrections traîtresses. C'est une fusée dans la nuit. Mais Cicéron ? Mais Bossuet ? Je vous en prie, laissons les cadavres. Qui y a-t-il de commun entre ces écritures refroidies et l'instant divin où, transportées par la magie du verbe, les âmes se sont confondues ? Lénine est magnifique embaumé ; il y a du rose sur ses joues ; mais ce n'est plus Lénine. Des Oraisons et des Verrines, nous ne possédons que des simulacres devant lesquels se prosternent par ordre des générations d'écoliers. Elles, nous ne les connaîtrons jamais. Elles sont mortes, le jour où le Sénat a répondu « oui » à l'accusateur de Verrès et à l'instant où les torches se sont éteintes sur le cercueil du grand Condé.

1. V. s° n° *92.34*.
2. J. Charpentier, *Remarques sur la parole*, LGDJ, 1961.

3 L'abolition de la peine de mort (1981)

96.31 **Trois avocats ont conduit à l'abolition de la peine de mort.** Il n'y avait que peu d'exécution depuis déjà longtemps. Mais la peine de mort subsistait. Elle donnait à la plaidoirie un accent dramatique et à l'avocat un rôle déterminant. Trois avocats ont directement conduit à la suppression de cette peine suprême et plusieurs affaires ont immédiatement précédé son abolition.

96.32 **Albert Naud (1904-1931-1977).** Le cœur, l'émotion et la générosité, Albert Naud plaide les dossiers perdus, comme si sa parole régénérait le client et son forfait. C'est dans cet esprit qu'il lutte contre la peine de mort estimant qu'elle n'est qu'une vengeance de la société. Il plaide les procès politiques de la Libération, refuse de défendre Pierre Laval en présence d'une cour hostile interdisant à la défense d'exercer ses droits légitimes[1] enfin, participe avec Tixier-Vignancour au procès Céline. Aux assises, il plaide pour les assassins Lucien Léger et Michel Wattrin, ce dernier guillotiné malgré une conduite exemplaire en prison et sa conversion. Naud révolté décide de consacrer ses forces à la lutte contre la peine de mort.

Naud révolté, décide de consacrer ses forces à la lutte contre la peine de mort.

DU DISCOURS DE RENTRÉE DE LOUIS RHEIMS AU BARREAU DE PARIS, 1981[2]

> Servir en 1940 [après la défaite] était chose rare ; seuls quelques hommes déterminés pensaient déjà au combat. […] Le 4 janvier 1941, Albert Naud était inculpé d'intelligence avec l'ennemi et laissé en liberté. Quelques jours plus tard, la Gestapo l'arrêtait. […] Durant deux mois, il resta dans l'ignorance complète de son sort. Allait-il être fusillé ou libéré, faute de charge ? De cette angoisse du lendemain, de cette privation de liberté, Albert Naud allait tirer un enseignement irremplaçable. À la barre, il saura, après de sévères réquisitions, plaider devant des magistrats attentifs la tristesse des prisons, la peur d'être seul, la faim, le froid, l'humiliation enfin. […]

1. V. ss no *92.42*.
2. L. Rheims, discours de rentrée du barreau de Paris le 31 janvier 1981 (la peine de mort fut abolie par la loi du 9 octobre 1981).

Quand il sortit de prison, son cabinet était presque désert. [...] Il s'inscrit alors aux « commissions d'office », plaidant devant les sections spéciales et le Tribunal d'État, qui prônaient l'assassinat judiciaire, pour des patriotes, victimes d'un simulacre de procès. Symbole de la Défense, cet avocat résistant plaidait pour d'autres résistants, comme il allait plaider, peu de temps après, pour des collaborateurs devant des cours qui ne sont pas à l'honneur de notre Histoire. [...] Quelques hommes firent rempart contre la vindicte d'un peuple exorcisant ses démons. Albert Naud fut de ceux-là. [...] Il ne pouvait imaginer qu'il allait être commis d'office pour défendre [...] Pierre Laval. [...] Les dés étaient jetés. [...] La politique avait ses raisons que la Justice refusait d'ignorer. [...] Toutes les règles de procédure étaient violées. [...] L'arrêt de condamnation à mort fut signifié [le 9 octobre 1945]. Albert Naud n'avait pas plaidé. Ce choix lui était dicté par sa conscience et par son amour de la Justice. Nul aujourd'hui n'a le droit de le juger. [...]

Albert Naud n'aimait guère le silence policé des chambres civiles [...]. La procédure écrite, les pièces à communiquer, les cotes de plaidoirie étaient autant d'obstacles à la liberté des mots. [...] La jurisprudence lui semblait trop fluctuante pour s'y attarder. C'est grâce à un sens profond de l'équité qu'il gagnait bien des procès que de grands juristes auraient perdus. [...]

Albert Naud défendit tous ceux qui vinrent à lui avec la même âpreté, le même courage. [...] Et c'est l'émotion, cent fois renouvelée, que les jurés découvraient lorsqu'il plaidait. [...] Tout en lui se révoltait contre la peine capitale [...]. Écoutez la voix de celui qui n'est plus : « La défense sociale a ses rudes exigences. Elle n'autorise pas tous les abus. La société ne trouve nulle part le droit de tuer les incorrigibles parce qu'elle ne peut juger leur responsabilité avec certitude, ni leur faire payer le prix, sinon des tares qu'elle a elle-même données, au moins de celles qu'elle n'a pas su éviter. [...] Pour que vive Albert Naud une dernière fois parmi nous, Monsieur le garde des Sceaux, abolissons la peine de mort.

96.33 **Paul Baudet (1907-1972) et l'affaire Dubuisson.** Avocat mystique, Paul Baudet plaide avec sa foi, transcende ses clients et provoque leur regret d'abord, leur rachat enfin. La hauteur de vue et l'intense émotion qui dominent sa plaidoirie ne se transmettaient pas toujours au jury populaire. Mais son action en faveur de la suppression de la peine de mort pèsera sur la réforme de 1981. En particulier sa défense en faveur de Fesch, la conversion et la mort de celui-ci.

Baudet défend également l'étudiante Pauline Dubuisson qui avait tué son amant inconstant. Il brosse le portrait infiniment sensible d'une étudiante ordinaire, d'un crime ordinaire, fruit d'une déchirure ordinaire. Petite musique de la souffrance que le jury n'a pas entendue.

DE LA PLAIDOIRIE DE BAUDET POUR DUBUISSON

Je me lève seul, au milieu de l'excès, car tout a été excès. Et voilà que votre excès même, met sur mes épaules comme une chape de plomb.

Vous m'accablez, Monsieur l'avocat général, parce que votre mécanique judiciaire est si bien montée, si précise, que je n'ai à lui opposer que ma bonne volonté, ma sincérité et mes regrets.

Alors j'ai peur. Je n'ai plus l'habitude de vos audiences, mais j'ai gagné dans ma carrière à aimer ceux que je défends, à les aimer pour eux-mêmes, à essayer de les comprendre.

Mesdames et Messieurs les jurés essayez, vous aussi, de comprendre. Par référence à vous-mêmes, à vos propres chagrins, à vos propres faiblesses. Et si, d'aventure, vous n'en aviez pas eu, par référence, à la faiblesse et au chagrin des autres. [...]

Alors pour elle, par elle, je demande pardon, pour celle qui fut orgueilleuse.

Je pense que je peux demander pardon pour tous ces parents qui croient éduquer et qui font de leurs enfants des êtres à leur mesure mais passent près d'eux sans les voir.

Je demande pardon pour la manière dont elle fit ses aveux, pour la maladresse de ses aveux.

Je demande pardon aussi, pour ce qu'elle a cru choisir comme avocat, un avocat inutile auxiliaire de justice, qui, s'il refuse l'émotion de ses larmes, vous donne le spectacle, au moment où il mendie de la dignité.

96.34 **Paul Baudet et l'affaire Fesch (1957).** Jacques Fesch, malgré un récent mariage, décide de partir à l'aventure. Il fait construire un bateau à La Rochelle. Mais l'argent lui manque. Il commande de l'or à un changeur et au moment de la transaction, il lui assène un coup de crosse sur la tête. Il s'enfuit avec l'or. Un agent de police le poursuit. Fesch se retourne et le tue d'un coup de revolver. C'est aux assises l'assaut entre deux grands talents d'un genre opposé.

Floriot est partie civile. Sa plaidoirie glaciale ne laisse aucune porte de sortie pour la défense. Baudet plaide en émotion et joue sur la comparution de l'épouse de Fesch, qui, lui pardonnant, souhaiterait qu'il fût pardonné de tout. Baudet est condamné à mort. L'opinion publique se passionne. Le président de la République hésite à refuser la grâce, mais cède devant la menace de grève des syndicats de police. Le combat contre la peine de mort est lancé. Pendant ce temps, Baudet assiste Jacques Fresch en prison. Fresch se convertit. Il meurt en chrétien.

Le 2 octobre 1957, le lendemain de la mort de son client, Paul Baudet reçoit ce courrier[1].

> LETTRE DE FRESCH À BAUDET LE 2 OCTOBRE 1957
>
> Cher Maître,
>
> Je ne puis écrire cette lettre sans émotion à la pensée que lorsque vous la lirez je serai au ciel.
>
> D'abord un grand merci pour tout ce que vous avez fait pour moi.
>
> Ce merci s'adresse bien sûr à vos peines d'avocat, à vos soucis professionnels, mais surtout à l'homme de Dieu, qui, avec un zèle et une constance rare, n'a cessé de diriger et de ramener la brebis récalcitrante vers la bergerie de son père. [...]
>
> Aussi permettez-moi de vous assurer que vous possédez au ciel un débiteur qui, selon les mérites que notre Seigneur voudra bien lui accorder dans Sa bonté, vous promet de plaider, à son tour, votre cause avec tout l'amour dont Dieu l'illuminera.
>
> En écrivant ces mots, je pense surtout à l'heure de votre mort, et si Jésus le permet, je serai moi aussi à vos côtés jusqu'au bout, vous assistant de mes prières.

Pour Baudet, précédant Badinter : « Il n'y a pas de crime qui mérite un autre crime. »

Le procès de la peine de mort est ouvert.

96.35 **L'affaire dite du pull-over rouge (Ranucci).** Ranucci a-t-il tué la petite Maria Dolorès ? On a découvert sur les lieux du crime un pull-over rouge qui n'appartient pas à l'accusé. Pourtant, malgré un doute manifeste, Ranucci est condamné à mort.

La grâce va sûrement intervenir. Mais à 800 km de là, on assassine un autre enfant. Émotion intense dans toute la France. Le journaliste Roger Gicquel ouvre le 20 heures par ces mots : « *La France a peur.* »

1. B. Chabert, Éloge de Paul Baudet, discours de rentrée de la Conférence, 1990, Archives de l'Ordre ; *Gazette du Palais* 10 et 11 avril 1991, p. 9.

Le président Giscard d'Estaing refuse la grâce[1]. Ranucci est exécuté le 20 juillet 1976. Parallèlement, Robert Badinter mène son grand combat contre la peine de mort.

> C'est une folle partie de billard qu'institue la peine de mort, où les boules sont des têtes d'hommes.[2]

96.36 **Robert Badinter.** Robert Badinter, professeur de droit, n'est pas un avocat pénaliste. Il le devint pour le combat contre la peine de mort, qui fut son combat personnel. Il perd lorsque Buffet et Bontemps sont condamnés et exécutés, ce qu'il raconte dans son livre *L'exécution*[3]. Il gagne lorsqu'il sauve Patrick Henry et qu'il présente au parlement le projet de loi pour l'abolition de la peine de mort[4].

Robert Badinter raconte que sa péroraison dans l'affaire Patrick Henry n'avait pas été rédigée à l'avance. Mais une formule soigneusement préparée a marqué les esprits par l'horreur brute de l'image d'un homme qu'on décapite :

> Dites-vous bien que si vous le coupez en deux ça ne dissuadera rien ni personne.

96.37 **La loi du 9 octobre 1981 portant abolition de la peine de mort[5].** Une loi, peut-être la plus célèbre des années Mitterrand (qui lui-même fut avocat), promulguée le 9 octobre 1981 a aboli la peine de mort, contre l'opinion publique. Il aura fallu tout le talent de Badinter-avocat, pour emporter l'adhésion du parlement :

> Demain, grâce à vous, la justice française ne sera plus une justice qui tue. Demain, grâce à vous, il n'y aura plus, pour notre honte commune, d'exécutions furtives, à l'aube, sous le dais noir, dans les prisons françaises. Demain, les pages sanglantes de notre justice seront tournées.

1. Valéry Giscard d'Estaing raconte qu'il avait mis son réveil au petit matin de l'exécution pour faire sa prière. Le réveil n'a pas fonctionné.
2. G. Perrault, *Le Pull-over rouge*, Ramsay, 1978.
3. R. Badinter, *L'exécution*, Grasset, 1973.
4. R. Badinter, *L'abolition*, Fayard, 2000.
5. Loi n° 81-908 du 9 octobre 1981 portant abolition de la peine de mort, *JO* 10 octobre 1981, p. 2759.

97

CHAPITRE VII

De la deuxième à la quatrième fusion aux dernières valeurs

1 La deuxième fusion

97.11 **Le deuxième volet de la mise en place de la grande profession juridique et judiciaire (loi du 31 décembre 1990).** La loi du 31 décembre 1990[1] a constitué le deuxième volet de la mise en place de la grande profession juridique et judiciaire, aboutissement des orientations du Code Appleton et de la longue marche de l'Ordre de Paris et de l'Association nationale des avocats (ANA) en vue d'actualiser, de rééquilibrer et d'unifier la profession d'avocat – près de vingt ans après la première fusion, opérée par la loi du 31 décembre 1971[2].

Cette fois, le moment était venu d'appréhender le domaine juridique que la hautaine quiétude des Ordres pendant le XIXe siècle avait méprisé et en conséquence laissé tomber dans l'escarcelle d'une nouvelle profession, celle des conseils juridiques. La première fusion, dans cette perspective, n'avait pas manqué de les identifier et de les contrôler. De sorte qu'il était devenu facile de procéder à cette deuxième fusion sous certaines conditions d'équivalence. On sait que le seul grand écueil fut d'absorber les fiduciaires et pour cela de mettre un pied dans le commercial.

97.12 **L'avocat est rétabli dans la plénitude et ses fonctions au prix de deux contorsions juridiques.** On inventa cette fameuse catégorie un peu étrange des « sociétés civiles à forme commerciale » (*mais depuis*

1. Loi n° 90-1259 du 31 décembre 1990 portant réforme de certaines professions judiciaires et juridiques, *JO* 5 janvier 1991, p. 219.
2. Loi n° 71-1130 du 31 décembre 1971 portant réforme de certaines professions judiciaires et juridiques, *JO* 5 janvier 1972, p. 131 – V. aussi s^s n° *95.11*.

qu'on avait aussi inventé les « sociétés unipersonnelles »[1] *on ne pouvait plus s'étonner de rien*) : organisation aux côtés des anciennes sociétés civiles professionnelles, de sociétés d'exercice libéral (Sel), à forme commerciale par parts (Selarl) ou par actions (Selca, Selafa), par une loi du 31 décembre 1990[2].

Également est instituée la possibilité pour l'avocat d'être salarié, sans clientèle personnelle mais subordonné à un patron ou à une société.

Au prix de ces deux « révolutions » on a cependant obtenu pour la première fois de l'histoire, la constitution de la grande profession : pour le conseil et pour le contentieux.

97.13 **Le triple objectif du Conseil national des barreaux (CNB).** Le Conseil national des barreaux (CNB) a été créé par cette même loi du 31 décembre 1990. Il a un triple objectif : instituer une déontologie nationale, assurer la formation des jeunes avocats, enfin, représenter la profession. Ces objectifs étaient nécessaires pour donner une unité à la profession et lisser la participation financière de l'État concernant les centres de formation professionnelle.

Si le Conseil national des barreaux a rempli sa mission en apportant à la profession un premier organe national de représentation, et en lui donnant un code de déontologie, le règlement intérieur national (RIN), il a échoué en ce que les avocats ne se sentent pas représentés par cette institution totalement illisible en termes de représentativité (en particulier du fait de la complexité de son système électoral). Par ailleurs, de nombreuses querelles intestines ont dévalué l'autorité du Conseil national des barreaux.

97.14 **Les contreparties de la réforme : finances publiques et professions voisines.** De même que la loi du 31 décembre 1971[3] avait entraîné des contreparties au bénéfice de l'État, la loi du 31 décembre 1990 a généré d'autres contreparties au bénéfice des finances publiques et des professions voisines.

1. Loi n° 85-697 du 11 juillet 1985 relative à l'entreprise unipersonnelle à responsabilité limitée et à l'exploitation agricole à responsabilité limitée, *JO* 12 juillet 1985, p. 7862.
2. Loi n° 90-1258 du 31 décembre 1990 relative à l'exercice sous forme de sociétés des professions libérales soumises à un statut législatif ou réglementaire ou dont le titre est protégé et aux sociétés de participations financières de professions libérales, *JO* 5 janvier 1991, p. 216.
3. V. aussi s^s^ n° *95.21*.

Concernant l'État, c'est la mise en place de la taxe sur la valeur ajoutée (TVA) sur le chiffre d'affaires des cabinets d'avocats, par la loi du 17 juillet 1992[1].

Concernant les professions voisines, c'est la possibilité pour elles de faire du droit « à titre accessoire », de telle sorte qu'à défaut de monopole du droit au bénéfice du barreau, les experts-comptables et les notaires vont peu à peu devenir les principaux concurrents des avocats concernant le conseil.

2 La troisième fusion

97.21 **La suppression des avoués à la cour par la loi du 25 janvier 2011.** La suppression des avoués à la cour par la loi du 25 janvier 2011[2] n'a pas posé d'autres difficultés que l'indemnisation qui devait leur être faite par l'État. En effet, depuis la loi du 31 décembre 1971 qui avait supprimé les avoués de première instance, il était évident que le même sort devait être réservé aux avoués près les cours d'appel.

97.22 **L'acte d'avocat parmi d'autres dispositions périphériques.** Le législateur pour renforcer la profession d'avocat a, sous l'influence du rapport Darrois (2009)[3] et de l'un de ses rédacteurs le professeur Christophe Jamin, créé « l'acte d'avocat » (loi du 28 mars 2011)[4]. « L'acte d'avocat » se situe entre l'acte sous seing privé et l'acte authentique, avec un marqueur d'authentification des dates et des signatures contrôlées par l'avocat, ce qui donne à une transaction par « acte d'avocat » une force probante supérieure à celle d'un acte sous seing privé.

1. Loi nº 92-677 du 17 juillet 1992 portant mise en œuvre par la République française de la directive du Conseil des communautés européennes (CEE) 91-680 complétant le système commun de la taxe sur la valeur ajoutée et modifiant, en vue de la suppression des contrôles aux frontières, la directive (CEE) 77-388 et de la directive (CEE) 92-12 relative au régime général, à la détention, à la circulation et au contrôle des produits soumis à accise, *JO* 19 juillet 1992, p. 9700.
2. Loi nº 2011-94 du 25 janvier 2011 portant réforme de la représentation devant les cours d'appel, *JO* 26 janvier 2011, p. 1544.
3. J.-M. Darois, *Vers une grande profession du droit*, La Documentation française, 2009.
4. Loi nº 2011-331 du 28 mars 2011 de modernisation des professions judiciaires ou juridiques et certaines professions réglementées, *JO* 29 mars 2011 p. 5447.

97.23 **Les contreparties de la réforme.** Les notaires ont obtenu en contrepartie à la *troisième fusion* et à « l'acte d'avocat » qu'ils puissent ouvrir leur périmètre d'intervention concernant la publicité foncière[1]. D'autre part, la « théorie de l'accessoire », qui permettait aux notaires et aux experts-comptables de « faire du droit » pour leurs clients habituels, mais *à titre accessoire*, a été renversée dans son principe, de telle sorte qu'ils peuvent désormais exercer le droit dans certaines matières, tels le droit fiscal et le droit du travail, « à titre principal » (loi du 28 mars 2011).

3 La quatrième fusion

97.31 **En marge des trois fusions : une quatrième fusion.** Il y a donc eu trois fusions-absorptions au bénéfice de la profession d'avocat. En trois temps. Tous les vingt ans. Les avoués de première instance en 1971, les conseils juridiques en 1991, les avoués près les cours d'appel en 2011. Et, nous avons indiqué que chacune de ces lois au bénéfice de la profession d'avocat a entraîné des contreparties au profit de l'État et des experts-comptables, ainsi que des notaires. Il en résulte qu'une concurrence extrêmement dure se fait aujourd'hui ressentir. Dans ces conditions le barreau a parié sur le développement des firmes et l'ouverture vers l'international. C'est la quatrième fusion.

97.32 **L'ouverture du barreau aux cabinets internationaux.** Cette ouverture s'est parfois opérée dans la douleur. L'histoire retiendra qu'elle s'est étalée dans le temps. Elle a été soutenue par les pouvoirs publics depuis le plan Marshall, pour faire de Paris une place forte du droit dans le monde. C'est Michel Debré qui, comprenant que Londres serait la capitale financière de l'Europe, a voulu faire de Paris une capitale du droit dans le monde. Aujourd'hui, le principe de liberté d'établissement justifie cette ouverture, où la France avait joué avec un coup d'avance, de telle sorte que les grandes firmes étrangères y sont largement implantées et que Paris est devenue une place forte de l'arbitrage international.

Si la IIIe République était « la République des avocats », la fin du XXe siècle aura, quant à elle, conduit à « l'avocat roi » dans les affaires françaises et internationales, mais en collaboration ou sous le contrôle (?) des grands cabinets anglo-américains qui emploient aujourd'hui les deux tiers des jeunes avocats à Paris.

1. Article 710-1 nouveau du Code civil, réformant le décret du 14 octobre 1955.

97.33 **Les avocats doivent désormais délivrer une prestation iso-normée.** Le modèle international a peu à peu été repris par toutes les structures avec une fixation des honoraires au temps passé, une rationalisation des modes de produire, et aussi un nouveau mode de penser.

Cette mutation a été rendue possible grâce à un facteur humain exceptionnel : l'accès sans *numerus clausus* de jeunes avocats de plus en plus diplômés, dont les rétrocessions d'honoraires, exemptes de charges sociales pour les structures d'accueil, ont constitué un avantage compétitif par rapport aux professions voisines[1].

Malheureusement elle a créé un nouvel éclatement des modes d'exercice professionnel et des revenus. Si donc le barreau est de plus en plus divers, il a aussi beaucoup de difficultés à trouver le fil rouge de son unité.

4 Les dernières valeurs

97.41 **Epilogue.**

Il s'agit de rassembler, pour terminer l'Histoire de l'évolution de la profession, ce que Robert Badinter lui a apporté en cette fin de siècle. D'abord l'abolition de la peine de mort (loi du 9 octobre 1981) qui était l'un des principaux combats du barreau depuis la Révolution. Ensuite l'indépendance vis-à-vis des pouvoirs publics, par la rédaction d'un nouveau *serment d'avocat* qui exclut tout lien de dépendance avec l'État (loi du 15 juin 1982). Enfin la suppression du délit d'audience, de telle sorte qu'un magistrat ne pourrait plus sanctionner un avocat sur le siège et pendant le cours du procès comme lorsque Jacques Isorni fut suspendu à trois ans d'exercice professionnel dans l'affaire du Petit-Clamart (loi du 15 juin 1982). Robert Badinter est aussi celui qui a compris qu'il ne fallait plus que le citoyen fût exclu de l'accès direct à la Cour européenne des droits de l'Homme (CEDH). C'est dans ces conditions que, par déclaration du 2 octobre 1981, la France adhérait au droit de recours individuel devant la CEDH. Les avocats ont ainsi obtenu l'accès à cette juridiction transnationale, dont la jurisprudence depuis lors a permis de modifier profondément la rédaction du Code de procédure pénale – en particulier les règles du procès équitable, donc les droits de la défense.

1. P.-O. Sur, *Gazette du Palais* 28-30 octobre 2012.

Conclusion

La nouvelle dimension du barreau, à la suite des quatre fusions, a donné à la profession d'avocat une ampleur sans précédent avec, paradoxalement, une perte d'influence.

En effet les chiffres de la profession ont été multipliés par 10 en 40 ans. Il y a aujourd'hui (en 2013) environ 55 000 avocats en France qui génèrent plus de 11 milliards d'euros de chiffre d'affaires.

Cependant, la profession est attaquée, parce qu'elle n'est pas garantie par un monopole efficace, parce que les pouvoirs publics considèrent trop souvent que le secret professionnel est un prétexte pour couvrir et développer le crime politique et financier, parce qu'enfin, la Communauté européenne voudrait la positionner dans une logique de dérèglementation[1] qui risque atteindre jusqu'aux instances ordinales, tandis que le Conseil national des barreaux, tel qu'il a été conçu par la loi du 31 décembre 1990, n'est plus adapté à prendre en charge sa propre gouvernance.

Alors *quid* demain ?

La profession va-t-elle continuer sa politique de fusion-absorption des professions voisines ? Par exemple, les juristes d'entreprise ? Mais comme la grenouille de La Fontaine, après avoir absorbé le périmètre d'exercice des avoués, des conseils juridiques, des mandataires immobiliers et sportifs, des fiduciaires... n'est-elle pas face à un risque d'explosion ?

1. *Rapport sur la concurrence dans le secteur des professions libérales*, dit rapport Monti, du 9 février 2004 ; « Directive service », directive 2006/123/CE du Parlement européen et du Conseil du 12 décembre 2012 relative aux services dans le marché intérieur.

Si tel était le cas, il ne resterait plus demain que le cœur historique premier du métier : un barreau judiciaire, réglementé et protégé par un monopole strict avec, tout autour, une immense profession de « juristes » plus ou moins déréglementée. N'est-ce pas la situation vers laquelle tend l'Angleterre et vers laquelle souhaite nous orienter la Commission européenne qui déteste les monopoles ?

Alors, lorsque je quitterai la profession d'avocat vers 2035, le barreau de Paris, qui compte aujourd'hui plus de 25 000 membres, serait réduit à environ 2 500 « avocats plaidants », comme les *barristers* en Angleterre, ce qui serait un curieux retour en arrière, ramenant la profession au mode d'exercice qui était celui de mon père.

In memoriam

Nicole Dreyfus

Nicole Dreyfus est morte.

L'article de Pascale Robert-Diard dans le journal *Le Monde* de ce soir rappelle sa filiation avec un cousin du capitaine Dreyfus, son engagement d'avocat pour la cause du FLN et son engagement tout court pour le communisme.

On sait qu'elle a été maintes fois candidate communiste à la mairie du… XVIe arrondissement de Paris (elle habitait rue Nicolo) et qu'elle fut prise en otage en 1983 dans une affaire de grand banditisme au cours de laquelle son attitude a été héroïque.

Mais je voudrais ajouter qu'elle avait une classe incomparable, qu'elle ressemblait à Jacqueline de Romilly, qu'elle récitait des vers d'Aragon, qu'elle était libre, et que lorsque je lui demandais pourquoi elle était communiste – nous avons suivi des dizaines d'audiences assis côte à côte pendant la première affaire du sang contaminé – elle me répondait toujours :

> Toi aussi tu aurais été communiste en 1946 !

Dimanche 21 février 2010
Pierre-Olivier Sur
www.poscriptum.fr

Mario Stasi

Pourquoi l'aimait-on si fort, le bâtonnier Mario Stasi ?

Était-ce pour son écoute à l'égard de chacun d'entre nous, ses discours de libertés publiques, ses histoires d'Afrique et du Chili sous Pinochet, son talent à raconter les grands avocats qui l'ont précédé, son discours de premier secrétaire dont la fin se relit de génération en génération ?

Ou bien… pour son bonheur d'être avocat ?

Oui, son bonheur, d'être avocat !

Il avait cet amour inconditionnel pour notre métier.

Pendant plus de cinquante ans il l'a incarné. Il n'en a jamais manqué un événement heureux ou malheureux, important ou infime : tendre la main, plaider, se révolter, danser, rire et tout simplement être là. Toujours juste. Toujours pour les autres. Toujours pour les jeunes.

Ce soir nous le revoyons à la tribune, il y a quelques jours encore.

Très pâle et maigre avec sa voix si caractéristique, légèrement voilée, et drôle pour son dernier discours.

Il vient de mourir.

Et je l'entends qui me dit :

> Ne fais pas, surtout pas mon éloge funèbre, j'en ai tant prononcés dans ma carrière et j'en connais les limites… mais prie pour moi, car j'y crois, à la Vie éternelle ! »

Samedi 3 novembre 2012
Pierre-Olivier Sur
www.poscriptum.fr

Olivier Metzner

Olivier Metzner est mort en mer, comme Tabarly avec qui il avait navigué, qui était sans doute son seul héros. On a donc tous – Olivier Metzner et nous – besoin d'un modèle, ou d'une référence, ou d'un personnage tutélaire pour nous « challenger ». Pour notre génération d'avocats pénalistes, le modèle et la référence, c'était évidemment Olivier Metzner.

Car il a inventé la « défense de procédure » de même que Vergès avait inventé la « défense de rupture ». Car ses armes pour convaincre étaient de rendre le juge plus intelligent. Car tournant le dos à Daumier il a transformé le pénaliste en avocat moderne sur le mode de l'avocat d'affaires et il a fait de son nom une « marque ».

Ainsi Olivier Metzner est-il devenu l'incontestable numéro 1 du pénal financier, politique, de la santé publique, de la pollution, des accidents.

Sa dernière grande plaidoirie est emblématique : c'était il y a tout juste quinze jours, pour l'un des dirigeants du Crédit Lyonnais, concernant des faits commis en 1990, qui avaient été instruits par Eva Joly et qui avaient représenté, à l'époque, le symbole des poursuites judiciaires pour dénoncer d'anciennes pratiques ou pour inaugurer une nouvelle morale. Alors, pire qu'un gouvernement des juges, s'installait au pôle financier du Palais de justice de Paris une morale des juges. C'est ce qu'Olivier Metzner n'a cessé de dénoncer, pendant un quart de siècle de notre histoire judiciaire.

Il l'a fait en respectant les juges, en ouvrant sa porte aux jeunes, en n'oubliant pas que son énorme succès entraînait des jalousies y compris auprès des plus prestigieux avocats, ce qui nécessitait qu'il fût toujours proches des autres.

Lui rendre hommage, c'est aussi accepter d'entendre les critiques : le prix de ses honoraires (mais les clients choisissaient en lui « le meilleur » et à lui seul il a augmenté le tarif de tout le barreau pénal), ses duels d'homme à homme contre certains confrères (mais il y a des affaires qui rendent fous, même les plus grands avocats)... cependant jamais, dans les pièces qui passaient entre ses mains – où se mêlaient jusqu'à plus soif, l'orgueil, le pouvoir et l'argent – on a entendu dire, qu'il aurait triché ou qu'il aurait confondu son métier avec celui de certains de ses clients. C'était un homme droit. Il était reconnu comme tel. Personne n'aurait imaginé lui confier de basses œuvres.

Ceux qui ont travaillé à ses côtés, tantôt avec, tantôt contre, n'oublieront pas les rendez-vous dans son cabinet de la rue de l'Université avec ses associés et collaborateurs, qui tous sont d'exceptionnels avocats et qui réussiront à prolonger la « marque Olivier Metzner » ; les alcools rares dans son appartement du quai Voltaire ; mais aussi une certaine solitude, sans que personne n'ose jamais lui poser de question ; et l'imaginaire de la mer, quand il parlait d'une île, de son île, dans le golfe du Morbihan.

Mais que restera-il d'autre, car on voudrait poursuivre le souvenir bien au-delà ?

Une odeur de cigare maintenant froide, dans la salle des pas perdus ou devant la chambre de l'instruction (aucun gendarme n'osait le rappeler à l'ordre)... Une leçon de courage inouï, qu'il a donnée au petit monde du pénal, lorsqu'il paraissait à bout de force il y a quelques années, s'endormant aux audiences, et puis se relevant... Ou cette conversation intimiste, disant qu'il était protestant de telle sorte qu'il croyait donc en une vie éternelle...

Dimanche 17 mars 2013
Pierre-Olivier Sur
www.poscriptum.fr

Jacques Vergès

> Avez-vous déjà refusé une cause ?
>
> Oui une fois… L'assassin d'un avocat, ancien bâtonnier de Tours. J'ai alors demandé à Benoît Chabert, qui était premier secrétaire de la Conférence (1990), de prendre le dossier à ma place.

Jacques Vergès ne respectait rien, ni personne, sauf les avocats. Impossible pour lui de défendre l'assassin d'un avocat ! Il respectait aussi la jeunesse, c'est-à-dire la liberté. Donc, le souvenir de son père devant renoncer à la carrière de haut fonctionnaire parce qu'il épousait au bout du monde une jeune Vietnamienne rencontrée en mission.

La culture classique, les vers, le théâtre… et la posture iconoclaste, avec beaucoup de génie et de talent.

> La fumée du cigare, disait-il à Carbon de Sèze sur son lit d'hôpital, n'a pas pour seule vertu de faire fuir les moustiques, elle écarte aussi de moi les humanistes !

Il était l'homme de la plaidoirie de rupture. Non qu'il l'ait inventée – on n'invente pas le procès de Socrate, le procès du Christ ou le procès de Julien Sorel – mais c'est lui qui l'a théorisée. Ainsi a-t-il été reconnu dans le monde entier.

Il n'a pas obtenu la liberté d'Omar Raddad à la barre, mais par une formule assénée dans la salle des pas perdus : « Il y a cent ans, on condamnait un officier car il avait le tort d'être juif, aujourd'hui on condamne un jardinier car il a le tort d'être maghrébin ! » À cet instant précis la presse bascule en faveur d'Omar, puis l'Académie, et même la présidence de la République… Alors Omar sera libéré !

La justice, elle, se ridiculisera en faisant à Vergès un procès à contretemps pour sa défense en creux, ce qui lui donnera l'occasion de désigner une cinquantaine d'avocats aux côtés de Luc Brossollet et Grégoire Lafarge. Il restera de sa première comparution un PV d'anthologie (B. Ader et Ch. Bigot, *Les renouvellements de la liberté d'expression*, « Légicom expert », n° 50, Victoire, 2013).

Ceux qui, aujourd'hui, saluent le talent de Vergès, mais regrettent qu'il ait été « trop souvent du mauvais côté », ne comprennent pas son métier car, pour un avocat, il n'y a pas de bon ou de mauvais côté. Ils dénoncent toutefois, à juste titre, certains propos outrageants et impardonnables dans la défense de Barbie.

Alors que restera-t-il ? Lui qui a déjà disparu dans les années 70, sans jamais dire où il est allé, ne nous en dira pas davantage cette fois…

Relisons *De la stratégie judiciaire*, *Beauté du crime*, *Le salaud lumineux*, et revoyons-le, photographié par *Paris-Match* dans sa baignoire entre mousse et cigare, ou à genoux dans le confessionnal du père de La Morandais, pour rechercher ni la vérité, ni les causes du crime, mais ce qui l'attirait plus encore : une certaine idée de la justice en tant qu'expérience esthétique.

Ou revoyons-le une dernière fois dans son hôtel particulier de la rue de Vintimille, vous recevant dans un immense bureau dont les rideaux sont déjà tirés. Au mur la tapisserie d'Aubusson, et les bibliothèques avec des livres qui débordent. Face à lui ses derniers clients, venus du bout du monde. Ils sont assis devant lui en arc de cercle. Il ne les écoute pas. Il ne leur parle pas. Juste pour vous, il offre en rythme haletant d'une voix métallique les répliques de sa pièce de théâtre, puis il se lève et va, jusqu'au somptueux échiquier qui est au bout de la pièce, pour jouer. Un dernier coup, contre personne. Il n'a plus d'adversaire. Alors dans un geste très lent et d'une élégance de félin, il tire sur son cigare et soulève la pièce la plus proche du roi : le fou…

Vendredi 16 août 2013
Pierre-Olivier Sur
www.poscriptum.fr

Table chronologique

Histoire de France	Histoire du droit	Histoire du barreau	Histoire du Palais
• Babylone • Athènes • Rome	• Code d'Hammourabi (-750) • Code Justinien (530)	• Démosthène (-384/-322) • Cicéron (-106/43)	
• Mérovingiens • Carolingiens • Charlemagne (800)	• Les *Capitulaires*		• Saint-Eloi, ministre de Dagobert, construit le premier palais dans l'île de la cité (600)
• Les trois grands rois - Ph. Auguste (1180-1223) - Saint Louis (1226-1270) - Philippe IV le Bel (1285-1315) • *Nombre d'avocats 20*	• Les *Etablissements*	• Clément IV (avocat et pape) (1200/1268) • Ordonnance de 1274 *Philippe III le Hardi* - 1er texte sur la profession • Ordonnance de 1291 *Philippe le Bel* - 1res règles de déontologie • Ordonnance de 1327 *Philippe VI de Valois* - 1res règles d'accès à la profession • Arrêt du parlement du 11 mars 1344 - 1re reconnaissance de l'Ordre et de son doyen qui tient le « bâton »	• Edification de la Sainte-Chapelle (saint Louis) • Edification du Parlement - île de la cité (Ph. le Bel) • Construction de la tour Bonbec, de la Conciergerie, de la Grand' Chambre, et de la Grand' Salle
• Guerre de Cent ans (1350/1450) - Captivité de Jean le Bon - Folie de Charles VI - Trahison d'Isabeau de Bavière • *Nombre d'avocats 40*		• Pendant la captivité de Jean le Bon, la folie de Charles VI et l'occupation par l'Angleterre, les avocats gouvernent et se substituent au roi : - Renaud d'Acy - Jean des Mares - Arnaud de Corbie - Juvénal des Ursins	• Edification du Louvre par Charles V (à la suite des évènements provoqués par Etienne Marcel), et première séparation des pouvoirs : le Parlement reste dans l'île de la cité, le roi s'installe au Louvre

Histoire de France	**Histoire du droit**	**Histoire du barreau**	**Histoire du Palais**
• Renaissance (1515) - François Ier • *Nombre d'avocats 400*	• Ordonnance de Villers-Cotterêts (1539) - Recours à la langue française obligatoire - Interdiction pour les avocats d'exercer la défense dans les affaires de nature pénale	• Ordonnance de 1535 - première codification des règles professionnelles	
• XVIIe siècle	• *Codification* - Cujas - Dumoulin • *Grandes ordonnances* - Colbert - Séguier	• Grande grève des avocats (1602) • *Dialogue des avocats de Loisel, sur « l'honneur »* (1617) • Création de la bibliothèque des avocats par Riparfonds (1641) • Règlement disciplinaire des avocats (1661) • Reconnaissance du bâtonnier par arrêt du parlement (17 juillet 1693)	• Grand incendie de 1618 • Séparation entre justice de première instance au Châtelet et d'appel devant le parlement
• XVIIIe siècle • *Nombre d'avocats 600*	• Parlement Maupéou (1770-1774)	• Instauration de la conférence du stage (31 déc. 1710) • *Grands avocats* - Gerbier - Linguet - Berryer père	• Grand incendie de 1776 • Construction des bâtiments d'honneur (sur l'actuel boulevard du Palais), de la cour de May et de la grande grille
• Révolution (1789) • *Nombre de défenseurs officieux 60*	• Suppression des avocats 16 août 1790 • Création des tribunaux révolutionnaires 17 mars 1793 • Suppression des tribunaux révolutionnaires 8 nivôse an III (1794)	• Procès de Louis XVI - Malesherbes - Romain de Sèze - Tronchet • Procès de Marie-Antoinette - Chauveau-Lagarde - Tronson du Coudray	

Histoire de France	Histoire du droit	Histoire du barreau	Histoire du Palais
• Napoléon Ier • *Nombre d'avocats 300*	• Code civil 1804 • Code de commerce 1807 • Code pénal 1810	• Rétablissement de l'Ordre des avocats 14 déc. 1810 (mais sous la hiérarchie du parquet) • Nouvelle bibliothèque des avocats à Paris (Feray 1818) • *Grands avocats* - Bellart - Dupin aîné - Hémar (procès Cadoudal)	
• Charles X • Louis Philippe (1830)		• Ordonnance du 20 nov. 1822 libère l'Ordre et le barreau de la tutelle de l'Etat • Ordonnance du 27 août 1830 • *Grands avocats* - Dupin aîné - Berryer fils - Ledru-Rollin	
• Napoléon III • La Commune • IIIe République (1852-1871-1940) • *Nombre d'avocats 700*	• Loi du 21 janvier 1851 créant l'AJ • Loi du 8 décembre 1897 organisant l'assistance de l'avocat devant le juge d'instruction • Loi de juin 1941 concernant les avocats juifs dite du numerus clausus	• Loi du 1 déc. 1900 ouvrant l'accès des femmes au barreau • Grands avocats - Lachaud - Labori - Demange - Moro-Giafferi - Henri-Robert - Charpentier - Poincaré - Viviani - Gambetta • Création des syndicats d'avocats (ANA, 1921 et UJA, 1922)	• Incendie de la Commune (1871) • Haussmann confie à l'architecte Duc la restauration du Palais avec l'ajout de l'aile de la Cour de cassation et le côté place Dauphine qui conduit à la cour d'assises

Histoire de France	Histoire du droit	Histoire du barreau	Histoire du Palais
• IVe République • Ve République • *Nombre d'avocats* *3000 en 1945* *55000 en 2013*	• Loi du 9 oct. 1981 abolition de la peine de mort • 2 oct. 1981 droit de recours individuel devant la CEDH	• *Livre bleu* (1968) • Loi du 31 déc. 1971 première fusion (avoués première TGI) • Loi du 15 juin 1982 nouveau serment d'avocat et immunité pour délit d'audience • Loi du 31 déc. 1990 deuxième fusion (conseils juridiques) • Loi du 25 janv. 2011 troisième fusion (avoués cour) • *Grands avocats* - M. Garçon - R. Floriot - J.-L. Tixier-Vignancour - J. Isorni - A. Naud - P. Baudet	

Table bibliographique

Rsihpa, Revue de la Société internationale d'histoire de la profession d'avocat.

Les procès

Allier R., *Voltaire et Calas : Une erreur judiciaire au dix-huitième siècle*, Stock, 1898.

Antonowicz G., *La faiblesse des hommes : Histoire raisonnable de l'affaire d'Outreau*, « Essais et documents », Milo, 2013.

Antonowicz G., *Mort d'un collabo : 13 mai 1943*, « Au vif de l'histoire », N. Eybalin, 2013.

Appleton J., Trarieux L., Comte L., *Le banquet de Lyon. Discours prononcés au banquet de Lyon, le 23 juillet 1899*, Stock, 1899.

Arendt H., *Eichmann in Jerusalem : Rapport sur la banalité du mal*, 2e éd., augmentée, « Folio histoire », 1997 ; 1re éd. 1991 ; Gallimard, 1966 - *Les Origines du totalitarisme, suivi de Eichmann à Jérusalem*, « Quatro », Gallimard, 2012 : *Eichmann in Jerusalem : A report on the Banality of Evil*, Viking Press, 1963 ; « Penguin Classics », 1994 ; 2006.

Aron M., *Les grandes plaidoiries des ténors du barreau : quand les mots peuvent tout changer*, « Pocket », Jacob-Duvernet, 2010.

Badinter R., *L'abolition*, Fayard, 2000.

Badinter R., *L'exécution*, « Le livre de poche », Grasset, 1973.

Besnard M., *Mes mémoires*, Les productions de Paris, 1962.

Bonnamour G., *Le procès Zola, Impressions d'audience*, 1898, rééd., Stock, 1994.

Bredin J.-D., *Joseph Caillaux*, « Folio. Histoire », Gallimard, 1985.

Bredin J.-D., *L'affaire*, Julliard, 1983 ; *Dreyfus : Un innocent*, « Les indispensables de l'Histoire », Fayard, 2006 ; rééd. de *L'Affaire et de Bernard Lazare.*

Cassou P., *Le procès du général Fournier : Gouverneur de Maubeuge*, Fournier, 1921.

Collectif, *Grandes plaidoiries et grands procès*, Prat, 2011.

Collectif, *Les grands procès de l'Histoire*, t. I : *Landru, les*

Templiers, les poisons, l'affaire Calas, Gilles de Rais, Dreyfus, Le maréchal Ney, Charlotte Corday, Omnibus, 2012.

Collectif, *Revue des grands procès contemporains*, [entre 1883 et 1916, 33 parutions, gallica.bnf].

Daudet E., *Le procès des ministres (1830) d'après les pièces officielles et des documents inédits : Les grands épisodes de la monarchie constitutionnelle*, A. Quantin, 1877.

Drouin M. (dir.), *L'affaire Dreyfus de A à Z*, Flammarion, 1994 ; rééd. 2006.

Duclert V., « Le Parlement et l'Affaire Dreyfus. Douze années pour la vérité », préface de Laurent Fabius, introduction de Madeleine Rebérioux, Assemblée nationale - Société d'études jaurésiennes, *Jean Jaurès Cahiers trimestriels*, n° 147, 1998.

Duclert V., *Savoir et engagement : Ecrits normaliens sur l'affaire Dreyfus*, préface de Monique Canto-Sperber, postface de Jean-Noël Jeanneney, Editions de la Rue d'Ulm, 2006.

Fedida J.-M., *Le procès Capone*, Fleuve Noir, 2012.

Floriot R., *Le procès du maréchal Ney*, Hachette, 1955.

Floriot R., *Les erreurs judiciaires*, Flammarion, 1968.

Gryson Dejehansart M.C., *Outreau : La vérité abusé*, Hugo&Cie, 2009.

Halimi G., *Association Choisir : Avortement, une loi en procès : L'affaire de Bobigny*, Préface de Simone de Beauvoir, « Idées », Gallimard, 1973.

Halimi G., *Le procès de Bobigny : Choisir la cause des femmes*, nouvelle édition, 2006.

Halimi G., *Viol, Le procès d'Aix : Choisir la cause des femmes*, « Idées », Gallimard, 1978.

Isorni J., *Jusqu'au bout de notre peine*, La Table ronde, 1963.

Isorni J., *Le vrai procès de Jésus*, Flammarion, 1967.

Isorni J., *Souffrance et mort du maréchal Pétain*, Flammarion, 1951.

Jaurès J., *Affaire Dreyfus : Les preuves*, La Petite République, 1898.

Kiejman G., *Les grands procès de l'Histoire*, « La Bibliothèque des regards », Montparnasse - Des femmes, 2007.

Lazare B., *L'affaire Dreyfus*, Stock, 1897.

Lombard P., *Le vice et la vertu : Les corruptibles, de Mazarin à nos jours*, Grasset, 1999.

Lombard P., *Quand la justice se trompe*, Laffont, 1981.

Manceron G. et Reberioux M. (dir.), *Droits de l'homme : Combats du siècle*, Le Seuil/BDIC, 2004.

Ozanam Y., *Les grandes plaidoiries : archives et documents pour l'histoire, de l'affaire Calas au procès de Pétain*, Éd. de la Martinière, 2011

Perrault G., *Le Pull-over rouge*, Ramsay, 1978.

Pottecher F., *Grands procès : Moscou : affaires Powers, Londres : affaire Adams, Jérusalem : affaire Eichmann*, Arthaud, 1964.

Prompt P., *L'affaire Grégory*, Balland, 2007.

RICHER Fr., *Les causes célèbres*, 18 vol., M. Rhey, Amsterdam, 1772-1774.

ROBERT H., *Les grands procès de l'histoire*, Payot, 1922.

SUR P.-O., *Dans les yeux du bourreau : Les victimes face à Douch au procès des khmers rouges*, Lattès, 2010.

VARAUT J.-M., *L'Abominable docteur Petiot*, Balland, 1974.

VARAUT J.-M., *La défense de Louis XVI*, F.-X. de Guibert, 1993

VERGÈS J., *Je défends Barbie*, « Documents dossiers », Picollec, 1988.

VERGÈS J., *Que mes guerres étaient belles !, Essai*, « Documents », Éditions du Rocher, 2007.

VIGOUROUX Chr., *Georges Picart : La justice par l'exactitude*, Dalloz, 2008.

ZOLA E., *J'Accuse...! La Vérité en marche*, Fasquelle, 1901 ; rééd., préface de Colette Becker, « GF », Flammarion, 1969 ; préface d'Henri Guillemin, Bruxelles, Complexe, 1988 ; présenté par Jean-Denis Bredin, « Acteurs de l'histoire », Imprimerie nationale, 1992 ; Pagès A., *Combat pour Dreyfus*, préface de Martine Le Blond-Zola, postface de Jean-Louis Lévy, Dilecta, 2006.

Les avocats

BELLART, *Œuvres de N. F. Bellart, procureur général à la Cour royale de Paris, Mémoires et plaidoiries*, t. I, J.-L.-J. Brière, 1827.

BERRYER P.-A., *Œuvres de Pierre Antoine Berryer*, 2 t., Didier, 1876.

BORÉ J., « L'Ordre des avocats aux Conseils », *La Revue des deux Mondes*, n° 5, 1968, p. 62 s.

BRUNOIS A., *Nous, les avocats*, Plon, 1958.

BUTEAU M., *L'avocat roi*, Presses modernes - La renaissance du livre, 1922.

DORNIC F., *Une Ascension sociale au XVIIe siècle : Louis Berryer, agent de Mazarin et de Colbert*, Caen, 1968.

DUMAS R., *Les avocats*, Grasset, 1977.

FILLON C., « L'itinéraire d'un avocat engagé, l'exemple de Jean Appleton », *Rsihpa*, n° 6, 1994, p. 195 s.

HUGLO Ch., *Avocats pour l'environnement : Mes grandes batailles judiciaires*, LexisNexis, 2013.

ISORNI J., *Mémoires : 1911-1945*, Laffont, 1984.

ISORNI J., *Quand j'avais l'âge de raison*, Flammarion, 1966.

JACOMET P., *Berryer au prétoire*, Plon, 1938.

LABORI M.-F., *Labori : ses notes manuscrites, sa vie*, Attinger, 1947.

LACHAUD Ch., *Plaidoyers*, 2 vol., Charpentier, 1885.

LE GUILLOU Y., « Denis Bouthillier (1540-1621), avocat au parlement de Paris », *Rsihpa*, n° 7, 1995, p. 3 s.

LECANUET E., *Berryer : Sa vie et ses œuvres, 1790-1868*, Bloud et Barral, 1893.

LECLERC H., *Un combat pour la justice*, La Découverte/Témoins, 2013.

Lévy Th., Royer J.-P., *Labori. pour : Zola. pour : Dreyfus. Contre : la terre entière. Un avocat*, Audibert, 2006.

Ninon J.-J., « L'avocat français au XVIe siècle », *Rsihpa*, no 1, 1989, p. 35 s.

Ozanam Y., « Avocat, écrivain, déontologue, défenseur du maréchal Pétain : le bâtonnier Fernand Payen (1872-1946) », *Rsihpa*, 1996, p. 79 s.

Ozanam Y., « Avocat, préfet de police et déontologue : le bâtonnier Ernest Cresson (1824-1902) », *Rsihpa*, n° 10, 1998, p. 217 s.

Ozanam Y., « L'avocat de Zola et de Dreyfus : Fernand Labori (1860-1917) », *Histoire de la Justice*, n° 11, 1998, p. 245 s.

Payen F., *Anthologie des avocats français*, Contemporains, Grasset, 1913.

Proietto P., « Olivier Patru, avocat et arbitre du langage », *Rsihpa*, n° 1, 1989, p. 41 s.

Robert H., *L'avocat*, « Les Caractères de ce temps », Hachette, 1923.

Sialelli J.-B., *Les avocats de 1920 à 1987 (ANA, RNAF, CSA)*, Litec, 1987.

Souvenirs de M. Berryer, doyen des avocats de Paris de 1774 à 1838, Ambroise Dupont, 1939.

Thickett D., *Etienne Pasquier (1529-1615) : The versatile barrister of XVIth century France*, Londres ; New York, 1979.

Tixier-Vignancour J.-L., *J'ai choisi la défense*, La Table ronde, 1964.

Torrès H., *Souvenir, souvenir, que me veux-tu ?*, Del Duca, 1964.

Toulemon A., *Portraits d'avocats*, Dalloz, 1965.

Trémolet de Villers J., *Aux marches du palais : Pierre-Antoine Berryer, avocat*, D.M. Morin, 1997.

Varaut J.-M., *Un avocat pour l'Histoire : mémoires interrompus*, 1933-2005, Flammarion, 2007.

Vergès J., *De mon propre aveu : souvenirs et rêveries*, P.-G. de Roux, 2013.

Les femmes

Boigeol A., « Le genre comme ressource dans l'accès des femmes au "gouvernement du barreau" : l'exemple du barreau de Paris », *Genèses*, 2007, 67, p. 66 s.

Catinat A.-L., « Les premières avocates du barreau de Paris », *Mil neuf cent*, n° 16, 1998, Figures d'intellectuelles, p. 43 ; http://www.persee.fr/web/revues/home/prescript/article/mcm_1146-1225_1998_num_16_1_1183/.

Debré J.-L., *Ces femmes qui ont réveillé la France*, Fayard, 2013.

Féral-Schuhl Chr., *Ces femmes qui portent la robe : Portraits d'avocates qui ont changé le monde*, Plon, 2013.

Robert H., *Les grands procès de l'histoire*, 2 vol., Payot, 1922-1930.

La profession

Abel R.L., *English Lawyers between Market and State. The Politics of Professionalism*, Oxford Socio-Legal Studies, Oxford University Press, 2003.

Abel R.L., Lewis P.S.C., *Lawyers in Society; The Civil Law World*, 2e éd., Beard, Washington, 2005.

Assier-Andrieu L., *Le droit dans les sociétés humaines*, « Essais & Recherches », Nathan, 1996.

Assier-Andrieu L., *Les avocats : identité, culture et devenir*, Gazette du Palais - Lextenso, 2011.

Association Henri Capitant, *Les droits de tradition civiliste en question : à propos des Rapports « Doing Business » de la Banque mondiale*, Société de législation comparée, 2006.

Boigeol A., « The French Bar : The Difficulties of Unifying a Divided Profession », in Abel & Lewis, *Lawyers in Society. The Civil Law World*, 2e éd., Beard, Washington, 2005, p. 258 s.

Boigeol A., Dezalay Y., « De l'agent d'affaires au barreau : les conseils juridiques et la constitution d'un espace professionnel », *Genèses*, 1997, 27, p. 49 s.

Champaud Cl. et Danet D., *Stratégie judiciaire des entreprises*, « États de droits », Dalloz, 2006.

Cointat Chr., *Sur l'évolution des métiers de la justice*, Rapport d'information, fait au nom de la commission des Lois constitutionnelles, de législation, du suffrage universel, du Règlement et d'administration générale par la mission d'information, Sénat, session extraordinaire de 2001-2002, Annexe au procès-verbal de la séance du 3 juillet 2002.

Collectif, *La justice, Pouvoirs*, no 16, Puf, 1981.

Collectif, *Les avocats, Pouvoirs*, no 140, Seuil, 2012.

Damien A., « Avocats », dans Alland & Rials, *Dictionnaire de la culture juridique*, Puf, 2004.

Darrois J.-M., *Vers une grande profession du droit : rapport sur les professions du droit, rapport au président de la République*, « Collection des rapports officiels », La Documentation française, 2009.

Delahousse M., *Justice : Le ministère infernal*, « Enquêtes », Flammarion, 2009.

Dezalay Y., *Marchands de droit : la restructuration de l'ordre juridique international par les multinationales du droit*, thèse, Fayard, 1992.

Dupont Ch., *La négociation, conduite, théorie, applications*, 4e éd., Dalloz, 1994.

Favereau O. (dir.), *Les avocats, entre ordre professionnel et ordre marchand, Rapport au Conseil national des barreaux*, Gazette du Palais - Lextenso, 2009.

Forest D. et Kaufman G., *Les dessous de la robe*, Gazette palais - Lextenso, 2012.

Hébrard M., *La formation et la fonction de l'avocat en Chine*, thèse, Montpellier, 2001.

Idhae, *Rapport de l'observatoire mondial des violations des droits de la défense et des droits des avocats dans le monde : 150 avocats assassinés, emprisonnés, persécutés dans le monde*, IDHAE, 2013.

Jamin C., Wickers T., « L'avenir de la profession d'avocat », *Commentaire*, 132, 2010-2011, p. 985 s.

Jensen D., *Cabinet d'avocat, Création et stratégie : Organisation et gestion*, 2e éd., « Dalloz référence », 2013.

JESTAZ P., JAMIN C., *La doctrine*, « *Méthode de droit* », Dalloz, 2004.

KARPIK L., « Avocats : renouveau et crises », *Justices*, I, 1999.

KARPIK L., « La profession libérale. Un cas : le barreau », *dans* NORA (dir.), *Les lieux de mémoire*, III. *Les France*, Gallimard, (1992), 1997.

KARPIK L., *Les avocats, entre l'Etat, le public et le marché : XIIIe -XXe siècle*, Gallimard, 1995.

LE BÉGUEC G. (dir.), *Avocats et barreaux en France 1910-1930*, Pun, Nancy, 1994.

LE BÉGUEC G., *La République des avocats*, Armand Colin, 2003.

LIGNIÈRES P., *Le temps des juristes : Contribution juridique à la croissance européenne*, LexisNexis, 2012.

MICHEL CLAUDE, *Les vingt ans du SAF, 1972-1992*, Syndicat des avocats de France, 2004.

MONTI, *Rapport sur la concurrence dans le secteur des professions libérales*, dit rapport Monti, du 9 février 2004 ; « Directive service », directive 2006/123/CE du Parlement européen et du Conseil du 12 décembre 2012, relative aux services dans le marché intérieur.

MORAND DEVILLER J., BÉNICHOT J.-C., *Mondialisation et globalisation des concepts juridiques : l'exemple du droit de l'environnement*, IRJS, 2010.

ORDRE DES AVOCATS DE PARIS, *Avocat. L'avenir d'une profession*, Livre blanc de la commission prospective, Descartes & Cie, 2005.

PLAS P., « La professionnalisation des avocats au début des années vingt. Enjeux, ruptures et nouveaux modèles », dans LE BÉGUEC (dir.), *Avocats et barreaux en France 1910-1930*, Pun, Nancy, 1994.

PRADA M., *Rapport sur certains facteurs de renforcement de la compétitivité juridique de la place de Paris*, Ministère de l'Économie, des Finances et de l'Industrie & Ministère de la Justice, mars 2011.

SCHIAVONE A., *IUS, L'invention du droit en Occident*, « L'antiquité au présent », Belin, 2008.

SOULEZ-LARIVIÈRE D., *Lettre à un jeune avocat*, Balland, 1999.

SUPIOT A., *Homo juridicus : Essai sur la fonction anthropologique du droit*, Seuil, 2005.

SUSSKIND R., *The End of Lawyers? Rethinking the Nature of Legal Services*, 2e éd., Oxford University Press, Oxford, 2010.

TINAYRE A., DE RICCI D. (dir.), *Au service de la justice : la profession juridique de demain*, Dalloz, 1967.

VAULTIER R., « Les honoraires des avocats d'autrefois », *La Vie judiciaire*, n° 626, 1958, p. 7 s.

WOOG J.-Cl., SARI M.-Ch., WOOG S., *Stratégie contentieuse du créancier*, 2e éd., « Dalloz référence », 2006.

Les règles

ADER H., DAMIEN A., *Règles de la profession d'avocat*, 14e éd., « Dalloz Action », 2013.

AVRIL Y, *Responsabilité des avocats*, 2e éd., « Dalloz Référence », 2008.

Appleton J., *Traité de la profession d'avocat*, 2e éd., Dalloz, 1928.
Beignier B., Blanchard B., Villacèque J. (dir.), *Droit et déontologie de la profession d'avocat*, Gazette du Palais - LGDJ, 2007.
Bénéjat M., *Responsabilité pénale de l'avocat et du notaire*, « Travaux de l'Institut de Sciences criminelles et de la justice de Bordeaux - Séminaires professionnels », n° 3, Cujas, 2013.
Blanc E., *La nouvelle profession d'avocat : commentaire de la loi du 31 décembre 1971 et des décrets des 21 avril, 9 juin, 13 juillet et 25 août 1972*, LJNA, 1972.
Braunschweig J.-M., Demaison J., *Profession avocat, Le guide, L'avocat, Le cabinet*, Conseil national des barreaux - « Axe droit », Lamy, 2011.
Bregi J.-Fr., « Les règles de la profession d'avocat dans l'ordonnance d'octobre 1535 », *Rsihpa*, n° 4, 1992, p. 143 s.
Collectif, *Les déontologies des professions de droit : quel avenir ? : Droit interne, droit comparé*, « Axe droit », Lamy, 2010.
Collectif, *Guide du jeune avocat*, Union des jeunes avocats, 2008, disponible en ligne.
Collectif, *Honoraires de l'avocat*, Ordre des avocats de Paris - Dictionnaire permanent - Editions législatives, 2010.
Crémieu L., *Traité de la profession d'avocat*, 2e éd., Dalloz, 1954.
Cresson E., *Abrégé des usages et règles de la profession d'avocat*, 3e éd., Sirey, 1907.
Cresson E., *Usages et règles de la profession d'avocat : Jurisprudence, ordonnances, décrets et lois*, Larose/Forcel, 1888.
Cressonnières J. des, *Entretien sur la profession d'avocat et les règles professionnelles*, Bruxelles, Veuve Larcier, 1911 ; Paris, 1925.
Damien A., *Le secret nécessaire*, Desclée de Brouwer, 1989.
Damien A., *Les grands arrêts de la profession d'avocat*, Litec, 1991.
de Stexhe H., d'Hotel G., Henry P. (dir.), *Vade-mecum de l'avocat*, « OBFG », Ordre des barreaux francophones et germanphone de Belgique, 2012.
Fricero N. (dir.), *Éthique et professions judiciaires*, Éd. juridiques et techniques, 2004.
Lemaire J., *Les règles de la profession d'avocat et les usages du barreau de Paris*, 3e éd., LGDJ, 1975.
Liouville F., Extrait des ouvrages de Liouville et Mollot, *Abrégé des règles de la profession d'avocat*, Imprimerie et librairie générale de jurisprudence, 1883.
Liouville F., *Profession d'avocat*, LGDJ, 1968.
Martin R., Caron J.-Chr. et Diemunsch M., *Déontologie de l'avocat*, 11e éd., « Droit et professionnels », LexisNexis, 2013.
Mollot M., *Règles de la profession d'avocat*, 2e éd. Durand, 1842, 1866.
Monéger J. et Demeester M.-L., *Profession : avocat*, Dalloz, « Crfpa », 2001.
Karpik L., « Le désintéressement [*des avocats*] », *Annales. Economie. Société. Civilisation*, n° 3, 1989, p. 733 s.

Ozanam Y., « Histoire et avenir des avocats », dans *Droit et déontologie de la profession d'avocat*, Puf, 2002, p. 13 s.
Payen F., *Les règles de la profession d'avocat*, Sirey, 1936.
Taisne J.-J., *La déontologie de l'avocat*, 8e éd., « Connaissance du droit », Dalloz, 2013.
Woog J.-Cl., Goudineau Cl., Sari M.-Ch., Woog S., *Pratique professionnelle de l'avocat*, 4e éd., « Traités », Litec, 2001.

Les droits de la défense

Badinter R., *Contre la peine de mort : écrits 1970-2006*, Fayard, 2006.
Badinter R., *Les épines et les roses*, Fayard, 2011.
Badinter R., *Un antisémitisme ordinaire : Vichy et les avocats juifs, 1940-1944*, Fayard, 1997.
Bilger Ph., *Un avocat général s'est échappé*, « L'Epreuve des faits », Seuil, 2003.
Burgelin J.-Fr., Lombard P., *Le procès de la Justice*, Plon, 2003.
Carbonnier J., *Droit et passion du droit sous la Ve République*, « Champs. Essais », Flammarion, 1996.
Christophe Ch., « Le déclin de la République des avocats », dans Birnbaum (dir.), *La France de l'affaire Dreyfus*, « Bibliothèque des histoires », Gallimard, 1994.
Danet J., *Défendre : pour une défense pénale critique*, 2e éd., « États de droits. Regards sur la justice », Dalloz, 2004.
Dupond-Moretti E., Durand-Souffland S., *Bête noire : Condamné à plaider*, M. Lafon, 2012.
Dupond-Moretti E., Sécher L., *Le calvaire et le pardon*, M. Lafon, 2013.
Floriot R., *Au banc de la défense*, « L'Air du temps », Gallimard, 1959.
Foucault M., *Surveiller et punir*, Gallimard, 1975.
Garapon A. (dir.), *Les juges : Un pouvoir irresponsable ?*, Nicolas Philippe, 2003.
Garapon A., *Bien juger : Essai sur le rituel judiciaire*, Odile Jacob, 2005.
Garçon M., *L'avocat et la morale*, Buchet/Chastel, 1963.
Halimi G., *Avocate irrespectueuse*, Plon, 2002.
Halimi G., *La cause des femmes*, Grasset, 1973.
Halimi G., *La nouvelle cause des femmes*, « Essais », Seuil, 1997.
Halimi G., *Ne vous résignez jamais*, Plon, 2009.
Halimi G., *Une embellie perdue*, Gallimard, « Nrf », 1995.
Halpérin J.-L., « La législation de Vichy relative aux avocats et aux droits de la défense », *Revue Historique*, 115e année, no 579, juill.-sept. 1991, p. 143 s.
Hamelin J., *Paradoxe sur l'avocat : entretiens sur le rôle du défenseur*, LGDJ, 1949.
Inchauspé D., *L'innocence judiciaire : Dans un procès, on n'est pas innocent, on le devient*, Puf, 2012.
Isorni J., *Les cas de conscience de l'avocat*, Perrin, 1965.
Isorni J., *Lui qui les juge*, Flammarion, 1961.
Israël L., *Robes noires, années sombres : Avocats et magistrats en résistance pendant la Seconde Guerre mondiale*, Fayard, 2005.

Lévy Th., *Éloge de la barbarie judiciaire*, Odile Jacob, 2004.
Lévy Th., *L'animal judiciaire : les écrits et la mort de Claude Buffet*, « Enjeux », Grasset, 1975.
Monzie (A. de), *La saison des juges*, Flammarion, 1943.
Naud A., *Les défendre tous*, « Vécu », Laffont, 1973.
Ozanam Y., « Le barreau de Paris pendant la Seconde Guerre mondiale. 1940-1945 », dans Salas (dir.), *La justice des années sombres*, La Documentation française, 2001.
Payen F., *Le barreau : l'art et la fonction*, Grasset, 1934.
Ploquin Fr. et Merlen E., *Secrets d'avocats*, Fayard, 2012.
Pollak E., *La parole est à la défense*, « Vécu », Laffont, 1974.
Portelli S., *Juger*, « Social Eco HC », Éditions de l'Atelier, 2011.
Portelli S., *Pourquoi la torture ?*, « Philosophie concrète », Vrin, 2011.
Roubaud L., *La chose judiciaire*, Grasset, 1930.
Saint-Pierre F., *Au nom du peuple français. Jury populaire ou juges professionnels ?*, « Science humaine », Odile Jacob, 2013.
Saint-Pierre F., *Avocat de la défense*, « Science humaine », Odile Jacob, 2009.
Salas D. (dir.), *La justice des années sombres*, La Documentation française, 2001.
Soulez-Larivière D., *L'avocature : Maître, comment pouvez-vous défendre... ?*, « Document », Ramsay, 1982.
Temime H., *La défense dans la peau*, Stock, 2012.
Thiel G., *Derniers jugements avant liquidation : Trente-cinq ans dans la magistrature*, « Essais doc. », Albin Michel, 2012.
Thiel G., *Le juge antiterroriste, juge ou partie ?*, Fayard, 2008.
Thiel G., *Magistrales insomnies*, Fayard, 2005.
Thiel G., *Solitude et servitudes judiciaires*, Fayard, 2008.
Vergès J., *De la stratégie judiciaire*, « Documents », Éditions De Minuit, 1968.
Vergès J., *Journal : La passion de défendre*, « Documents », Éditions du Rocher, 2008.
Vergès J., *Les erreurs judiciaires*, « Que sais-je », Puf, 2002.

Sur l'éloquence

Ajam M., *La parole en public*, Chamuel, 1895.
Baets H. de, *L'art de plaider*, Gand, A. Sitfer, 1891.
Barboux H., *Notice sur les discours et plaidoyers de M. Allou*, Marpon et Flammarion, s. d.
Berryer P.-A., *Leçons et modèles d'éloquence judiciaire et parlementaire*, t. I, *Éloquence judiciaire*, J. L'Henry, 1836.
Berville. *L'éloquence du barreau comparée à l'éloquence de la tribune*, France judiciaire, t. II, *1877-1878*, 1re partie, *Études historiques et juridiques*, p. 380 s.
Boinvilliers E. de, *Principes et morceaux choisis d'éloquence judiciaire, études et devoirs de l'avocat : Ouvrage précédé d'une histoire abrégée de l'éloquence judiciaire en France*, A. Eymery, 1826.
Bosc E. et Vergès J., *La plaidoirie de l'indéfendable par la*

dénonciation de l'inavouable, mémoire, IEP, Aix-en-Provence, 1992, dactyl.

Bredin J.-D., Lévy Th., *Convaincre : Dialogue sur l'éloquence*, O. Jacob, 1997 ; « Poches Odile Jacob », 2002.

Cauvière J., *L'éloquence judiciaire au XIXe siècle*, Secrétariat de l'Institut catholique de Paris, s. d.

Chamberland L., *Manuel de plaidoirie, techniques et stratégies d'un procès civil*, 2e éd., Y. Blais, 2011.

Charpentier J., *Remarques sur la parole*, Haumont, 1944 ; 2e éd., LGDJ, 1961.

Claudel P., *Lettre à M. F. Brunetière sur l'éloquence judiciaire*, Giard, 1900.

Cohendy G., *La technique de la profession d'avocat : L'art de la plaidoirie*, LGDJ, 1944 ; 1948.

Corcos F., *L'art de parler en public*, Jouve, 1922.

Créhange P., *Introduction à l'art de la plaidoirie : Verba volant*, 2e éd., « Guide pratique », Gazette du Palais - Lextenso, 2013.

Dauzier P., Lombard P., *Anthologie de l'éloquence française : De Jean Calvin à Marguerite Yourcenar*, La Table ronde, 1995.

Delamalle G.-G., *Essai d'institutions oratoires à l'usage de ceux qui se destinent au barreau*, 2 vol., Delaunay, 1822.

Favre L., *Conseils aux avocats et aux professeurs sur la diction*, Giard et Brière, 1897.

Frydman B., *La plaidoirie*, Bruylant, 2000.

Garçon M., *Essai sur l'éloquence judiciaire*, Mercure de France, 1941, Corréa, 1959.

Garçon M., *Tableau de l'éloquence judiciaire*, « Les grandes professions françaises », Corréa, 1943.

Georget N., *Maurice Garçon, un écrivain au prétoire : La plaidoirie, un genre littéraire*, 2 vol., thèse, Bordeaux 3, 2006, dactyl.

Gratiot L., Mécary C., Bensimon St., Frydman B., Haarcher G., *Art et technique de la plaidoirie aujourd'hui*, 2e éd., Litec, 2011 - Gratiot L., Mécary C., Bensimon St., *Art et techniques de la plaidoirie*, Berger-Levrault, 1995.

Guenoun G., *Le régime juridique de la plaidoirie*, mémoire de DESS, Contentieux et procédures d'exécution, Aix-Marseille 3, 1996, dactyl.

Guenoun G., *Le régime juridique de la plaidoirie*, thèse, Aix-Marseille, 1998, dactyl.

Guillain E., *Essai sur la voix et la diction au barreau*, A. Lemerre, 1881.

Lacretelle P.-L., *Œuvres de P.-L. Lacretelle aîné : Éloquence judiciaire et philosophie législative*, Bossange frères, 1823-1824, 3 vol.

Le Béguec G., Plas P. (dir.), *Barreau, politique et culture à la Belle Époque*, Limoges, Pulim, 1997.

Lindon R., *Le style et l'éloquence judiciaire*, A. Michel, 1968.

London G., Floriot R., *L'art d'être plaideur*, Les Éditions de Paris, 1947.

Marcel Abbé, *Chefs d'œuvres de l'éloquence française*, 3 t., 1838-1844.

Mareille V., *La plaidoirie sentimentale en France*, Pedone, 1907.

MARTINEAU Fr., *La plaidoirie bien ordonnée*, Montpensier, 1990.
MARTINEAU Fr., *Petit traité d'argumentation judiciaire et de plaidoirie*, 5e éd., « Praxis Dalloz », 2012.
MUNIER-JOLAIN J., *Les époques de l'éloquence judiciaire en France*, Perrin, 1888.
OLLIVIER Ath., *Chefs-d'œuvre d'éloquence profane : Académie. Barreau. Tribune. Recueil de discours français accompagnés de notices biographiques, de critiques littéraires, de très nombreuses notes historiques et de deux petits vocabulaires des termes de droit et de tribune les moins usités*, J. Lecoffre, 1865.
PAIGNON E., *Éloquence et improvisation, art de la parole oratoire au barreau, à la chaire*, Cotillon, 1846.
PAYEN F., *Essai sur l'éloquence judiciaire*, Mercure de France, 1941 ; Corréa, 1959.
PAYEN F., *Le barreau et la langue française*, Grasset, 1939.
PHÉLIPPES DE COATGOUREDEN DE TRONJOLLY Fr., *Essais historiques et philosophiques sur l'éloquence judiciaire, depuis sa naissance jusqu'à nos jours, et depuis la renaissance des lettres, par rapport à la France seulement*, Charles-Béchet, 1829, 2 vol.
RAMBAUD R. P., *L'éloquence française. La chaire. La tribune. Le barreau, T. I, De 1040 à 1800, T. II, De 1800 à 1940*, E. Witte, 1948, 2 vol., 380.
SANGNIER-LACHAUD M., *Aux sources de l'éloquence, lectures commentées*, Bloud, 1908.
SOULEZ-LARIVIÈRE D., *Paroles d'avocats : Anthologie d'éloquence judiciaire*, « Savoirs Culture », Hermann, 2010 ; *Paroles d'avocats*, 2001 ; *Paroles d'avocat*, Hermann, 1994.
VERGÈS J., *Essai sur l'éloquence judiciaire*, Mercure de France, 1951.
VIBERT A. (dir.), *L'éloquence judiciaire : Préceptes et pratiques : Grandes plaidoiries passées et contemporaines*, Litec, 2003.

L'éloquence / discours de rentrée et articles

> *V. pour plus de détails : http://criminocorpus.org/bibliographie.*

ARRIGHI A., « Discours sur l'éloquence judiciaire », [*conférence de rentrée, 8 nov. 1853*], C. Fabiani, Bastia, 1853.
BALLOT-BEAUPRÉ A., « Parallèle entre l'éloquence du barreau, celle de la tribune et celle de la chaire », [*barreau de Paris, 16 nov. 1861*], W. Remquet, Goupy et Cie, 1861.
BERVILLE Saint-Albin, « Déterminer et comparer le genre d'éloquence et les qualités morales propres à l'orateur de la tribune et à l'orateur du barreau », [*discours sur le sujet proposé par l'Académie française au concours d'éloquence de 1820*], Baudouin, 1820.
BESLAY Fr., Des formes et du style de la plaidoirie, [*discours d'ouverture de la conférence à Paris, 3 déc. 1860*], W. Remquet, Goupy et Cie, 1860.

Boyer G., « Considérations sur l'éloquence judiciaire », *Rsihpa*, n° 2, 1990, p. 15 s.
Bredin J.-D., « La logique judiciaire et l'avocat », dans *I*er *Colloque des Instituts d'études judiciaires, Paris, 18-20 mai 1967. La Logique judiciaire*, PUF, 1969, p. 93 s.
Bredin J.-D., « Qu'est la plaidoirie devenue ? », dans *La procédure en tous ses états : Mélanges en l'honneur de Jean Buffet*, Petites affiches, 2004, p. 59 s.
Bulot L., « L'éloquence judiciaire de nos jours », [*discours de rentrée de la cour de Paris, 17 oct. 1898*], L. Maretheux, 1898.
Charau H., « Étude sur les plaidoyers de Waldeck-Rousseau (à propos de l'éloquence judiciaire moderne) », [*discours d'ouverture de la conférence à Dijon, 18 déc. 1908*], suivi d'une allocution de M. Cornu, de Jobard, Dijon, 1909.
Conchon H., « Sur l'éloquence judiciaire », [*discours à la Société royale des sciences, belles-lettres et arts de Clermont-Ferrand, 25 août 1828*], Thibaud-Landriot, Clermont-Ferrand, 1828.
Damien A., « Histoire et évolution de la plaidoirie », *Gaz. Pal.* 1982. II. doctr. p. 378 s.
Delamalle G.-G., « Déterminer et comparer le genre d'éloquence et les qualités morales de l'orateur du barreau et de l'orateur de la tribune », [*discours ayant remporté le prix d'éloquence de l'Académie française en 1820*], Firmin-Didot, 1820.
Deschamps Fr., « Sur la plaidoirie », [*discours d'ouverture de la conférence, 4 déc. 1861*], D. Brière, Rouen, 1862.
Dubouch J., « La parole », [*discours de rentrée de la cour de Riom, 16 oct. 1893*], E. Girerd, Riom, 1893.
Estoup P., « De la plaidoirie : la querelle des anciens et des modernes », *Gaz. Pal.* 24 juin 1989, p. 304 s.
Estoup P., « Le dossier de plaidoirie », *Gaz. Pal.* 12 avr. 1990, p. 202 s.
Ezratty M., « La plaidoirie demeure une pièce maîtresse du procès », *JCP* 1996. I. Doctr. 3894.
Félix-Bertrang G., « Le barreau et la langue française », *La Vie judiciaire* n° 764, 1960, p. 1 s.
Fernand J. « Des droits de l'avocat sur ses plaidoiries et du caractère public des audiences », *Répertoire Commaille*, Notes pratiques, 8e année, 1926, p. 1 s.
Forcade O., Montebourg A., « Les discours de rentrée des premiers secrétaires de la Conférence : exercice rhétorique et profession de foi politique (1899-1914) », dans Le Béguec et Plas (dir.), *Barreau, politique et culture à la Belle Epoque*, Pulim, Limoges, 1997, p. 69 s.
Fourtanier A., « Sur l'improvisation chez les membres du barreau », [*discours de rentrée de la conférence, 26 déc. 1858*], A. Chauvin, Toulouse, 1859.
Giroud G., « L'évolution des genres dans l'histoire de l'éloquence », [*discours d'ouverture de la conférence au barreau de Lyon, 11 déc. 1893*], Lyon, Mougin-Rusand, 1894.
Grente M., « Deux siècles d'histoire d'une école d'éloquence [*conférence du stage de Paris*] »,

La Vie judiciaire, n° 818, 11-16 déc. 1961, p. 1 s.
GROLÉE A., « De l'éloquence judiciaire en France dans ses rapports avec l'éloquence judiciaire à Athènes et Rome », [*discours d'ouverture des conférences*], Maisonville, Grenoble, 1873.
HALLEZ H., « Discours sur l'éloquence judiciaire », [*discours à la Conférence des avocats, 3 juill. 1837*], Thomas, Nancy, 1837.
HAMELIN J., « L'avocat et sa plaidoirie [reproduction des œuvres littéraires] », *Gaz. Pal.* 1956. 2. Doctr. p. 50 s.
HOMAIS P.-A., « De la plaidoirie, Ordre des avocats près la cour d'appel de Rouen », [*discours d'ouverture des conférences à la cour de Rouen, 27 nov. 1888*], L. Brière, Rouen, s. d.
HONORÉ, « L'éloquence au barreau », [*discours de rentrée à l'audience solennelle de la cour d'appel de Rabat, 2 oct. 1947*], s.l. n.d.
HUGUET E.-M., « La plaidoirie contemporaine », [*discours de rentrée au barreau de Lyon, 19 déc. 1881*], Mougin-Rusand, Lyon, 1882.
JEANNENEY J., « Sur l'éloquence judiciaire dans les temps modernes », [*discours de rentrée au barreau de Paris*], Alcan-Lévy, 1890.
KEHL C., « La plaidoirie », Impr. Fontana, Alger, 1960.
LATOUR R., « La plaidoirie devant les tribunaux et l'ordre des avocats », [*discours de rentrée à la cour d'Orléans, 16 oct. 1890*], Georges Jacob, Orléans, 1890.
LE BÉGUEC G., « L'éloquence française entre juridique et politique (1920-1945) », dans ALMEIDA F. D'— (dir.), *L'éloquence politique en France et en Italie de 1870 à nos jours. Actes du Colloque tenu à Nanterre les 9 et 10 octobre 1998*, École française de Rome, 2001, p. 131 s.
LE BERQUIER J., « De la plaidoirie moderne », *Revue des deux Mondes*, 33e année, 2e période, t. 43, 1er janv. 1863, p. 162 s.
LIOUVILLE F., « Profession d'avocat, la plaidoirie », [*discours d'ouverture des conférences, 28 nov. 1857*], Simonet-Delaguette, 1858.
LOMBARD H.-G., « L'éloquence judiciaire en France », [*discours de rentrée de la cour de Rennes, 3 nov. 1883*], L. Caillot, Rennes, 1883.
LOUBERS H., « De la création d'une chaire d'éloquence dans les Facultés de droit », [*discours de rentrée de la cour de Toulouse, 3 nov. 1876*], L. et J.-M. Douladoure, Toulouse, 1876.
MALITOURNE P.-A., « De l'éloquence de la tribune et du barreau », [*discours ayant obtenu la première mention honorable au jugement de l'Académie française*], Delaunay, 1820.
MARTINET Y., « Existe-t-il une éloquence judiciaire en 1900 ? », dans LE BÉGUEC et PLAS (dir.), *Barreau, politique et culture à la Belle Epoque*, Pulim, Limoges, 1997, p. 53 s.
MIGNERON E., « Coup d'œil sur l'éloquence judiciaire », [*discours de rentrée à Paris, 24 nov. 1836*], Dezauche, 1836.
MILLOU P., *À Messieurs les membres de la cour royale d'Aix. Observations du bâtonnier de*

l'ordre des avocats de Brignoles sur la question de la plaidoirie, H. Bernard, Draguignan, 1847.
Moro-Giafferi J. de, « L'éloquence judiciaire », [*discours de rentrée de la cour de Bastia, 16 sept. 1963*], Impr. administrative, Melun, 1963.
Neveu-Lemaire N., « De l'éloquence du barreau français », [*discours de rentrée de la cour de Rouen, 4 nov. 1879*], Julien Lecerf, Rouen, 1879.
Nicolas-Jacob, « Le droit de l'avocat sur sa plaidoirie », *La Vie judiciaire*, n° 552, 1956, 5-10 nov., p. 1 s.
Rivail Ch., « De l'art de la parole au barreau », [*discours à la séance solennelle des conférences*], F. Allier père et fils, Grenoble, 1890.
Robert P. de, « Éloquence et style judiciaire », *Pouvoir judiciaire*, 11e année, n° 109, mars 1956, p. 3 s.
Rome F., « Notes sur l'éloquence judiciaire », *La Grande revue*, 35e vol., 15 sept. 1905, p. 488 s. ; 36e vol., 15 oct. 1905, p. 81 s.
Rozy H., « De la création d'une chaire d'éloquence et d'improvisation dans les Facultés de droit », *France judiciaire*, t. V, *1880-1881*, 1re partie, *Études historiques et juridiques*, p. 201.
Saint-Luc Courborieu R., « De l'éloquence judiciaire », [*discours de rentrée de la cour de Limoges, 3 nov. 1860*], J.-B. Chatras, Limoges, 1860.
Sapey Ch.-A., « Sur l'union de l'éloquence du barreau avec la littérature », [*discours d'ouverture de la conférence, 2 déc. 1843*], Giraudet et Jouaust, s. d.
« Romain de Sèze. L'éloquence judiciaire et la critique », *Revue catholique des institutions et du droit*, 17e année, 1889, 2e semestre, 2e série, vol. 3, p. 193 s.
Starobinski J., « La chaire, la tribune, le barreau », dans Nora (dir.). *Les Lieux de mémoire, II. La Nation*, vol. 3, Le Seuil - Gallimard, 1986, p. 425 s.
Thibaut R., « De l'éloquence judiciaire », [*discours de rentrée de la cour de Dijon, 2 oct. 1952*], G. Paradon, Chalon-sur-Saône, 1953.
Thieriet, « Des avantages et des dangers des plaidoiries et de l'art oratoire dans les débats des causes criminelles », *Revue de législation et de jurisprudence*, t. VII, oct. 1837-mars 1838, p. 376 s.

Les discours de rentrée de la Conférence

Discours de rentrée de la Conférence prononcés par le premier secrétaire ; publiés pour la plupart à la Gazette du Palais*;*
consultables auprès de l'Ordre des avocats du barreau de Paris.

Bredin J.-D., préface, *La Conférence des avocats de Paris. Une école d'éloquence, Deux siècles de discours de Louis XVI à nos jours*, sélectionnés par S. Lataste, Ordre des avocats de Paris, 2010.
Le Béguec G., « L'aristocratie du barreau, vivier pour la République. Les secrétaires de la

conférence du stage », *Vingtième siècle. Revue d'histoire*, nº 30, avr.-juin 1991, p. 22 s.

Éloge des avocats morts à la guerre de 1914-1918, par M. Henriquet, 1998.

Éloge de Paul Baudet, par B. Chabert, 1990.
Éloge de Bellart, par A. Martin, 1893.
Éloge de Berryer Père, par L. Baudelot, 1897.
Éloge d'Aristide Briand, par B. Jarrier, 1964.
Éloge de César Campichi, par F. Sarda, 1956.
Éloge de Chauveau-Lagarde, par A. May, 1912.
Éloge de Pierre Cot, par Y. Martinet, 1991.
Éloge de Demange, par R. Bondoux, 1933.
Éloge de Charles Dumoulin, par C. Labrousse, 2009.
Éloge d'Edgar Faure, par A. Montebourg, 1993.
Éloge de René Floriot, par L. Brossollet, 1989.
Éloge de Georges Fourest, par O. Lecourt, 1973.
Éloge de Léon Gambetta, par S. Le Roy, 2000.
Éloge de Maurice Garçon, par C. Paley-Vincent, 1972.
Éloge de Moro-Giafferi, par J.-L. Weill, 1966.
Éloge de Stephen Hecquet, par O. Sers, 1969.
Éloge de Jacques Isorni, par S. Maitre, 1996.
Éloge de Georges Izard, par C. Charrière-Bournazel, 1976.
Éloge de Lachaud, par J. Jolly, 1894.
Éloge d'Henri Lacordaire, par F. Flipo, 1954.
Éloge d'Emile Laffon, par R. Gauvain, 2005.
Éloge d'Abraham Lincoln, par F. de Belloy, 2004.
Éloge de Malesherbes, par J.-L. Delvolvé, 1959.
Éloge de Pierre Masse, par M. Stasi, 1963.
Éloge de Pierre Mendès-France, par D. Leick, 1986.
Éloge d'Alexandre Millerand, par F. Mirat Brossollet, 1955.
Éloge de Gaston Monnerville, par J.-C. Maymat, 1992.
Éloge d'Albert Naud, par L. Rheims, 1981.
Éloge d'Emile Ollivier, par N. Felici, 1934.
Éloge de Jospeh Python, par S. Bonifassi, 1994.
Éloge de Paul Reynaud, par V. Maintrieu, 1984.
Éloge de Louis Rheims, par A. Dethomas, 2003.
Éloge de Maximilien Robespierre, par W. Acher, 1965.
Éloge de Waldeck Rousseau, par J. Millerand, 1929.
Éloge de Target, par P. Boulloche, 1892.
Éloge de Jean-Augustin Terrin, par E.-C. Fréty, 2002.
Éloge de Jean-Louis Tixier-Vignancour, par S. Doumic, 1995.
Éloge d'Henry Torres, par J.-Y. Le Mazou, 1967.
Éloge de Jean-Marc Varaut, par T. Rouffiac, 2007.
Vergniaud : un avocat dans la Révolution française, par T. Lemaire, 1997.
Éloge de Viviani, par P. Serre, 1930.

Les arts

Bénazet H., *Dix ans chez les avocats*, Montaigne - Aubier, 1929.
Biet Chr., *Droit et littérature sous l'ancien régime : Le jeu de la valeur et de la loi*, « Lumière classique », Champion, 2002.
Claretie G., *Drames et comédies judiciaires : Chroniques du Palais 1909*, Berger-Levrault, 1910.
Dayez B., Dayez H., *Justice et cinéma : Quarante méditations sur la justice vue à travers le septième art*, Anthémis, 2007.
Dissaux N., *Balzac : Romancier du droit*, LexisNexis, 2012.
Garapon A. et Salas D., *Imaginer la loi : Le droit dans la littérature*, Michalon, 2008.
Garçon M., *La vie exécrable de Guillemette Babin sorcière*, Fayard, 1946.
Gide A., *Souvenirs de la cour d'assises*, Folio, 2009.
Guery Chr., *Justices à l'écran*, « Questions judiciaires », Puf, 2007.
Guery Chr., *Les avocats au cinéma*, Préface François Saint-Pierre, « Questions judiciaires », Puf, 2011.
Hamburger M., *La robe noire ou la tradition libérale de l'ordre des Avocats : Suivie de Portraits et d'esquisses des grands civilistes contemporains*, Les presses modernes, 1937.
Hovine P., *L'audience de comparutions immédiates est ouverte*, Mélibée, 2013.
Jongen Fr. et Lemmens K. (dir.), *Droit et littérature*, Anthemis, 2007.
Malaurie Ph., *Droit et littérature, Une anthologie*, Cujas, 1997.
Masson J.-P., *Le droit dans la littérature française*, Bruylant, 2008.
Ost Fr., *Raconter la loi : Aux sources de l'imaginaire juridique*, Odile Jacob, 2004.
Ozanam Y., *Le Palais de justice de Paris : La justice autrement*, « Vents d'histoires », E dans l'O, 2006.
Peytel A., *L'humour au palais*, Albin Michel, 1926.
Posner R. A., traduit par Hivet Chr. et Jouary Ph., *Droit et littérature*, « Droit, éthique, société », Puf, 1996.
Teissier-Ensminger A., *La beauté du droit*, « Droits », Descartes & Cie, 1999.
Vergès J., *Justice et littérature*, « Questions judiciaires », Puf, 2011.
Vincent J., *Le charme des pas perdus*, La presse du temps présent, 1951.

L'histoire

Acerra M., « Les avocats du parlement de Paris (1661-1715) », *Histoire, économie et société*, t. I, 1982, p. 213 s.
Alexander E., *La justice et l'avocat à travers les siècles*, Ordre des avocats au barreau de Marseille, 1991.
Anonyme, *La farce de maître Pathelin*, 1452 ?, 1464 ? ; rééd., Éditions de Londres, 2011 ; version numérique : Culture commune, 2012 : http://librairie.immateriel.fr/fr/ebook ; www.culturecommune.com/.

BADINTER R. (dir.), *Une autre justice : contributions à l'histoire de la justice sous la Révolution française, [1789-1799]*, « Histoire de la justice », Fayard, 1989.

BEAUMANOIR P. (DE), *Coutumes de Beauvaisis*, 1275 ; rééd., *Coutumes de Beauvaisis :* texte critique publié avec une introduction, un glossaire et une table analytique, par Salmon A., « Collection de textes pour servir à l'étude et à l'enseignement de l'histoire ; 24, 30 », A. Picard et fils, 1899-1900 ; 1970 http://catalogue.bnf.fr/ark:/12148/cb31289178w/.

BELLAGAMBA U., « L'honoraire de l'avocat au XIXe siècle à travers l'exemple des avocats des barreaux de Marseille et de Paris », dans GARNOT (dir.), *Les Juristes et l'Argent : le coût de la justice et l'argent des juges du XIVe au XIXe siècle*, « Sociétés », EUD, Dijon, 2005.

BELLAGAMBA U., *Les avocats à Marseille : praticiens du droit et acteurs politiques (XVIIIe et XIXe siècles)*, « Collection d'histoire des institutions et des idées politiques », PUAM, 2001.

BERLANSTEIN LENARD R., *The Baristers of Toulouse in the Eighteenth Century (1740-1793)*, John Hopkins University Press, Baltimore - London, 1975.

BERNAUDEAU V., *La justice en question : histoire de la magistrature angevine au XIXe siècle*, « Histoire », Pur, Rennes, 2007.

BIARNOY DE MERVILLE P., *Règles pour former un avocat, tirées des plus fameux auteurs tant anciens que modernes, dédiées à Messieurs les avocats au Parlement*, 1711 ; Boucher d'Argis A.-G., *Règles pour former un avocat, tirées des plus célèbres auteurs... auxquelles on a joint une histoire abrégée de l'ordre des avocats et les règlements qui concernent... cette profession*, Durand, 1778.

BILLAINE L., *Divers Plaidoyez touchant la cause du Gueux de Vernon, avec le plaidoyé de Monsieur Bignon advocat général, et divers autres plaidoyez & arrests sur différentes matières*, L. Billaine, 1665.

BOS E., *Les Avocats au conseil du roi : Etude sur l'Ancien régime judiciaire en France*, 1881.

BOUCHER D'ARGIS A.-G., complété par Camus et Dupin l'aîné, *Histoire abrégée de l'Ordre*, Durand, 1824.

BOURGEON Ph., *Le barreau de Dijon aux XVIIe et XVIIIe siècles*, Dijon, 1885.

BOUTILLIER J. [13?-1395], *Somme rural, ou Le Grand coustumier général de practique civil et canon*, Macé, 1603.

BREUIL G. DU, *Style du Parlement de Paris*, H. Lot, 1877, XII-122 p. / http://gallica.bnf.fr/ark:/12148/bpt6k56564306/.

CABET E., *Voyage en Icarie*, « Bibliothèque Dalloz », Dalloz, 2006, rééd. ; 2e éd. : Cabet E., 1842 ; 1re éd., Francis Adams (pseudonyme), avec la mention « traduit par Th. Dufruit », *Voyage et aventures de lord William Carisdall en Icarie à Paris*, 1840.

CAMPARDON E., *Histoire du Tribunal révolutionnaire de Paris, 10 mars*

1793-31 mai 1795 (12 prairial an III) : D'après les documents originaux conservés aux Archives de l'Empire, Poulet-Malassis, 1862.

Camus A.-G., *Lettres sur la profession d'avocat*, 1787.

Chartier J.-L. A., *Justice, une réforme manquée, 1771-1774 : Le chancelier de Maupéou*, Fayard, 2009.

Charvériat E., *Les avocats au parlement de Paris (1300-1600)*, Lyon, 1886.

Chauvaud Fr., *De Pierre Rivière à Landru, La violence apprivoisée au XIX*[e] *siècle*, « Violence et sociétés », Brepols, 1996.

Chauvaud Fr., *La chair des prétoires : Histoire sensible de la cour d'assises*, « Histoire », Pur, 2010.

Chauvaud Fr., *Le juge, le tribun et le comptable, Histoire de l'organisation judiciaire entre les pouvoirs, les savoirs et les discours, 1789-1930*, « Historiques », Anthropos, 2001.

Chavanon J., *Grève d'avocats [à Paris] sous Henri IV*, 1909.

Christophe Ch., « Méritocratie et profession juridique : les secrétaires de la conférence du stage des avocats de Paris, une étude des promotions 1860-1870 et 1879-1889. Aux sources de la compétence professionnelle », *Paedagogica historica*, t. XXX, n° 1, 1994, p. 303 s.

Damien A., « La suppression de l'ordre des avocats par l'Assemblée constituante », *Rsihpa*, n° 1, 1989, p. 81 s.

Damien A., *La vie spirituelle de l'avocat au XVII*[e] *siècle*, A. Damien, Versailles, 1975.

Damien A., *Les avocats du temps passé : essai sur la vie quotidienne des avocats au cours des âges*, H. Lefebvre, Versailles, 1973.

De Waele de M., « Les Opinions politiques d'un avocat parisien sous Henri IV : Antoine Arnauld », dans *Renaissance and Reformation*, vol. 17, n° 2 (n. sér.), vol. 29 n° 2 (anc. sér.), 1993, p. 33 s.

Debré J.-L., *Les Républiques des avocats*, « La justice au XIXe siècle », Perrin, 1984.

Defois S., *Les avocats nantais au XX*[e] *siècle : socio-histoire d'une profession*, « Histoire », Pur, Rennes, 2007.

Delachenal R., *Histoire des avocats au parlement de Paris, 1300-1600*, Plon, Nourrit et Cie, 1885.

Dreyfus P. (dir.), *Grenoble et ses avocats d'hier à aujourd'hui*, « La pierre et l'écrit », Pug, Grenoble, 2002.

Dupin A. (dit Dupin aîné), *Profession d'avocat. Recueil de pièces concernant l'exercice de cette profession*, Warée Aîné, 1830.

Dupont-Ferrier G., *Les avocats à la Chambre ou Cour des aides de Paris au XV*[e] *siècle*, Bibliothèque de l'école des chartes, t. 93, 1932.

Estèbe J., *Les ministres de la République 1871-1914*, thèse, Toulouse II, 1978, dactyl.

Eudes J., *Le bon confesseur : ou Avertissemens aux confesseurs contenant les qualitez que doivent avoir tous les confesseurs, spécialement les missionnaires en toutes les choses qu'ils doivent observer pour exercer maintenant leur office*, 2e éd., Lambert, 1666.

Farcy J.-C., *L'histoire de la justice française de la Révolution à nos jours : trois décennies de recherches*, « Droit et justice », Puf, 2001.
Filhol R., *Les avocats au parlement de Paris dans la deuxième moitié du XVIe siècle*, Poitiers, 1934.
Fillon C., *Histoire du barreau de Lyon sous la IIIe République*, Aléas, Lyon, 1995.
Fillon C., *Le barreau de Lyon dans la tourmente : de l'Occupation à la Libération*, Aléas, Lyon, 2003.
Fitzsimmons M.P., *The Parisian Order of Barristers and the French Revolution*, "Harvard historical monographs", Harvard University Press, Cambridge, Londres, 1987.
Fontaines P. (de), *Le conseil que Pierre de Fontaines [donna à son ami] ou Traité de l'ancienne jurisprudence française*, nouvelle édition publiée d'après un manuscrit du XIIIe siècle [1254], appartenant à la bibliothèque de Troyes, avec notes explicatives du texte et des variantes tirées du manuscrit de la bibliothèque du roi par Marnier, Joubert - Durand, 1846.
Fournel J.-Fr., *Histoire des avocats au Parlement de Paris et du barreau de Paris depuis saint Louis jusqu'au 15 octobre 1790*, 1913, 2 vol.
Gaineton J.-L., « Chronique d'une naissance ou la création de la conférence des bâtonniers de France », *Rsihpa*, n° 4, 1992, p. 125 s.
Gaineton J.-L., *Histoire des barreaux de Basse-Auvergne et du Puy-de-Dôme. Histoire institutionnelle du XVIIe siècle à 1972*, Clermont-Ferrand, 2008.
Gaineton J.-L., *Les barreaux du Puy-de-Dôme du XIXe siècle à nos jours*, thèse, Bordeaux IV, 2005.
Garçon M., *Histoire de la Justice sous la IIIe République*, Fayard, 1957.
Gaudemet Y.-H., *Les juristes et la vie politique de la IIIe République*, Puf, 1970.
Gaudry, *Histoire du barreau de Paris*, Durand, 1864.
Gazzaniga J.-L. (dir.), *Histoire des avocats et du barreau de Toulouse du XVIIIe siècle à nos jours*, Privat, Toulouse, 1992.
Gazzaniga J.-L., « *Jalons pour une histoire de la profession d'avocat des origines à la Révolution française* », Les Petites affiches, 1989, p. 70.
Gazzaniga J.-L., « Les avocats pendant la période révolutionnaire », dans Badinter (dir.), *Une autre justice, 1789-1799*, Fayard, 1989, p. 363 s.
Gazzaniga J.-L., « Pour une introduction à une histoire des avocats », dans *Figures de justice, Centre d'histoire judiciaire*, Lille, 2004.
Gazzaniga J.-L., *Défendre par la parole et par l'écrit : Etudes d'histoire de la profession d'avocat*, « Centre toulousain d'histoire du droit et des idées politiques », PU sciences sociales Toulouse, 2004.
Gazzaniga J.-L., *L'histoire des avocats de Bigorre et des Hautes-Pyrénées*, Ordre des avocats barreau de Tarbes, Maison de l'avocat, 1996.
Geismar Y., « L'Ordre des avocats du barreau de Paris, cet inconnu »,

Revue politique et parlementaire, nº 786, 1968, p. 67 s.
Girard V., *Histoire du barreau et des avocats de Grenoble de 1750 à nos jours*, thèse, Grenoble, 1996, dactyl.
Gresset M., « Le barreau de Louis XIV à la Restauration », *Revue d'histoire moderne et contemporaine*, t. XXXVI, juill.-sept. 1989, p. 487 s.
Griffiths Q., « Les origines et la carrière de Pierre de Fontaines, jurisconsulte de saint Louis : une reconsidération avec documents inédits », *Revue historique de droit français et étranger*, Sirey, 1970.
Guigon C., *Le maudit de la Belle Epoque*, Seuil, 2013.
Gy P.-M., *Guillaume Durand, Evêque de Mende, canoniste, liturgiste et homme politique*, Actes de la table ronde du CNRS, Mende, 24-27 mai 1990, CNRS, 1992.
Halpérin J.-L. (dir.), *Avocats et notaires en Europe. Les professions judiciaires et juridiques dans l'histoire contemporaine*, LGDJ, 1996.
Halpérin J.-L. (dir.), *Les structures du barreau et du notariat en Europe de l'Ancien Régime à nos jours*, Pul, Lyon, 1996.
Halpérin J.-L., « Les sources statistiques de l'histoire des avocats en France au xviiie et au xixe siècles », *Rsihpa*, nº 3, 1991, p. 125 s.
Halpérin J.-L., *Les structures du barreau et du notariat*, Pul, 1996.
Jacomet P., *Berryer au prétoire*, Plon, 1938.
Julerot V., *Y a un grand désordre : élections épiscopales et schismes diocésains en France sous Charles VIII*, Publications de la Sorbonne, 2006.
La Gorce P. de, « Le barreau sous le Second Empire », *La Revue de Paris*, 40e année, 15 mai 1933, p. 241 s.
Lamoignon G. (de) [1617-1677], *Arrestez de Mr le P. P. de L. [Lamoignon.] Arrestez ou loix projettées dans des conférences de Mr le P. P. de L. pour le pays coutumier de France et pour les provinces qui s'y régissent par le droit écrit - Recueil des arrestez de M. le premier président de La Moignon [formé par Barthélemy Auzanet et Bonaventure de Fourcroy], 1702-1703*, ark :/12148/bpt6k1181380, http://catalogue.bnf.fr/ark:/12148/cb30729211c/.
Le Béguec G., « Les avocats et la naissance des partis politiques organisés (1888-1903) », *Histoire de la justice*, nº 5, 1992, p. 171 s.
Le Mappian J., *Saint Yves patron des juristes*, Éd. Ouest-France, Rennes, 1997.
Les très humbles remontrances du parlement au Roy, 1753 ; rééd., Saraswati Press, 2012.
Leuwers H., *L'invention du barreau français 1660-1830 : La construction nationale d'un groupe professionnel*, EHESS, 2006.
Liouville F., Extrait des ouvrages de Liouville et Mollot, *Abrégé des règles de la profession d'avocat*, Imprimerie et librairie générale de jurisprudence, 1883.
Loisel A., *Pasquier ou, Dialogue des advocats du parlement de Paris* / par A. Loisel, avec une

introd. et des notes, la suite chronologique des plus notables avocats depuis l'an 1600 jusqu'à ce jour ; et des notices biographiques sur Pasquier, Loisel, et les frères Pithou, par M. Dupin, Videcoq, Paris, 1844.

Lombard P., *Le vice et la vertu : Les corruptibles de Mazarin à nos jours*, Grasset, 1999.

Loncle M., *L'Ordre des avocats au parlement de paris aux XVIIe et XVIIIe siècles (1602-1790)*, thèse, Abbeville, 1910.

Lyon-Caen N., *La Boîte à Perrette : Approche des finances du mouvement janséniste au XVIIIe siècle*, thèse, 2002 ; *La Boîte à Perrette : Le janséniste parisien au XVIIIe siècle*, « L'évolution de l'humanité », Albin Michel, 2010.

Malandrin G., Chauvaud Fr., *Impossibles victimes, impossibles coupables : L'ambivalence des femmes en justice (XIXe-XXe siècles)*, « Histoire », Pur, 2009.

Le Mappian J., « L'avocat au XIIIe siècle », *Rsihpa*, 1988, p. 13 s.

Moppert Ed., *L'avocat dans la cité de Metz (1392-1789)*, Sarreguemines, 1986.

Moulin du, *Révision de la coutume de Paris*, 1539.

Mousnier R., *La Vénalité des offices sous Henri IV et Louis XIII*, Paris, 1971.

Ninon J.-J., « L'avocat français au XVIe siècle », *Rsihpa*, n° 1, 1989, p. 35 s.

Ordre de Paris, *Le cent-cinquantenaire du barreau de France*, 1960.

Ozanam Y., « L'ordre des avocats à la cour de Paris. Permanences et mutations de l'institution du XVIIe siècle à nos jours », dans Halpérin (dir.), *Les structures du barreau et du notariat en Europe de l'Ancien Régime à nos jours*, Pul, Lyon, 1996, p. 11 s.

Ozanam Y., « Les avocats parisiens dans le premier tiers du XIXe siècle : entre passé et présent, la recherche d'une identité collective », dans Leuwers, Barrière et Lefebvre (dir.), *Élites et sociabilité au XIXe siècle*, « Histoire et littérature de l'Europe du Nord-Ouest », Irhis, 2001.

Ozanam Y., « Les Sources de l'histoire de la profession d'avocat conservées par le barreau de Paris », *Rsihpa*, n° 3, 1991, p. 75 s.

Ozanam Y., « Les Sources de l'histoire de la profession d'avocat conservées par le barreau de Paris », *Rsihpa*, n° 3, 1991, p. 75 s.

Pasquier E., *Le catéchisme des Jésuites : ou le mystère d'iniquité*, 1599-1602, G. Grenier, 1677.

Pithou P., *Recueil des libertés de l'Église gallicane*, Thibaud Ancelin, Lyon, 1594.

Plas P., « Avocats et sociétés savantes en Limousin à la Belle Époque », *dans* Le Béguec, Plas, *Barreau, politique et culture à la Belle Époque*, Pulim, Limoges, 1997, p. 147 s.

Plas P., *Avocats et barreaux dans le ressort de la cour d'appel de Limoges de la Révolution française à la Seconde Guerre mondiale*, thèse, Paris IV, 1996.

Pretou P., Chauvaud Fr., *Clameur publique et émotions judiciaires, de l'Antiquité à nos jours*, « Histoire », Pur, 2014.

Quesnel P., *Cas de conscience*, 1703.

Rousselet M., *Les magistrats sous la monarchie de Juillet*, Université de Paris – Centre d'études de la Révolution française, Série des études historiques - IV, thèse, Sirey, 1937.

Royer J.-P. Martinage R. Lecoq P., *Juges et notables au XIXe siècle*, Puf, 1982.

Royer J.-P., *Histoire de la justice en France de la monarchie absolue à la République*, Puf, 1995.

Royer J.-P., *La société judiciaire depuis le XIXe siècle*, Puf, 1979.

Royer J.-P., *Les gens de lois vus au XIXe siècle*, Errance, 1983.

Saulnier de la Pinelais G., *Le barreau du parlement de Bretagne, 1553-1790 : Les procureurs, les avocats*, Rennes, 1896.

Saulnier Fr., *Le parlement de Bretagne (1554-1790) ; répertoire alphabétique et biographique de tous les membres de la cour*, Rennes, 1909.

Sauzet R., « E. Pasquier. Le catéchisme des Jésuites », édition critique par C. Sutto, *Revue de l'histoire des religions*, t. 201 nº 4, 1984, p. 447.

Senente V., *L'assistance judiciaire en matière civile et des réformes qu'elle pourrait comporter*, Albert Fontemoing, 1898.

Sèze R. (de), *Convention nationale : Défense de Louis, prononcée à la barre de la Convention nationale, le mercredi 26 décembre 1792, l'an premier de la République, par le citoyen Deseze, l'un de ses défenseurs officieux*, Imprimé par ordre de la Convention nationale, Imprimerie nationale, 1792.

Simon P. G., *Edits, Lettres patentes, Déclarations concernant le clergé de France, Déclaration concernant les collèges de La Fleche*, Langres, Bourges…, Paris, 1775-1784.

Suissa P., « Archives du barreau de Nantes : état des lieux XIXe et XXe siècles », *Rsihpa*, nº 3, 1991, p. 99 s.

Taisne J.-J., « Un barreau de province au XIXe siècle à travers son registre : le barreau de Cambrai (1830-1900) », dans Deperchin, Derasse, Dubois (dir.), *Figures de justice : études en l'honneur de Jean-Pierre Royer*, Centre d'histoire judiciaire, Lille, 2004.

Thireau J.-L., *Charles du Moulin (1500-1566) : Étude sur les sources, la méthode, les idées politiques et économiques d'un juriste de la Renaissance*, « Travaux d'Humanisme et Renaissance, 176 », Droz, Genève, 1980.

Véroone M., *Histoire du barreau de Lille*, Ordre des Avocats, Lille, 1998.

Versoris P., *Plaidoyer de feu maître Pierre Versoris, aduocat en parlement, pour les prebtres et écoliers du collège de Clermont, fondé en l'université de Paris, demandeurs, contre ladite université défenderesse*, MDXCIIII, sans nom de lieu ni d'imprimeur.

Walter G., *Actes du tribunal révolutionnaire*, « Le temps

retrouvé », Mercure de France, 2005.
WATTINE A., *Magistrats célèbres du XVIIIe siècle*, Plon, 1941.
WOLOCH I., « The Fall and Resurrection of the Civil Bar, 1789-1820 », *French Historical Studies*, vol. 15, 1987, n° 2, p. 241 s.
YARDENI M., « L'Ordre des avocats et la grève du barreau parisien en 1602 », *Revue d'histoire économique et sociale*, t. 44, 1966, p. 481 s.

Table des illustrations

[DE LA PREMIÈRE ÉDITION]

Mes remerciements
vont au savant Yves Ozanam, archiviste de l'Ordre,
qui non seulement m'a fourni les documents nécessaires,
mais m'a apporté une aide précieuse autant qu'éclairée.

Table thématique alphabétique

B

M

N

O

Q

R

S

T

U

V

W

XYZ

712960 - (II) - CSB 115g - SNE (HFI)

Achevé d'imprimer sur les presses de
Snel
Z.I. des Hauts-Sarts - Zone 3
Rue Fond des Fourches 21 – B-4041 Vottem (Herstal)
Tél. +32(0)4 344 65 60 - Fax +32(0)4 286 99 61
Novembre 2013 – 61489

Dépôt légal : décembre 2013

Imprimé en Belgique